▶労働調査会出版局 編

労働者派遣法の改正点と実務対応

公益社団法人 全国労働基準関係団体連合会

は じ め に

　平成27年の通常国会で労働者派遣法が改正され、9月30日から施行されています。

　労働者派遣制度はこれまで、業務の繁閑に応じて外部労働力を有効に活用できるシステムとして多くの企業で利用されるとともに、労働市場では労働力の需給調整システムとしての機能を担ってきました。また、労働者にとっても、柔軟で多様な働き方の選択肢の1つとされてきました。

　昭和60年の労働者派遣法制定当初から、常用雇用の代替を防止するため、労働者派遣の対象は一部の専門業務に限定されていましたが、その後は時代のニーズを背景に、適用業務を拡大するなど規制を緩和する方向で、数次の改正が重ねられました。一方、雇用が不安定になりやすい側面や、雇用主と指揮命令する事業主が異なるがゆえに、労働条件の確保や安全衛生の管理の面で問題となるケースが少なくないこと、さらに、正規雇用者との待遇格差、正規雇用での就職を希望しながらも事実上派遣就業に固定化されてしまうなど様々な問題が顕在化してきました。特に平成20年のリーマンショック以降、派遣先との派遣契約が打ち切られたことによる、派遣労働者の解雇、雇止め等が多発して社会問題化したため、派遣労働者の保護の観点から、派遣元・派遣先双方の事業主に対する規制を強化する方向で労働者派遣制度が見直されました。

　前回の平成24年の法改正では、事業の適正化のための規制強化、派遣労働者の待遇改善や均衡待遇の確保措置に関する規定の整備、違法派遣への対応としての労働契約申込みみなし制度の創設等、派遣元・派遣先それぞれに新たな義務が課されました。

　そして、今回の27年改正も、一面、24年改正のベースを引き継ぎながら、改めて制度全般に検討が加えられ、①派遣期間制限の枠組みの大幅な変更をはじめ、②派遣元事業主に対する派遣労働者の雇用安定措置やキャリアアップ支援措置の義務付け、③派遣先での直接雇用や正社員化を推進するための規定の整備、④均衡待遇規定の拡充、⑤派遣事業の許可制への一本化など数多くの項目についての大改正となりました。これにより、派遣元、派遣先ともに、制度改正への対応を含め、今後、労働者派遣事業の運営あるいは派遣利用の在り方の見直しを迫られることも十分に考えられます。

　労働者派遣法は一般に複雑で難しい法律であるとも言われます。特に今回改正された事項や新設・追加された事項は多岐にわたります。

　そこで本書では、まず第1章を基本編として、改正事項ごとに法律、政省令、派遣元・派遣先の各指針、業務取扱要領等の内容を整理し、できる限り分かりやすくまとめ、派遣元、派遣先が講ずる措置や留意事項等を、適宜、図解を交えて説明しています。

　そして第2章は、実践編として、法律実務家の視点から、今回の改正が実務に与える影響やその対応について、実際に問題となり得る場面を想定し、Q&A形式で解説していただくほか、主に派遣先が派遣労働者を受け入れる際にとるべき措置や留意すべき事項をチェックできるシート、関連する就業規則の規定例および様式例を収録しました。

　本書が、事業主、人事労務担当者の方々をはじめ関係者の皆さまにとって、改正法への理解

を深め、今後の対応を検討される際の一助となれば、大変幸いです。

　最後に、第2章の実務解説にご執筆いただきました弁護士の渡邊岳先生、木村恵子先生に、この場を借りまして、深く感謝申し上げます。

平成27年11月

編 著 者

第1章 ● 基本編 労働者派遣法改正のポイント

平成27年労働者派遣法改正の経緯・概要 2

1 労働者派遣事業の健全化 —— 8
1 労働者派遣事業の許可制への一本化 8
1 許可制への一本化の趣旨　8
2 特定労働者派遣事業に関する経過措置　9
2 許可基準の見直し 11
1 許可基準の追加　11
2 許可条件の追加　15
3 無許可事業主の公表　16

2 新しい労働者派遣の期間制限ルール —— 18
1 派遣可能期間制限の枠組みの変更 18
1 期間制限ルール改正の趣旨　18
2 個人単位の期間制限　20
3 事業所単位の期間制限　23
4 期間制限の例外　25
2 期間延長のための意見聴取の手続き 26
1 意見聴取の手続き　26
2 意見聴取手続き違反に対する制裁　30

3 派遣労働者の雇用安定と直接雇用の推進 —— 32
1 派遣労働者の雇用安定のための措置 32
1 特定有期雇用派遣労働者等の雇用安定措置　32
2 雇用安定措置の実施状況の記載等　37
2 派遣先での直接雇用の推進 38
1 雇入れ努力義務　38
2 労働者の募集情報の周知義務　39

4 派遣労働者のキャリアアップ —— 42
1 段階的かつ体系的な教育訓練 42
1 段階的かつ体系的な教育訓練とその内容　42
2 教育訓練実施上の留意事項　44
2 キャリア・コンサルティング 45
3 キャリアアップ支援措置の実施状況の記載等 47
4 派遣労働者のキャリアアップ支援のための派遣先の努力義務 47

5 均衡待遇の推進と派遣労働者の待遇改善 ─── 50
1 待遇の決定にあたって考慮した事項の説明義務 ─── 50
2 均衡待遇の推進 ─── 52
　1 賃金の決定　52
　2 教育訓練　55
　3 福利厚生　56
3 労働・社会保険の適用促進 ─── 59
　1 待遇に関する説明事項の追加　59
　2 労働・社会保険の届出の事実を証する書類の提示等　60
　3 派遣労働者への明示　61
職務に応じた待遇の確保推進法　62

6 労働契約申込みみなし制度 ─── 66
1 労働契約申込みみなし制度の趣旨と性格 ─── 66
2 みなし制度の仕組み ─── 70
　1 みなし制度の基本的な要件と効果　70
　2 申込み・承諾・労働契約の成立時期　71
　3 派遣先等の主観的要件　73
　4 申込みの内容となる労働条件　75
　5 複数の事業主が関与する複雑な事案　77
　6 申込みの撤回・失効　80
　7 期間制限違反によるみなし制度の適用関係　81
3 行政による助言・指導・勧告・公表 ─── 82

7 その他の改正事項のまとめ ─── 84
1 労働者派遣契約で定める事項 ─── 84
2 派遣元事業主が講ずる措置、留意事項 ─── 85
3 派遣先が講ずる措置、留意事項 ─── 89

第2章 ● 実践編　法改正の実務への影響とその対応

弁護士　渡邊　岳（安西法律事務所）　弁護士　木村　恵子（同）

はじめに　94

1 派遣法はどう変わったのか ─── 95

2 平成27年改正派遣法　実務Q&A ─── 101
Q1　特定労働者派遣事業の廃止 ─── 101
Q2　事業所単位の期間制限 ─── 103
Q3　個人単位の期間制限 ─── 104
Q4　派遣元による雇用安定措置 ─── 106
Q5　直接雇用の推進 ─── 108

3 労働契約申込みみなし制度　実務Q&A ─── 111
Q1　労働契約申込みみなし制度によって成立する労働契約の期間 ─── 111

Q2　派遣元との間の雇用契約の帰趨 ……………………………… 114
　　Q3　承諾後労働契約と派遣先等の就業規則の適用等 …………… 115
　　Q4　労働契約申込みみなし制度により成立した労働契約と
　　　　労働契約法18条および19条の関係 ……………………………… 117
　　Q5　労働契約申込みみなし制度と団交応諾義務の範囲 ………… 119
　　Q6　労働契約申込みみなし制度に関わる行政指導等 …………… 121
　　Q7　特定違法行為となる偽装請負の内容 ………………………… 123
　派遣労働者受入れフロー ……………………………………………… 125
　就業規則規定例 ………………………………………………………… 134
　派遣可能期間の延長に係る意見聴取通知例 ………………………… 136
　派遣可能期間の延長手続きの記録例 ………………………………… 138

巻末資料

■労働者派遣事業の適正な運営の確保及び派遣労働者の保護等に関する法律（抄）【法律】　140
　・労働者派遣事業の適正な運営の確保及び派遣労働者の保護等に関する法律等の一部を改正する法律案に対する附帯決議　157
　・平成24年労働者派遣法改正時の附帯決議　161
【参考法令】改正前の労働者派遣法（抜粋）　163
【参考法令】労働契約法（抜粋）　163
【参考法令】労働者の職務に応じた待遇の確保等のための施策の推進に関する法律　165
　・労働者の職務に応じた待遇の確保等のための施策の推進に関する法律案に対する附帯決議　166
■労働者派遣事業の適正な運営の確保及び派遣労働者の保護等に関する法律施行令（抄）【政令】　168
　・労働者派遣事業の適正な運営の確保及び派遣労働者の保護等に関する法律等の一部を改正する法律の施行に伴う関係政令の整備及び経過措置に関する政令（抄）【政令】　170
■労働者派遣事業の適正な運営の確保及び派遣労働者の保護等に関する法律施行規則（抄）【省令】　175
　・労働者派遣事業の適正な運営の確保及び派遣労働者の保護等に関する法律等の一部を改正する法律の施行に伴う厚生労働省関係省令の整備等及び経過措置に関する省令（抄）【省令】　187
■派遣元事業主が講ずべき措置に関する指針【告示】　191
■派遣先が講ずべき措置に関する指針【告示】　196
■労働者派遣事業の適正な運営の確保及び派遣労働者の保護等に関する法律施行規則第１条の４第１号の規定に基づき厚生労働大臣が定める基準【告示】　202
■労働者派遣事業の適正な運営の確保及び派遣労働者の保護等に関する法律施行規則第29条の２の規定に基づき厚生労働大臣が定める講習【告示】　203
■労働契約申込みみなし制度について【通達】　204
■労働者派遣制度の改正について（報告書）【労政審建議】　208

凡　例
（主要な法令名等の略語）

「労働者派遣法」、「派遣法」または本文中条文引用表記の「法」
　　……労働者派遣事業の適正な運営の確保及び派遣労働者の保護等に関する法律
「派遣令」または本文中条文引用表記の「令」
　　……労働者派遣事業の適正な運営の確保及び派遣労働者の保護等に関する法律施行令
「派遣則」または本文中条文引用表記の「則」
　　……労働者派遣事業の適正な運営の確保及び派遣労働者の保護等に関する法律施行規則
「派遣元指針」または「元指針」
　　……派遣元事業主が講ずべき措置に関する指針
「派遣先指針」または「先指針」
　　……派遣先が講ずべき措置に関する指針
キャリアアップ告示……労働者派遣事業の適正な運営の確保及び派遣労働者の保護等に関する法律施行規則第１条の４第１号の規定に基づき厚生労働大臣が定める基準
「業務取扱要領」または「業取」……労働者派遣事業関係業務取扱要領（平成27年9月30日以降）
（労働契約申込み）みなし制度通達……「労働契約申込みみなし制度について」（平27.9.30職発0930第13号）
待遇確保推進法
　　……労働者の職務に応じた待遇の確保等のための施策の推進に関する法律
職安法……職業安定法
職安則……職業安定法施行規則
労基法……労働基準法
労基則……労働基準法施行規則
安衛法……労働安全衛生法
安衛則……労働安全衛生規則
労組法……労働組合法
男女雇用機会均等法……雇用の分野における男女の均等な機会及び待遇の確保等に関する法律
パートタイム労働法……短時間労働者の雇用管理の改善等に関する法律

労政審……労働政策審議会

第1章 ● 基本編

労働者派遣法改正のポイント

平成27年労働者派遣法改正の経緯・概要　2
1　労働者派遣事業の健全化　8
2　新しい労働者派遣の期間制限ルール　18
3　派遣労働者の雇用安定と直接雇用の推進　32
4　派遣労働者のキャリアアップ　42
5　均衡待遇の推進と派遣労働者の待遇改善　50
6　労働契約申込みみなし制度　66
7　その他の改正事項のまとめ　84

平成27年労働者派遣法改正の経緯・概要

改正の経緯

　平成24年の労働者派遣法の改正の際、登録型派遣、製造業務派遣および特定労働者派遣事業の在り方について、改正法施行後1年経過後をめどに労働政策審議会（労政審）での議論を開始すること、また、従前のいわゆる専門26業務とそれ以外の業務の区分による派遣期間制限の在り方について、分かりやすい制度となるよう、速やかに見直しの検討を開始すること、との国会の附帯決議が付されました。

　また、「『国民の声』規制・制度改革集中受付に提出された提案等への対処方針」（平成24年4月3日閣議決定）において、労働者派遣法における期間制限等の在り方について、必要な見直しの検討を行うとされたことなども踏まえ、厚生労働省では、平成24年10月に有識者による「今後の労働者派遣制度の在り方に関する研究会」を立ち上げ、労働者派遣制度の諸課題について検討を開始しました。平成25年8月に同研究会報告書が取りまとめられた後、労政審職業安定分科会労働力需給制度部会へ上げられ、公労使委員による制度の検討・審議段階へ移りました。部会での議論は、国会附帯決議等で検討事項とされた登録型派遣、製造業務派遣、特定労働者派遣事業、派遣期間制限の在り方のほか、派遣先の責任、派遣労働者の待遇・キャリアアップに関する措置など制度全般にわたり、14回に及ぶ約5か月間の審議を経て平成26年1月29日、部会報告書（「労働者派遣制度の改正について」）が取りまとめられ、労政審建議として示されました。その後、2月21日、厚生労働省は労働者派遣法改正の法律案要綱を労政審に諮問、28日に答申を得て3月11日に第186回国会（通常国会）に改正法案を提出しました。

　しかし、同法案は質疑など一切行われないまま審議未了となり、また、提出法案の記載の一部に誤りがあったため廃案となりました。その後、第187回国会（臨時国会）において9月29日に、前回提出法案の記載の誤りの修正以外は、同じ内容で再度法案が提出されましたが、11月21日の衆議院の解散により、審議未了で廃案となりました。

　第189回国会（通常国会）への提出にあたり、平成27年1月30日、与党の政調会長合意が行われ、厚生労働省に対し、法案の趣旨を明確にするため、労働者派遣が臨時的・一時的なものであることを法律上明確にすることや、派遣元事業主が行う雇用安定措置として、派遣先での直接雇用の依頼、新たな派遣先の提供は合理的なものに限ることを法律に明記することなど法案の一部修正の申入れがなされました。厚生労働省では、前回提出法案の内容にこれらの申入れ事項を踏まえて追加・修正のうえ、改めて3月13日、改正法案を国会へ提出しています。

　同法案は、5月12日に衆議院で審議入りし、6月19日に衆議院本会議で可決されました。なお、本国会へは、労働者の雇用形態の違いによる格差解消を目的とした「労働者の職務に応じた待遇の確保等のための施策の推進に関する法律案」（「同一労働同一賃金推進法案」とも呼ば

れます。本書では「待遇確保推進法（案）」といいます）が野党3党から共同提出されていましたが、与党による修正提案を受けて再提出され、労働者派遣法の改正法案とセットで同日衆議院を通過しています。

かくして、これまで2度にわたる廃案を経て、3度目の提出となった労働者派遣法の改正法案は、会期が9月27日までと大幅に延長されたこともあり、ようやく本国会で成立の見込みが立ったかにみえました。

ところが、7月8日に参議院で審議入りしたものの、安全保障関連法案や年金の情報流出問題等の影響により審議は大幅に遅れます。実質審議に入ることができたのは7月末です。加えて改正法案をめぐっては、与野党の対立が激しく、8月から9月上旬にかけては時間をかけて集中的な審議が行われ、会期終盤が差し迫る9月8日、参議院厚生労働委員会で施行日の延長を含む一部修正のうえ可決、9日に同本会議で可決、さらに、参議院で修正が入ったため衆議院へ回付され、改正法案は、11日にようやく可決・成立しました（9月18日公布）。

改正法は、9月30日に施行されています（平成24年改正による労働契約申込みみなし制度は10月1日施行）。

平成24年改正から平成27年改正成立まで

平24.	3.28	改正労働者派遣法（平成24年改正）国会で成立（附帯決議あり）
	4.6	改正法公布
	10.1	改正法施行（労働契約申込みみなし制度は3年後施行）
	10.17	「今後の労働者派遣制度の在り方に関する研究会」発足、労働者派遣制度について検討開始
平25.	8.20	「今後の労働者派遣制度の在り方に関する研究会報告書」取りまとめ
	8.30	労政審・職業安定分科会労働力需給制度部会で労働者派遣制度について議論開始
平26.	1.29	労政審建議「労働者派遣制度の改正について（報告書）」
	2.28	労政審から厚生労働省へ「労働者派遣事業の適正な運営の確保及び派遣労働者の保護等に関する法律等の一部を改正する法律案要綱」へ答申
	3.11	「労働者派遣事業の適正な運営の確保及び派遣労働者の保護等に関する法律等の一部を改正する法律案」186回国会（通常国会）へ提出
	6.22	186回国会閉会→審議未了のまま廃案
	9.29	187回国会（臨時国会）へ改正法案再提出
	11.21	衆議院解散に伴い審議未了のまま廃案
平27.	1.30	改正法案の一部修正の与党合意
	3.13	改正法案、189回国会（通常国会）へ提出
	5.12	衆議院で改正法案審議入り
	6.19	衆議院本会議で可決 （待遇確保推進法案（議員立法）衆議院本会議で可決）
	7.8	改正法案、参議院へ付託
	9.8	参議院厚生労働委員会で法案一部修正のうえ可決（附帯決議あり）
	9.9	参議院本会議で可決 （待遇確保推進法案参議院本会議で可決・成立）
	9.10	衆議院へ回付
	9.11	衆議院本会議で改正法案可決・成立
	9.16	待遇確保推進法公布（一部を除き同日施行）
	9.18	改正労働者派遣法（平成27年改正）公布
	9.30	改正労働者派遣法施行
	10.1	労働契約申込みみなし制度（平成24年改正）施行

いわゆる10.1問題

　労働者派遣法の改正法案は、提出当初、施行日が平成27年9月1日とされていました。これは、平成24年改正により新設された労働契約申込みみなし制度の施行（平成27年10月1日）に先立って、派遣期間制限の改正を含む今回の改正を成立させる必要があるとされたからです。

　従来の期間制限は、いわゆる専門26業務に該当するかどうかによって取扱いに違いがあり、平成24年改正時の国会附帯決議でも、26業務の該当性判断が分かりにくいため見直しを検討すべきであるとの指摘がされ、改正法案には、26業務を廃止して新しい期間制限のルールが盛り込まれました。

　また、労働契約申込みみなし制度の適用対象となる違法行為の類型には、期間制限違反が含まれています。厚生労働省の説明によれば、もし従来の期間制限のルールのまま労働者派遣法が改正されずに、労働契約申込みみなし制度の施行日（10月1日）を迎えてしまうと、26業務の該当の有無をめぐって訴訟につながるおそれがあること、企業が労働者派遣の利用を中止するようになり、派遣労働者の雇用等に多大な影響が出るおそれがあることから、早期の改正成立が必要としています。

　結局、改正法が成立したのは、延長された会期の終盤迫る9月11日です。当初予定の9月1日施行は事実上不可能となったため、国会で施行日が9月30日に延期・修正されましたが、それでも改正成立から1か月足らずのうちに施行という異例のスケジュールです。

改正の趣旨・概要

　平成27年の労働者派遣法の改正は、平成24年改正時の附帯決議等を踏まえ、派遣労働者の保護および雇用の安定を図ること、派遣労働者のキャリアアップを推進すること、労使双方にとって分かりやすい制度とすることを基本的な視点として制度の大幅な見直しを行ったもので、①労働者派遣事業の健全化、②労働者派遣の期間制限の在り方等の見直し、③派遣労働者の雇用の安定のための措置、④派遣労働者のキャリアアップ支援、⑤均衡待遇措置の強化などを主要な改正の柱としています。

　昭和60年の労働者派遣法制定以降、平成15年改正のあたりまでは、順次適用対象業務が拡大され、規制緩和の方向での変遷をたどってきましたが、最近では平成20年秋のリーマンショック以降、いわゆる派遣切りや雇止め、偽装請負（違法派遣）等が社会問題化したことを背景に、事業規制の強化、派遣労働者の均衡待遇、雇用安定といった派遣労働者の保護の観点からの規制強化の傾向が強くなってきています。前回の平成24年改正では、日雇派遣の原則禁止、グループ企業派遣の8割規制、派遣元のマージン率等の情報提供義務、均衡待遇措置、無期雇用への転換推進措置、違法派遣への対応として派遣先についての労働契約申込みみなし制度の創設といった様々な規制が新設・強化されました。

　そして平成27年改正では、派遣期間制限を分かりやすい仕組みとする一方で、派遣労働者のより一層の雇用の安定、保護を図ることを目的として、前回改正からさらに進んで、派遣元・派遣先の事業主が講ずる措置を拡充しています。特に派遣元事業主については、今後の許可制への一本化、許可基準の厳格化に伴う事業運営の見直しを迫られるほか、雇用安定措置やキャリアアップ支援措置の実施が義務付けられたことにより、派遣労働者に対する雇用主としての

責任がより重く課せられることになります。さらに、今回の法改正の際に付せられた国会附帯決議には、数多くの項目にわたって各種措置を講ずべきことが指摘・指示されており、省令（派遣則）・指針・業務取扱要領等にも数多くの事項が盛り込まれています。

平成27年改正のポイント

[平成27年9月30日施行]

1 労働者派遣事業の健全化

① 特定労働者派遣事業（届出制）と一般労働者派遣事業（許可制）の区別を廃止し、すべての労働者派遣事業を許可制とする。（☞8頁）
② 許可基準・許可条件の見直し　［業務取扱要領］（☞11頁）
　　・キャリアアップ支援措置、雇用安定措置の実施に関する事項の追加
　　・小規模事業主の資産要件の暫定的な緩和措置

2 派遣期間制限の見直し　（☞18頁）

従来のいわゆる26業務に該当するか否かによる区分、業務単位の期間制限を改め、すべての業務について、次の2つの軸による共通のルールとする。

（ⅰ）個人単位の期間制限～派遣先の同一の組織単位（課）で同一の派遣労働者の継続的な受入れ ➡ 3年
（ⅱ）事業所単位の期間制限～派遣先の同一の事業所における派遣労働者の継続的な受入れ ➡ 原則3年。過半数労働組合等からの意見聴取を要件として延長可。

3 派遣労働者の雇用安定措置、直接雇用の推進

① 派遣元事業主に、派遣終了後の派遣労働者の雇用安定措置（派遣先への直接雇用の依頼、新たな派遣先の提供、無期雇用化等）を義務付ける（☞32頁）。
　　・同一組織単位に継続3年派遣見込み ➡ 義務付け
　　・　〃　　継続1年以上3年未満派遣見込み ➡ 努力義務
② 直接雇用の依頼があった、組織単位ごとの同一の業務に1年以上継続して受け入れている派遣労働者について、その業務に労働者を雇い入れる場合に、優先的にその者を雇用することを派遣先の努力義務とする（☞38頁）。
③ 1年以上受け入れている派遣労働者に対する正社員の募集情報の提供、3年間継続就業見込みの有期雇用派遣労働者に対する労働者（正社員以外も含む）の募集情報の提供を派遣先に義務付ける（☞39頁）。

4 派遣労働者のキャリアアップ支援措置　（☞42頁）

派遣元事業主に、派遣労働者に対する①計画的な教育訓練、②キャリア・コンサルティング（派遣労働者の希望がある場合）の実施を義務付ける。

5 均衡待遇措置の強化

派遣元事業主が講ずる措置
派遣労働者からの求めに応じ、待遇の決定にあたって考慮した事項を説明することを派遣元事業主に義務付ける。(☞50頁)

派遣先が講ずる措置
① 均衡を考慮して派遣労働者の賃金が決定されるよう、派遣元事業主の求めに応じ、派遣先の労働者の賃金水準等の情報を提供すること等を派遣先の配慮義務とする。(☞53頁)

② 派遣先の労働者に実施している業務に密接に関連する教育訓練は、派遣元事業主の求めに応じ、原則として、同種の業務に従事する派遣労働者に対しても実施することを派遣先の配慮義務とする。(☞55頁)

③ 派遣先の労働者が利用できる福利厚生施設（給食施設、休憩室、更衣室）は、派遣労働者にも利用の機会を与える配慮義務を課す。(☞56頁)

6 その他の改正

◆派遣契約で定める事項、契約終了時に講ずべき措置の追加 [派遣則・元指針・先指針] (☞84頁)

◆派遣元管理台帳・派遣先管理台帳の記載事項の追加 [派遣則] (☞86、89頁)
（無期雇用・有期雇用の別、60歳以上か否かの別、就業した派遣先の組織単位、雇用安定措置（元）、キャリアアップ支援措置（元）、実施した教育訓練（先）等）

◆労働・社会保険の適用促進 [派遣則] (☞59頁)
労働・社会保険の資格取得に関する事項の派遣労働者への明示、資格取得届の届出の事実を証明する書類の派遣先への提供など。

◆派遣先における適切な苦情処理（セクハラ・パワハラへの対応等）[先指針] (☞90頁)

◆安全衛生に関する措置（派遣先から派遣元へ安全衛生教育に関する情報提供、健康診断結果に基づく必要な協力等）[元指針・先指針] (☞88、92頁)

◆派遣元責任者の職務、選任要件の追加 [派遣則・告示] (☞85頁)　　　等

24年改正

労働契約申込みみなし制度 (☞66頁)

平成27年10月1日施行

次の違法行為を行っている派遣先等について、違法行為の時点で、派遣労働者に対し労働契約の申込みをしたものとみなす（ただし、善意無過失の場合は適用されない）。

対象となる違法行為
① 禁止業務への派遣受入れ
② 無許可事業主からの派遣受入れ
③ 派遣期間制限（事業所単位・個人単位）に違反する派遣受入れ
④ いわゆる偽装請負等

労働者派遣の位置付けの明確化〜臨時的・一時的な働き方

　今回の改正で、運用上の配慮について定める労働者派遣法25条において、厚生労働大臣が同法の規定の運用にあたって考慮すべき事項として「派遣就業は臨時的かつ一時的なものであることを原則とするとの考え方」という文言が追加されました。

　労働者派遣ができる対象業務をネガティブリスト化（原則可能、一定の業務について禁止）した平成11年の改正において、労働者派遣制度を労働力の「臨時的・一時的な」需給調整システムとして位置付け、いわゆる専門26業務以外の業務について派遣受入期間を1年に制限しています。以来、派遣就業が「臨時的・一時的な」ものであることは、労働者派遣法の趣旨、基本原則として理解されてきました。この考え方は、派遣就業が長期化して派遣労働者が不本意で派遣労働に固定化されることを防止する一方、派遣労働者が派遣先で就労する常用雇用労働者に置き換わること（常用代替）を防止するうえでも大きな意義を持っています。

　後述するように、今回改正で期間制限の枠組みが大幅に見直されましたが、改正後においてもなお、派遣労働が「臨時的・一時的な」ものであること、常用代替の防止は、変わらず労働者派遣法の基本原則です。第189回国会への3度目の法案提出に際し、この原則が法文に追加されましたが、これにより労働者派遣制度の位置付けが法律上明確にされました。

労働者派遣法の制定・改正経緯と労働者派遣制度の位置付け

昭和60年	**労働者派遣法の制定** ○常用代替のおそれの少ない、専門的知識等を必要とする業務等の13業務を当初適用対象業務に。（施行後直ちに3業務追加し、16業務に。） ※制定以前は、職安法により労働者派遣事業は労働者供給事業として禁止
平成8年	○無許可事業主からの派遣受入れ等に対する派遣先への勧告・公表の制度化。 ○適用対象業務を16業務から26業務に拡大。（政令）
平成11年	○適用対象業務を原則的に自由化（禁止業務：建設、港湾運送、警備、医療、物の製造） ※新たに対象となった26業務以外の業務については派遣受入期間を1年に制限。 （→労働者派遣制度を臨時的・一時的な労働力の需給調整に関する対策として位置付け） ○派遣労働者の直接雇用の努力義務の創設
平成15年	○物の製造業務への労働者派遣の解禁 ○26業務以外の業務について、派遣受入期間を1年から最大3年まで延長。 （→労働者派遣制度の臨時的・一時的な労働力の需給調整に関する対策としての位置付けは引き続き維持） ○派遣労働者への契約の申込み義務の創設
平成24年	○日雇派遣の原則禁止　○グループ企業内派遣を8割以下に制限 ○離職した労働者を離職後1年以内に派遣労働者として受け入れることを禁止 ○マージン率等の情報提供の義務化、無期雇用への転換推進措置の努力義務化など、派遣労働者の保護や待遇改善を強化 ○労働契約申込みみなし制度の創設（施行は平成27年10月）
平成27年	○派遣労働が臨時的・一時的なものであることを原則とする旨を法律に明記 ○業務単位の期間制限を廃止し、①個人単位（同一組織単位で同一派遣労働者は3年まで）、②事業所単位（同一の事業所で派遣受入れは原則3年まで。過半数労働組合等からの意見聴取による延長可） ※派遣への固定化防止、常用代替防止 ○派遣労働者の雇用安定措置を派遣元事業主に義務付け ○派遣労働者のキャリアアップ支援措置を派遣元事業主に義務付け ○均衡待遇措置の強化

資料出所：厚生労働省の労働力需給制度部会資料に一部加筆

第1章 基本編・労働者派遣法改正のポイント

1 労働者派遣事業の健全化

労働者派遣事業の許可制への一本化 ●●●●●●●●●●

1 許可制への一本化の趣旨

法 5条〜15条

 特定労働者派遣事業と一般労働者派遣事業の区別を廃止し、すべての労働者派遣事業を許可制とする。

　従来、労働者派遣事業には、常用雇用の派遣労働者のみを派遣する「特定労働者派遣事業」とそれ以外の「一般労働者派遣事業」とに区分されていました。一般労働者派遣事業を行うには、適正な事業運営、派遣労働者の保護等の観点から、厚生労働大臣の許可を受ける必要がありますが、特定労働者派遣事業を行う場合には、登録型の派遣労働者に比べて雇用が安定している常用雇用の派遣労働者のみを扱うため、厚生労働大臣への事業の届出によって行うことが認められていました。

　しかし、特定労働者派遣事業を行う事業所の派遣労働者には、有期雇用の者が多く、必ずしも雇用が安定しているとは言えません。また、特定労働者派遣事業のほうが行政処分の件数が多く、中には許可要件を満たせないために、特定労働者派遣事業と偽り、その実態は一般労働者派遣事業を行っているという事業者も相当みられます。

　そこで今回の法改正では、労働者派遣事業の健全化を図り、ひいては派遣労働者の保護に資するよう、特定労働者派遣事業の区分をなくし、すべての労働者派遣事業を許可制とすることとされました。また、❷で後述する許可基準の見直しとも併せて、派遣事業を行うハードルを高くすることで、悪質・不適正な事業者を締め出す狙いがあります。

　ただ、特定労働者派遣事業を行う事業者数は、全国で56,686所、労働者派遣事業全体のうち76％と大部分を占めています（「労働者派遣事業報告」（平成26年6月1日現在）等から厚生労働省で算出したもの）。このため、一度に全面的に許可制に変更すれば、特定労働者派遣事業の事業者や業界全体へ大きな影響を与えることになりますので、許可制へ移行するに際して一定期間の経過措置が設けられるとともに、小規模の派遣事業者（派遣会社）が事業を行うための資産要件を暫定的に緩和するなどの措置がとられています。

1 労働者派遣事業の健全化

労働者派遣事業の許可制への一本化

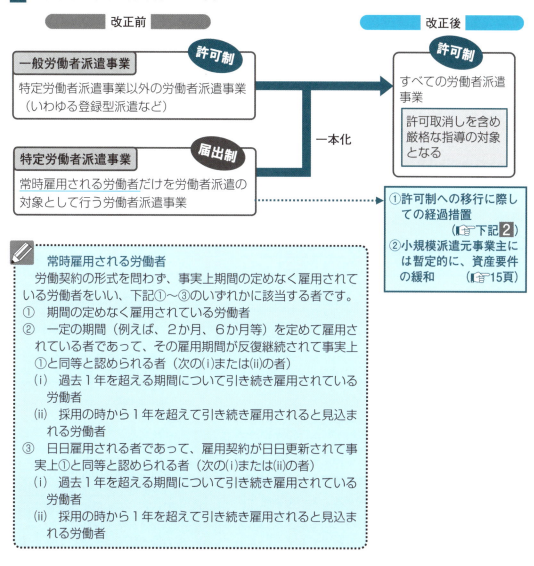

2 特定労働者派遣事業に関する経過措置

法 改正法附則6条　業取 第4

経過措置
　施行日時点で特定労働者派遣事業を営んでいる事業主は、引き続き3年間、常用雇用の労働者のみの労働者派遣事業を営むことができる。

■1　経過措置期間中の取扱い

　旧法の特定労働者派遣事業の経過措置として、平成27年9月29日までに旧法の特定労働者派遣事業の届出書を厚生労働大臣に提出した者は、平成27年9月30日から平成30年9月29日まで

の3年間（「経過措置期間」といいます）は、引き続き、常用雇用される労働者のみの労働者派遣事業を行うことができます（改正法附則6条1項）。この経過措置期間中に、特定労働者派遣事業の欠格事由に該当して労働者派遣事業の廃止命令を受けたときや、事業廃止の届出をしたときは、その廃止命令の日または廃止届の提出日までの期間でその常用雇用の労働者のみの労働者派遣事業は終了となります。

そして、経過措置期間が経過した後は、新法に従い、厚生労働大臣の許可がなければ労働者派遣事業を行うことはできません。

特定労働者派遣事業の経過措置

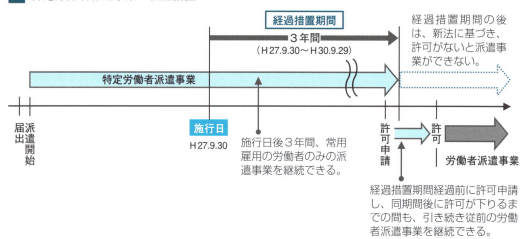

■2　変更の届出

経過措置期間中は、旧法による特定労働者派遣事業に係る変更について、労働者派遣事業を行う事業所の新設以外の事項の変更の届出をすることができます。

特定労働者派遣事業の事業主の主たる事業所以外の事業所で労働者派遣事業を行うため事業所の新設を希望する場合は、その事業所で労働者派遣事業を行うことについて、厚生労働大臣の許可を受ける必要があります（改正法附則6条2項）。

> **変更の届出期間の改正**
> 今回の派遣則の改正により、変更の届出のうち、届出書に登記事項証明書を添付すべき場合については、届出書の提出期限は、変更に係る事実があった日の翌日から起算して、10日以内から「30日以内」に変更されました（派遣則8条）。

■3　欠格事由による事業廃止

欠格事由とは、労働者派遣事業を行う資格を欠く場合で、例えば法令違反により罰金刑に処せられ執行終了後5年を経過しない場合、破産宣告を受けて復権しない場合、労働者派遣事業の許可を取り消されて5年を経過しない場合などがこれに該当します（法6条）。なお、欠格事由は、申請者が法人か個人かの区分に応じて該当の有無が判断されます。

欠格事由に該当する場合は、労働者派遣事業の許可を受けることはできません。また、旧法の下で、特定労働者派遣事業の場合も、欠格事由に該当する者は労働者派遣事業を行うことは

できませんし（旧法17条）、該当することが判明した場合は、厚生労働大臣が事業主に対し事業の廃止を命ずることとされていました（旧法21条）。

旧法による特定労働者派遣法事業の届出をして事業を開始した後、経過措置期間中に特定労働者派遣事業の欠格事由に該当することが判明したときは、その労働者派遣事業の廃止を命じられることになります（改正法附則4条、6条4項）。

■ 特定労働者派遣事業について経過措置期間中に欠格事由が判明した場合

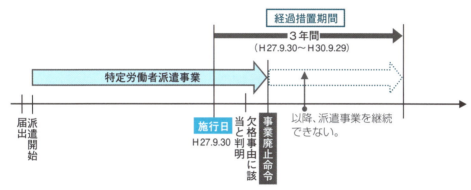

■ 4　書類の備付け、提示義務

旧法による特定労働者派遣事業を行う事業主は、事業届出書を提出した旨等を記載した書類を、特定労働者派遣事業を行う事業所ごとに備え付けなければなりません。また、関係者（派遣先等、派遣労働者等その事業主が適法な事業活動を行っているか否かにつき利害関係を有する者）から請求があったときは、これを提示しなければなりません（改正法附則6条3項）。

特定労働者派遣事業には、許可制による労働者派遣事業と異なり、許可基準等をクリアしたうえで交付される「許可証」がありません。そこで、届出に関する書類の備付けや、提示を義務付けることによって、適法に事業活動を行っていることを関係者に知らせることを目的として、上記と同趣旨の規定が旧法に定められていたものです。今回改正法の経過措置によって継続して行われる常用雇用労働者のみの労働者派遣事業についても、引き続きこの措置が義務付けられることとなります。

② 許可基準の見直し ●●●●●●●●●●●●●●●●●●●●●●●

1　許可基準の追加

法 7条　則 1条の4　〈業取〉第3の1(8)

（1）許可基準に、①派遣労働者のキャリア形成支援制度を有すること、②派遣労働者の雇用管理を適正に行う体制整備に関する事項が追加された。
（2）小規模な派遣元事業主については、暫定的に資産要件が緩和された。

1 派遣労働者の雇用管理を適正に行う能力を判断する許可基準の追加

労働者派遣事業を行うには厚生労働大臣の許可が必要ですが、申請する事業主が許可基準を満たしていないと、許可を受けることはできません（法7条）。

この許可基準は、労働者派遣事業の許可・不許可を判断するにあたり、労働者派遣事業の適正化、派遣労働者の保護の観点から、申請する事業主について派遣労働者の雇用管理能力の有無や事業の遂行能力の有無等を判断するために定められています。

今回の改正では、許可制への一本化や派遣元事業主に対して新たに義務付けられた措置とも連動し、労働者派遣事業の適正の確保、派遣業界全体の健全化、派遣労働者の実効性ある保護につながるよう見直しが行われました。この点は、改正法の国会審議の際、附帯決議として指摘され、これを受けて下記の事項が許可基準に追加されています。

許可基準（全体図）

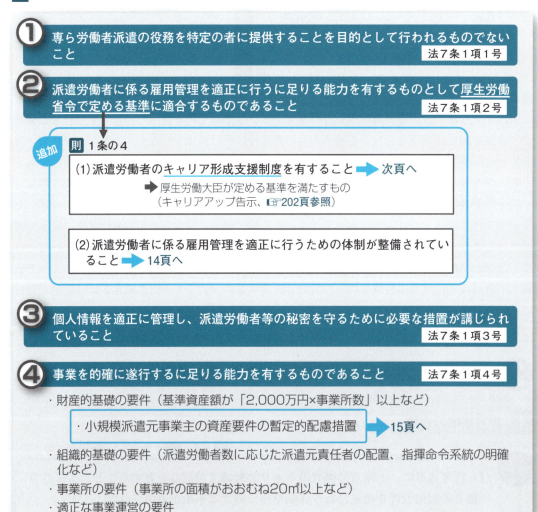

キャリア形成支援制度に係る許可基準

1 派遣労働者のキャリア形成を念頭に置いた段階的かつ体系的な教育訓練の実施計画を定めていること

【教育訓練計画の内容】
① すべての派遣労働者を対象としたものであること
② 教育訓練が有給かつ無償で行われるものであること
③ 派遣労働者のキャリアアップに資する内容であること
④ 訓練内容に入職時の教育訓練が含まれていること
⑤ 無期雇用派遣労働者に対して実施する教育訓練は、長期的なキャリア形成を念頭に置いた内容のものであること

2 キャリア・コンサルティングの相談窓口を設置していること

① 相談窓口には、担当者(キャリア・コンサルティングの知見を有する者)が配置されていること
② 相談窓口は、雇用するすべての派遣労働者が利用できること
③ 希望するすべての派遣労働者がキャリア・コンサルティングを受けられること

3 キャリア形成を念頭に置いた派遣先の提供を行う手続きが規定されていること

派遣労働者のキャリア形成を念頭に置いた派遣先の提供のための事務手引、マニュアル等が整備されていること

4 教育訓練の時期・頻度・時間数等

【①時期・頻度】
・派遣労働者全員に対して入職時の教育訓練は必須であること
・少なくとも最初の3年間は毎年1回以上の教育訓練の機会の提供が必要
・キャリアの節目などの一定の期間ごとにキャリアパスに応じた研修等が用意されていること

【②時間数】
・フルタイムで1年以上雇用見込みの派遣労働者1人当たり、少なくとも最初の3年間は毎年おおむね8時間以上の教育訓練の機会の提供が必要

【③受講への配慮】
・派遣元事業主は、教育訓練計画の実施にあたって、教育訓練を適切に受講できるように就業時間等に配慮しなければならない

5 その他

① 派遣労働者のキャリアアップ支援措置の実施状況等、教育訓練等の情報を管理した資料を労働契約終了後3年間は保存していること(労働契約が更新された場合は更新契約後3年間保存)
② キャリア形成支援制度を適正に実施しようとしない等により、労働局から指導されても是正していない者ではないこと

※このほか、派遣労働者の意向に沿った教育訓練計画の策定、計画の周知、インターネット等での情報提供に努めることなど

適正な雇用管理のための体制整備に係る許可基準

派遣元責任者に関する判断

1　派遣元責任者として雇用管理を適正に行い得る者が所定の要件および手続きに従って適切に選任・配置されていること
   - 未成年者でなく、欠格事由（法6条）に該当しないこと
   - 派遣則29条で定める要件、手続きに従って選任されていること
   - 成年に達した後、3年以上の雇用管理等の経験を有する者であること
   - 許可申請の受理日前3年以内に、派遣元責任者講習を修了した者であること
   - 派遣元責任者が苦情処理等の場合に、日帰りで往復できる地域に労働者派遣を行うものであること　等

2　派遣元責任者が不在の場合の臨時の職務代行者があらかじめ選任されていること

派遣元事業主に関する判断

派遣労働者の福祉の増進を図ることが見込まれる等適正な雇用管理を期待し得るものであること

① 労働保険、社会保険の適用等派遣労働者の福祉の増進を図ることが見込まれるものであること
② 住所および居所が一定しない等生活根拠が不安定なものでないこと
③ 不当に他人の精神、身体および自由を拘束するおそれのない者であること
④ 公衆衛生または公衆道徳上有害な業務に就かせる行為を行うおそれのない者であること
⑤ 派遣元事業主となり得る者の名義を借用して許可を得るものではないこと
⑥ 外国人の場合は、原則として、「投資・経営」（入管法別表第1の2）もしくは同法別表第2の表のいずれかの在留資格を有する者、または資格外活動の許可を受けて派遣元事業主としての活動を行う者であること（海外に在留する派遣元事業主は除く）
⑦ 派遣労働者に関する就業規則または労働契約等の記載事項

   - 無期雇用派遣労働者を労働者派遣契約の終了のみを理由として解雇できる旨の規定がないこと。また、有期雇用派遣労働者についても、労働者派遣契約終了時に労働契約が存続している派遣労働者については、労働者派遣契約の終了のみを理由として解雇できる旨の規定がないこと
   - 無期雇用派遣労働者または有期雇用派遣労働者であるが労働契約期間内に労働者派遣契約が終了した派遣労働者について、次の派遣先を見つけられない等、使用者の責に帰すべき事由により休業させた場合には、労基法26条に基づく手当を支払う旨の規定があること

⑧ すでに事業を行っている者であって、雇用安定措置の義務を免れることを目的とした行為を行っており、労働局から指導され、それを是正していない者ではないこと

教育訓練（キャリア形成支援制度以外）に関する判断

① 派遣労働者に対して安全衛生教育（安衛法59条）の実施体制を整備していること

② 派遣労働者に対する能力開発体制（適切な教育訓練計画の策定、教育訓練の施設、設備等の整備、教育訓練の実施についての責任者の配置等）を整備していること

③ 段階的かつ体系的な教育訓練（法30条の2）以外に自主的に実施する教育訓練については、派遣労働者が受講しやすいよう、当該教育訓練に係る派遣労働者の費用負担を実費程度とすること

2 小規模派遣元事業主の資産要件の緩和

今後、労働者派遣事業の全面許可制へ移行するにあたり、前記のとおり、旧法による特定労働者派遣事業（届出制）の事業主が大部分を占めることから、従来特定労働者派遣事業を行っていた事業主の多くは、経過措置の後、許可申請をして労働者派遣事業を継続していこうとすることが予想されます。従来の特定労働者派遣事業は、事業主の資産要件はなく、届出をすれば事業を行えたので、小規模の派遣元事業主も多く含まれていると考えられますが、今後許可制に対応するとなると、小規模の事業主にとって、従前の資産要件（純資産で2,000万円以上）が要求されることは事業継続のうえでも大きな障害となり得ます。

そこで、暫定的な措置として、一定の小規模の派遣元事業主については、**下表**のように資産要件が軽減されています。

小規模派遣元事業主の資産要件（暫定的措置）

		小規模派遣元事業主		原　則
		（A）1つの事業所のみを有し、常時雇用の派遣労働者が10人以下	（B）1つの事業所のみを有し、常時雇用の派遣労働者が5人以下	（左の小規模派遣元事業主以外の事業主）
暫定措置の期間		平成27年9月30日から当分の間	平成27年9月30日から平成30年9月29日	
資産要件	①基準資産額※	1,000万円以上	500万円以上	2,000万円×派遣事業を営む事業所数以上
	②基準資産額と負債との比較	基準資産額が負債総額の7分の1以上	基準資産額が負債総額の7分の1以上	基準資産額が負債総額の7分の1以上
	③事業資金	自己名義の現金・預金の額が800万円以上	自己名義の現金・預金の額が400万円以上	自己名義の現金・預金の額が1,500万円×派遣事業を営む事業所数以上

※基準資産額……資産（繰延資産および営業権を除く）の総額－負債の総額

2 許可条件の追加

第3の1（12）

> **改正**　労働者派遣契約の期間の終了のみを理由として解雇しないことが、許可条件に追加された。

労働者派遣事業の許可には、条件を付けたり、条件を変更することができることとされています（法9条1項）。許可条件は、労働者派遣事業の運営や派遣労働者の雇用管理を適正に行わせるため、許可した後も一定条件の下で派遣事業を行わせる必要があると考えられる場合に付されるものです。許可条件に適合しなくなると、許可取消しの対象となります。

許可条件は、許可証（法8条）とは別に管轄労働局を経由して申請者に交付される「労働者

派遣事業許可条件通知書」に記載されています。今回の法改正に伴い、この記載項目に、労働者派遣契約終了時における解雇禁止が追加されました（業務取扱要領）。すなわち、派遣元事業主は、無期雇用派遣労働者について、労働者派遣契約の終了のみを理由として派遣労働者を解雇しないこと（労働者派遣契約の終了時に派遣元事業主との労働契約が存続している有期雇用派遣労働者についても同様です）が許可条件に加わりました。

 許可条件

> ① 専ら労働者派遣の役務を特定の者に提供することを目的として行うものではないこと。
> ② 派遣先における団体交渉または労基法に規定する協定の締結等のための労使協議の際に使用者側の直接当事者として行う業務について労働者派遣を行うものではないこと。
> ③ 労働保険・社会保険の適用基準を満たす派遣労働者の適正な加入を行うものであること。
> ④ 無期雇用派遣労働者を労働者派遣契約の終了のみを理由として解雇しないこと。また、有期雇用派遣労働者についても、労働者派遣契約終了時に労働契約が存続している派遣労働者については、労働者派遣契約の終了のみを理由として解雇しないこと。【追加】
> ⑤ 労働者派遣事業を行う事業所を新設する場合においても、「許可基準」の所定の要件を満たすこと。
> ⑥ 労働者派遣事業を行う事業所を新設する場合にあっては、届出を行うに先立って、事業主管轄労働局または事業所管轄労働局に事業計画の概要および派遣元責任者となる予定の者等について説明を行うこと。

3 無許可事業主の公表

〈業取〉第13

 新設 **許可を受けずに労働者派遣事業を行う事業主は、違法状態が是正されるまで公表する。**

　今回改正法の基礎となった労政審の建議（平成26年1月29日）や国会審議過程における政府答弁、そして参議院で改正法案に対して付された附帯決議には、無許可で労働者派遣事業を行った事業主に対する行政上の措置として企業名の公表も検討事項に加えられています。

　公表制度の趣旨は、違法行為に対する勧告に従わなかった場合になされる公表（法49条の2第2項）のような制裁的な意味合いを持つものではなく、派遣労働者になろうとする者や労働者派遣を利用しようとする派遣先事業主に対して、派遣会社を選ぶ際の参考とするための情報を提供することを目的としています。

　なお、公表は、違法状態が是正されるまで継続されます。

1 労働者派遣事業の健全化

公表の開始から終了までの流れ

```
無許可派遣の疑いがある事業主に労働局が調査に入る
        ↓
労働局が無許可派遣の事実を確認した場合、公表を通告し、抗弁の機会を付与する
        ↓
厚生労働省、労働局のホームページ上に公表する    ←    【公表内容】
        ↓                                          ・事業主名　・事業所名　・所在地
違法状態が是正された場合には、公表終了             ・主たる派遣事業の内容
                                                  ・許可申請等予定日
```

無許可事業主に対する行政指導と公表のスキーム

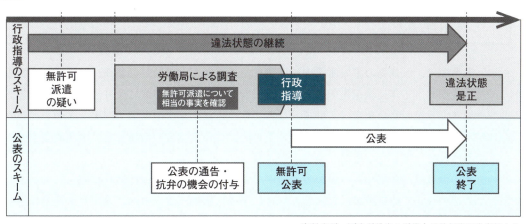

資料出所：厚生労働省の労働力需給制度部会資料より

2 新しい労働者派遣の期間制限ルール

❶ 派遣可能期間制限の枠組みの変更

1 期間制限ルール改正の趣旨

法 35条の2、35条の3、40条の2、40条の3

労働者派遣の期間制限について、従来のいわゆる26業務かそれ以外かの業務を基準とした制限を見直し、すべての業務について、①派遣労働者個人単位の期間制限（3年）と、②派遣先の事業所単位の期間制限（原則3年、ただし、派遣先の過半数労働組合等の意見聴取手続きを要件にさらに3年延長可）の2つのルールが設けられた。

　従来、派遣先は、派遣先の事業所その他派遣就業の場所ごとの同一の業務に、派遣元事業主から派遣可能期間（1年。派遣先の過半数労働組合等からの意見聴取により最長3年）を超える期間継続して派遣労働者を受け入れてはならないとされ、ソフトウェア開発などの専門業務（いわゆる「26業務」。旧派遣令4条および5条）等についてはこの例外として期間制限を受けないものとされていました（旧法40条の2第1項）。

　昭和61年の派遣法施行当時は、労働者派遣ができる業務は専門的な13業務に限られていましたが、その後の改正で対象業務は拡大していき、平成11年の法改正の際に適用対象業務が自由化・ネガティブリスト化（原則として労働者派遣を可能とし、一定の業務への派遣を禁止する）されました。その際、労働者派遣事業は、派遣先の常用雇用の代替防止の観点から「臨時的・一時的な労働力の需給調整のためのシステム」として位置付けられ、この考え方に基づき、常用代替のおそれが少ないと考えられる一定の専門性の高い業務や有期プロジェクト業務、育児・介護休業者の代替要員としての業務等一部を除いては、上記のような期間制限が設けられていたわけです。

　このような従来の期間制限のルールについては、「26業務」に該当する専門性の判断や付随業務との区別などが難しく分かりにくいという指摘がされてきました。そこで、今回の法改正による新しい期間制限の枠組みでは、労働者派遣が「臨時的・一時的な働き方」であることを前提に、派遣労働者のまま長期間同じような業務に従事することによる派遣就業への固定化を防止すること、また、派遣先の常用労働者（正社員等）との代替を防止することを目的として、①派遣労働者個人を単位として、同一の職場に派遣されて働けるのは3年まで、②派遣先の事業所を単位として、派遣労働者を受け入れることができるのは3年までという2つの期間制限

2 新しい労働者派遣の期間制限ルール

改正前後の期間制限ルールの違い

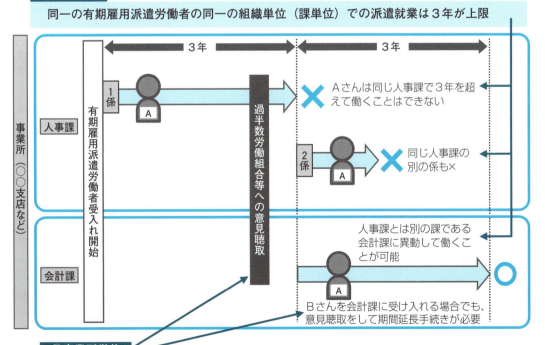

の軸を設けるものです（②については、派遣先の事業所の過半数労働組合等からの意見聴取手続きを履践することによりさらに3年延長可。☞23頁参照）。

なお、この期間制限が適用されるのは、有期雇用派遣労働者です（☞期間制限の対象外となる者については25頁参照）。

専門26業務（旧法において期間制限のない業務）

```
いわゆる専門26業務

  日雇派遣が可能な業務
  ●ソフトウェア開発    ●機械設計          ●放送機器等操作
  ●事務用機器操作      ●通訳、翻訳、速記   ●放送番組等演出
  ●秘書               ●ファイリング       ●調査    ●建築物清掃
  ●財務処理           ●取引文書作成       ●建築設備運転・点検・整備
  ●デモンストレーション  ●添乗             ●駐車場管理等
  ●受付・案内         ●研究開発           ●インテリアコーディネーター
  ●事業の実施体制の企画、立案              ●アナウンサー
  ●書籍等の制作・編集  ●広告デザイン       ●テレマーケティング
  ●OAインストラクション                    ●放送番組等の大道具・小道具
  ●セールスエンジニアの営業、金融商品の営業 ●水道施設等の設備運転
                                    派遣令 4条
```

※日雇派遣が可能な業務は、法改正後も変更なし。

2 個人単位の期間制限

法35条の3、40条の3　元指針第2の8(7)
先指針第2の14(1)(2)(4)　業取第7の13、第8の6

派遣先は、同一の組織単位（課単位）において、3年を超えて継続して同一の派遣労働者を受け入れてはならない。

派遣先は、派遣先の事業所その他派遣就業の場所（以下「事業所等」といいます）における組織単位ごとの業務について、派遣元事業主から3年を超える期間継続して同一の派遣労働者を受け入れてはなりません（法40条の3）。

また、派遣元事業主は、派遣先の事業所等の組織単位ごとの業務について、3年を超える期間継続して同一の派遣労働者を派遣してはなりません（法35条の3）。

前記のとおり、労働者派遣は、あくまでも「臨時的・一時的」な働き方として位置付け

> 「事業所その他派遣就業の場所」
> 次の3つの観点から、実態をみて判断されます（派遣先指針第2の14(1)）。
> ① 工場、事務所、店舗等、場所的に他の事業所その他の場所から独立していること。
> ② 経営の単位として人事、経理、指導監督、労働の態様等においてある程度の独立性を有すること。
> ③ 一定の期間継続し、施設としての持続性を有すること。

られ、また、派遣労働は、直接雇用や正社員等としての働き方に比べ、雇用の安定やキャリア形成が図られにくい実態があります。さらに、派遣労働者の中にも、正社員等として働きたいと思っているが、就職先が見つからず、当面生活のために派遣就業しているというケースも相当多くみられます。

そこで、前記の個人単位の期間制限は、このような派遣就業の実情等を踏まえ、派遣就業を望まない派遣労働者の働き方の固定化を防止するため、特に雇用が不安定な有期雇用の派遣労働者について、同一の組織単位における継続的な受入れを3年までとしています。今回の法改正では、派遣労働者のキャリアアップ支援措置の実施が派遣元事業主に義務付けられましたが（☞42頁参照）、個人単位の期間制限ルールにも、派遣労働者のキャリアアップという視点が加わり、1人の労働者が同じ職場で最長3年まで働けるようにして、その間、節目節目でキャリアを見つめ直し、キャリアアップを考えてもらうようにしたものです。

■1　組織単位とは

同一の派遣労働者の受入れの可否を判断する「派遣先の事業所等における組織単位」は、前記のとおり、派遣労働者が長期にわたってその派遣就業に従事することによって固定化してしまうことを防止する法40条の3の期間制限の目的に適うように判断される必要があります。

■個人単位の期間制限（例）

※派遣先事業所で期間延長の手続き（過半数労働組合等からの意見聴取）がされていることが前提

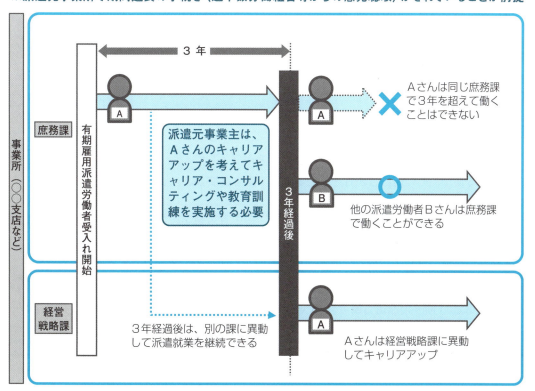

派遣法では、「組織単位」を、「名称のいかんを問わず、業務の関連性に基づいて派遣先が設定した労働者の配置の区分であって、配置された労働者の業務の遂行を指揮命令する職務上の地位にある者が当該労働者の業務の配分及び当該業務に係る労務管理に関して直接の権限を有するもの」（法26条1項2号、派遣則21条の2）とされています。

> **注意**
> **派遣期間の通算**
> 派遣労働者の従事する業務が変わっても、同一の組織単位内である場合は、派遣期間は通算されます。

具体的には、課、グループ等の業務としての類似性や関連性がある組織であり、かつ、その組織の長が業務の配分や労務管理上の指揮監督権限を有するものであって、派遣先のおける組織の最小単位よりも一般に大きな単位が想定されますが、個別ケースに応じて実態をみて判断されることになります。小規模の事業所等では、組織単位と組織の最小単位が一致する場合もあり得ます（派遣先指針第2の14(2)、業務取扱要領第8の6(3)）。

■2　クーリング期間経過後の同一の派遣労働者の同一組織単位の業務への派遣

派遣法では、同一の派遣労働者についての期間制限は、「継続して」3年を超えて労働者派遣を受け入れることはできないとされています（法40条の3）。では、3年間、労働者派遣を受け入れた後で空白期間があれば、また同じ派遣労働者を同じ職場に受け入れることができるのかが問題となりますが、この点については、派遣先の同一の組織単位における就業の日と次回の就業の日との間が3か月以下であれば、「継続して」同一の派遣労働者を受け入れているものとみなされます（派遣先指針第2の14(4)）。

> **注意**
> **クーリング期間後の派遣の運用**
> 派遣元事業主は、派遣先の同一の組織単位の業務に3年間派遣労働者を派遣した後で、派遣労働者が希望していないにもかかわらず、3か月経過してから同じ業務に再度同じ派遣労働者を派遣することは、派遣労働者のキャリアアップの観点から望ましくないとされています（派遣元指針第2の8(7)）。
> これは、今回の法改正における国会の附帯決議を受けて指針に明記されたものです。

つまり、同一の組織単位における3年間の派遣が終了してから、同じ業務に同じ派遣労働者を派遣するには、その間に3か月を超える期間を置く必要があります（この期間は「クーリング期間」とも呼ばれます）。

したがって、3年で労働者派遣が終了した後、3か月を超えないうちに、再び同一の派遣労働者に係る労働者派遣を受け入れると、期間制限に違反することになりますので、この場合、派遣先は、派遣元事業主に対し、派遣労働者の交代を要求することができます（業務取扱要領第8の6(4)）。

なお、ここで「同一の派遣労働者」というのは、空白期間の前後で雇用先の派遣会社が変わって派遣元事業主が異なる場合でも、その派遣労働者が同一ならば、「同一の派遣労働者」と評価されます（同）。

同一の派遣労働者に係る期間制限とクーリング期間

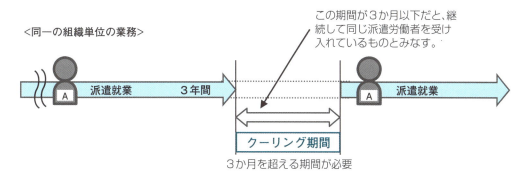

3 事業所単位の期間制限

法35条の2、40条の2　先指針第2の14(3)(5)　業取第7の13、第8の5

① 派遣先は、事業所等ごとの業務について、3年を超えて継続して派遣労働者を受け入れてはならない。
② ただし、派遣受入れから3年を超えることとなる最初の日の1か月前の日までの間に、派遣先の事業所の過半数労働組合等から意見聴取をした場合は、さらに3年まで期間延長できる。

　派遣先は、派遣先の事業所等ごとの業務について、原則として、派遣元事業主から派遣可能期間（3年）を超える期間継続して派遣労働者を受け入れてはなりません（法40条の2第1項、2項）。また、派遣元事業主も、この期間を超えて継続して労働者派遣を行ってはなりません（法35条の2）。

　ただし、派遣先は、派遣受入れの開始日以後、前記の期間制限に抵触することとなる最初の日（以下「抵触日」といいます）の1か月前の日までの間に、派遣先の事業所の過半数労働組合（これがないときは事業所の労働者の過半数を代表する者）から意見を聴いて3年まで派遣可能期間を延長することができます。その後3年を経過してからさらに延長しようというときは、同様に意見聴取の手続きを経て、再度3年まで延長することができます（法40条の2第3項、第4項）。

　前記のとおり、派遣就業は「臨時的・一時的な」働き方として位置付けられることが原則であり、また、派遣先の常用労働者（いわゆる正社員）との代替が生じないようにすることが法の趣旨ですから、派遣労働の利用は3年以内が原則とされています。

常用代替の防止
　ここでいう「常用代替の防止」とは、派遣労働者が現に派遣先で就労している常用労働者と代替することを防止することだけでなく、派遣先の常用労働者の雇用の機会が不当に狭められることを防止することも含まれます（業務取扱要領第8の5(2)）。
　特に派遣先が派遣労働者を受け入れたことにより、その雇用する労働者を解雇することは常用代替そのものであり、派遣労働の利用の在り方として適当ではありません。

ただ、一方では、派遣先の事業やその業務の状況などによっては、さらに派遣労働の利用を延長する必要が出てくる場合も考えられます。そこで、派遣法は、派遣労働者の受入れを一律に制限するのではなく、派遣労働の利用を延長するかどうかについて、現場の実状をよく知る労使の判断に委ねることとし、派遣先の事業所の労働者代表から意見を聴くプロセスを法定要件とすることにより、常用代替の防止という法目的を担保する仕組みをとっています（☞意見聴取の手続きについては26頁参照）。

事業所単位の期間制限（例）

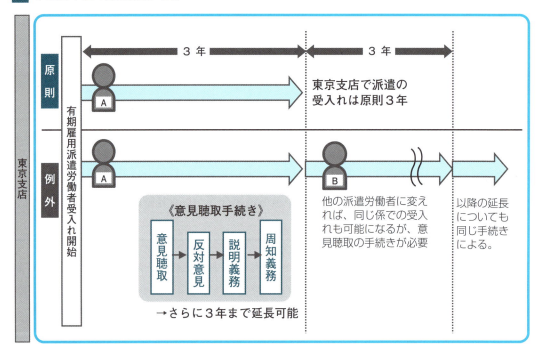

1 事業所単位の期間制限の抵触日の通知義務

労働者派遣の役務の提供を受けようとする者（派遣先等）は、期間制限の対象とならない場合（☞次頁参照）を除いて、新たな労働者派遣契約により派遣元事業主から労働者派遣を受け入れようとするときは、労働者派遣契約の締結にあたり、あらかじめ、派遣元事業主に対し、当該労働者派遣に係る事業所単位の期間制限の抵触日を通知しなければなりません（法26条4項）。派遣元事業主は、この通知がないときは、その者との間で当該事業所等の業務に係る労働者派遣契約を締結してはならないとされています（法26条5項）。

> **通知の方法**
> 労働者派遣契約の締結の際の抵触日の通知や期間延長後の抵触日の通知は、書面の交付等によらなければなりません（派遣則24条の2、33条の6）。ファクシミリや電子メールの送信による方法も含まれます。また、これらの抵触日の通知である旨が明確になっていれば、他の連絡等と一緒に書面等で通知してもかまいません。

また、派遣先は、派遣可能期間を延長したときは、速やかに、派遣元事業主に対し、延長後の事業所単位の期間制限に抵触する日を通知しなければなりません（法40条の2第7項）。

これらの規定は、派遣元事業主・派遣先等の双方が、期間制限の規定を遵守できるよう、抵触日を明確にするためのものです。

■2　事業所単位の期間制限に係るクーリング期間

事業所単位の期間制限の場合も、クーリング期間の考え方が指針に示されています。すなわち、派遣先の事業所等ごとの業務について、新たな労働者派遣を受け入れる場合には、その新たな労働者派遣の開始とその直前に受け入れていた労働者派遣の終了との間が3か月以下の場合は、この間は「継続して」労働者派遣を受け入れているものとみなされます（派遣先指針第2の14(3)）。

> ＼注意／
> **脱法的な運用の禁止**
> 派遣先は、3年を超えて労働者派遣を受け入れるために必要な派遣可能期間の延長に係る手続きを回避することを目的として、派遣終了後3か月経過した後に再度派遣を受け入れるような、実質的に派遣の受入れを継続するする行為は、法の趣旨に反するものとされています（派遣先指針第2の14(5)）。

4　期間制限の例外

法40条の2第1項　則32条の5

改正　無期雇用派遣労働者や60歳以上の者等は、労働者派遣の期間制限の対象とならない。

次の場合は、常用代替のおそれが少ないなどの理由から、例外として、前記の派遣可能期間の制限を受けません。今回改正では、有期雇用の場合よりも雇用が安定していると考えられる、派遣元事業主に無期雇用されている派遣労働者（法40条の2第1項1号）や、雇用機会の確保が特に困難で、雇用継続を図る必要があるとされる60歳以上の高年齢者（同項2号、派遣則32条の5）の派遣を受け入れる場合が、期間制限の例外として追加されました。

期間制限を受けない場合

①**無期雇用派遣労働者**の派遣を受け入れる場合
②**60歳以上の者**の派遣を受け入れる場合　追加
③**有期プロジェクト業務**（事業の開始・転換・拡大・縮小・廃止のための業務）に派遣を受け入れる場合
④**日数限定業務**（月10日以下）に派遣を受け入れる場合
⑤**産前産後休業、育児休業等を取得する労働者の代替要員**として派遣を受け入れる場合
⑥**介護休業等を取得する労働者の代替要員**として派遣を受け入れる場合

● 経過措置

施行日時点ですでに締結されている労働者派遣契約については、その契約に基づく労働者派遣がいつ開始されるかにかかわらず、改正前の法律の期間制限が適用されます（改正法附則7条、9条）。

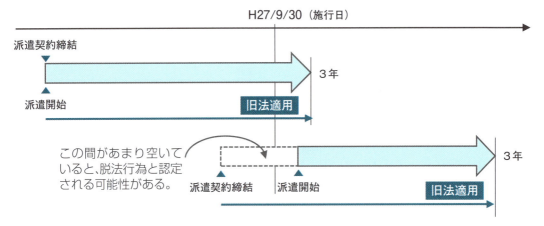

2 期間延長のための意見聴取の手続き

1 意見聴取の手続き

法 40条の2第3項～6項　則 33条の3～33条の5　先指針 第2の15　業取 第8の5（4）

① 派遣先は、事業所単位の期間制限の抵触日の1か月前の日までに、事業所の過半数労働組合等から意見聴取しなければならない。
② 意見聴取の際には、過半数労働組合等に、事前に書面で通知し、参考となる資料・情報を提供する。
③ 過半数代表者は、管理監督者以外の者から、投票、挙手等の民主的な手続きによって選出する。
④ 意見聴取の記録は、期間制限の抵触日から3年間保存し、事業所の労働者に周知する。
⑤ 過半数労働組合等から異議があった場合は、派遣先は、期間制限の抵触日の前日までに、対応方針等を説明しなければならない。

前記のとおり、派遣先事業所等における3年の期間制限の例外として、派遣先事業所の過半数労働組合等からの意見聴取を要件として、派遣先の派遣可能期間を延長することが認められています。

このため、派遣法は、派遣先において、派遣労働者の継続的な受入れを認めるかどうかを決定するプロセスについて、後述するように、手続きの実効性を担保する仕組みをいくつか設けています。また、派遣先が意見聴取する際や過半数労働組合等から異議が出た場合に説明を行

うにあたり、派遣法の趣旨にのっとり、これらを誠実に実施することが努力義務として法律に明記されています（法40条の2第6項、派遣先指針第2の15(4)）。この派遣法の規定は、国会審議過程において、改正法案に追加された規定です。

　さらに、適正な意見聴取手続きを欠く場合には、軽微な手続き違反を除き、違法行為に対するペナルティとして、労働契約申込みみなし制度（☞66頁参照）の対象になります。

　したがって、派遣先が適正な手続きを履践することはもとより、派遣先の労使双方でお互いの意見を尊重し実質的なコミュニケーション、話し合いが行われることが望まれます。

■1　意見聴取にあたっての通知および情報提供

　派遣先は、過半数労働組合等から意見を聴く際に、①労働者派遣の役務の提供を受けようとする事業所等、②延長しようとする派遣期間を、書面で通知しなければなりません（派遣則33条の3第1項）。

　また、過半数労働組合等が意見を出す前提として、参考となる資料や情報を提供することが重要です。そこで、派遣先指針では、当該業務に係る労働者派遣の役務の提供の開始時（派遣可能期間を延長した場合は延長時）から当該業務に従事した派遣労働者の数、無期雇用労働者（正社員等）の数の推移に関するデータ等を資料として過半数労働組合等に提供することとされています（派遣先指針第2の15(1)）。

　さらに、派遣先は、意見聴取の実効性を高めるため、過半数労働組合等からの求めに応じ、派遣先の部署ごとの派遣労働者の数、それぞれの派遣労働者を受け入れた期間等の情報を提供することが望ましいとされています（同）。

> **注意**
> **考慮期間の配慮**
> 過半数労働組合等からの意見を聴くにあたっては、十分な考慮期間を設ける必要があります。（派遣先指針第2の15(2)）。

■2　過半数代表者の選出

　派遣先の事業所に過半数労働組合がない場合は、事業所の労働者の過半数を代表する者を選出する必要があります。選出する際は、①管理監督者（労基法41条2号）に該当する者以外の者から、②派遣可能期間の延長に係る意見を聴取される者を選出する目的であることを明らかにし、投票、挙手等の方法による民主的な手続きによって選出しなければなりません（派遣則33条の3第2項）。投票、挙手以外の選出方法としては、労働者の話し合い、持ち回り決議等によることも可能です。

　また、派遣先は、過半数代表者であること、過半数代表者になろうとしたことまたは過半数代表者として正当な行為をしたことを理由として、不利益な取扱いをしないようにしなければなりません（派遣則33条の5）。

　これらの点は、36協定等の労基法上義務付けられている労使協定の締結当事者である過半数代表者の取扱いと同様のものです（労基則6条の2）。

■3　意見聴取等の記録の保存義務、労働者への周知義務

　派遣先は、派遣可能期間を延長するにあたっては、次の事項を書面に記載し、事業所単位の

期間制限の抵触日から（派遣可能期間の終了後）3年間保存しなければなりません（派遣則33条の3第3項、33条の4第2項）。

保存すべき記録事項

- 意見を聴いた過半数労働組合の名称または過半数代表者の氏名
- 過半数労働組合等に書面通知した日および通知した事項
- 意見を聴いた日および意見の内容
- 過半数労働組合等に説明した日および説明した内容
- 意見を聴いて、延長する期間を変更したときは、その変更した期間

保存方法は、記載した書面そのものを保存するほか、電磁的記録（パソコンデータ保存等）による保存も認められますが、記録事項のデータあるいは書面をスキャナで読み込んだものをパソコン内のファイルや磁気ディスク等に保存し、必要に応じて出力して書面を作成できるようなものでなければなりません。

また、これらの事項は、意見聴取した派遣先の事業所等の労働者に対して周知しなければなりません（派遣則33条の3第4項、33条の4第3項）。周知方法は、労基法上義務付けられている法令・就業規則、労使協定等の周知方法（労基法106条1項、労基則52条の2）と基本的には同様で、下記のいずれかの方法によらなければなりません。

周知方法

① 常時当該事業所等の見やすい場所に掲示し、または備え付けること。
② 書面を労働者に交付すること。
③ 電子計算機に備えられたファイル、磁気ディスクその他これらに準ずる物に記録し、かつ、当該事業所等に労働者が当該記録の内容を常時確認できる機器を設置すること。

4　異議が出された場合の対応方針等の説明義務

派遣先は、意見聴取をした過半数労働組合等から異議が述べられたときは、事業所単位の期間制限の抵触日の前日までに、過半数労働組合等に対し、①派遣可能期間の延長の理由とその延長の期間、②異議への対応方針を説明しなければなりません（法40条の2第5項、派遣則33条の4第1項）。

ここでいう「異議」とは、労働者派遣により派遣先の労働者の職業生活全期間にわたる能力の有効な発揮、雇用安定が図られてきた雇用慣行が損なわれるおそれがあるといった、常用代替に関する意見に限られます（派遣則33条の4第1項）。具体的には、「派遣可能期間の延長そのものに反対」という異議のほかに、「延長する期間はもっと短縮したほうがよい」とか「延長を認めるのは今回限り」「受入れ派遣労働者数を減らすことを条件に延長を認める」など、

2 新しい労働者派遣の期間制限ルール

意見聴取手続きの流れ（例）

```
派遣可能期間 3年
├─ H27.10.1 派遣受入れ
│   └─ 派遣労働者の受入れの際、派遣期間を延長する可能性がある場合は、その受入れの考え方を過半数労働組合等に説明しておくことが望ましい。
│
│  意見聴取期間
│   ＝派遣の受入れ開始〜
│     期間制限の抵触日の1か月前の日まで
│   └─ 意見聴取は派遣受入れ開始時から可能ではあるが、3年先の見通しがはっきりしない中で常用代替に関する判断・意見を求めることが必ずしも合理的でない場合もあるので、ある程度の期間経過した後のほうが望ましい。
│
├─ 過半数代表者の選出（過半数労働組合がない場合）
├─ 意見聴取の通知
│     ↕ 十分な考慮期間
├─ 意見聴取（H30.9.1までに）
│   └─ 意見聴取に参考となるデータ（当該業務に従事している派遣労働者数、派遣先の無期雇用労働者数等）などの資料・情報を提供。
├─ 過半数労働組合等から異議
│   └─ 常用代替に関する異議があった場合は、その内容を踏まえて再検討するなど、その意見を十分に尊重。
├─ 対応方針等説明（抵触日の前日まで）
├─ 意見聴取に関する事項、異議に対する説明内容等記録書面等の作成・周知
│       速やかに派遣元事業主へ延長後の抵触日を通知
│
├─ H30.10.1 抵触日 …… 延長
│
派遣可能期間 3年
│  意見聴取記録の保存
│   ＝派遣可能期間の終了後（抵触日から）3年間保存
│
├─ 意見聴取
├─ 過半数労働組合等から異議
│   └─ 2回目の延長にあたって再度異議があった場合は、その意見を十分に尊重。延長中止、期間短縮等を再検討。結論はより丁寧に説明。
├─ 対応方針等説明
│
└─ 延長？
```

条件付きで賛成という意見も含まれます。

　派遣法が、過半数労働組合等から出された異議に対する説明義務を課しているのは、これによって実質的な労使の話し合いが持たれることが期待されており、派遣先は、異議に対して説明する際に、その意見を勘案して延長について再検討を加えるなど、過半数労働組合等の意見を十分に尊重するよう努めることとされています（派遣先指針第2の15(3)イ）。

　また、最初に派遣可能期間を延長しようとしたときに異議が出されたがその際は延長し、その延長に係る期間が経過するときに2回目の延長をしようとする場合に、再度異議が出されたときは、その意見を十分に尊重し、派遣可能期間の延長の中止、延長する期間の短縮あるいは派遣労働者数の削減等の対応をとることを検討したうえで、その結論をより一層丁寧に過半数労働組合等に説明しなければならないとされています（派遣先指針第2の15(3)ロ）。

　これらの派遣先の対応の仕方については、今回改正の際の国会附帯決議で指摘されたところを派遣先指針に反映させたものですが、ここでも派遣可能期間の延長に係る意見聴取手続きの履践、実質的な労使間の話し合いを相当重視していることがうかがえます。

2　意見聴取手続き違反に対する制裁

法40条の6第1項　則33条の9

(1) 派遣先で派遣可能期間を延長しようとする場合の意見聴取手続き違反も、期間制限違反として、労働契約申込みみなし制度の対象となる。
　　ただし、①意見聴取の通知義務、②意見聴取の書面の記載・保存の義務、③意見聴取内容の周知義務の違反は、対象とはならない。
(2) 意見聴取手続きに違反があった場合は、勧告・公表の対象となる。

■1　労働契約申込みみなし制度の対象となる意見聴取手続き

　平成24年の派遣法改正の際、故意・過失により違法派遣を受け入れている派遣先について、その違法行為の時点で、派遣労働者に対して労働契約の申込みをしたものとみなすものとする「労働契約申込みみなし制度」が導入され、平成27年10月1日から施行されています（法40条の6。労働契約申込みみなし制度については66頁参照）。この制度の対象となる違法行為の類型については、派遣法40条の6第1項に規定されており、その中に、同法40条の2第1項の規定に違反して労働者派遣を受け入れること（事業所単位の期間制限の違反）が明記されています。ここでいう期間制限違反には、期間延長のための意見聴取手続き違反も含まれます。例えば、意見聴取を経ないで3年を超えて派遣を受け入れている場合はもちろん、過半数代表者が民主的な手続きによって選出されていない場合も、意見聴取をしていないものと同視し得る重大な違反として、労働契約申込みみなし制度の対象となります。派遣先での意見聴取手続きは、改正前の派遣法でも、期間制限のある26業務以外の業務について派遣受入期間を1年超3年以内までの期間に延長する際に要件とされていましたが、意見聴取を行わなかったことについて、格別派遣先に対する制裁はありませんでした。今回の改正では、意見聴取がきちんと実施されるよう、違反に対する対応が法律上明確にされました。

しかし、労働契約申込みみなし制度は、違法行為への制裁として、派遣先の意思にかかわりなく派遣労働者に対する直接雇用の申込みをみなしてしまうという、強い効力を持ちます。この場合、派遣労働者が承諾すれば派遣先との間に労働契約が成立し、派遣先には派遣労働者の雇用主としての義務を生じさせることとなります。

このような制裁としての重さを考えたときに、意見聴取手続きのプロセスにおける違反をすべてその対象とすることは、違法行為と制裁の重さとのバランスの点からみて妥当ではありません。このため、意見聴取手続きの違反のうち、意見聴取の①通知義務、②書面の記載・保存義務、③周知義務の違反は比較的軽微なものとして、労働契約申込みみなし制度の対象とはされていません（派遣則33条の9）。

意見聴取手続き違反が労働契約申込みみなし制度の対象となる場合・対象とならない場合

対象となる例	対象とならない場合
・意見聴取しないで3年を超えて派遣を受け入れている ・使用者の指名による者を過半数代表者としている（民主的な選出でない） ・管理監督者を過半数代表者として選出している ・派遣可能期間の延長手続きのための代表者選出であることを明らかにしていない	①過半数労働組合等への意見聴取の通知義務の違反 ②意見聴取に関する事項の書面の記載・保存義務の違反 ③意見聴取に関する事項の労働者への周知義務の違反 則 33条の9

2　意見聴取手続きの違反と行政指導

派遣先が過半数労働組合等から意見聴取しないで事業所単位の期間制限を超えて労働者派遣を受け入れている場合や、意見聴取の際に過半数労働組合等から異議が述べられたにもかかわらず対応方針等の説明義務を果たさなかった場合等には、行政の指導・助言（法48条1項）の対象となります。指導・助言を受けたにもかかわらずこれに従わなかった場合は、厚生労働大臣（都道府県労働局長へ権限を委任）は、その者（派遣先）に対し、是正のための必要な措置をとるよう勧告することができます（法49条の2第1項）。それでもこの勧告に従わなかった場合は、企業名や指導・助言・勧告の経緯等について公表の対象となります（法49条の2第2項）。

3 派遣労働者の雇用安定と直接雇用の推進

派遣労働者の雇用安定のための措置 ●●●●●●●●●●●●

1 特定有期雇用派遣労働者等の雇用安定措置

法30条　則25条～25条の5　元指針第2の8(2)　業取第7の2

新設

(1) 同一の組織単位の業務に継続して1年以上3年未満の期間派遣される見込みの派遣労働者、派遣元事業主に雇用された期間が通算1年以上の派遣労働者（いずれも継続就業希望者）について、派遣元事業主は、次の①～④（後者の場合は②～④）のいずれかの措置を講ずるよう努めなければならない。
(2) 同一の組織単位の業務に継続して3年間派遣される見込みの派遣労働者（継続就業希望者）について、派遣元事業主は、次の①～④のいずれかの措置を講じなければならない。
① 派遣先への直接雇用の依頼
② 新たな派遣先の提供（合理的なものに限る）
③ 派遣元事業主による無期雇用
④ その他雇用の安定を図るために必要な措置

　前記のとおり、個人単位の期間制限のルールでは、派遣労働への固定化を防止するため、派遣先の同一の組織単位において同一の派遣労働者を受け入れる期間は3年までと制限されています（法40条の3）。派遣労働者の立場からみれば、長くとも3年ごとに職場を変えなければならないことになりますので、3年派遣就業した後で次の就業先がなければ職を失ってしまう場合があります。このため、派遣法は、派遣元事業主に対して、雇用主として派遣労働者の雇用が継続されるようにするための措置（上記枠内①～④の雇用安定措置）を講ずべき責務を課し、派遣労働者の雇用の安定を図ることとしています（法30条）。
　なお、これらの雇用安定措置を講ずるのは、その有期雇用派遣労働者等が継続して就業することを希望していることが前提となります。

1 雇用安定措置の対象者

　雇用安定措置の対象となる派遣労働者はまず、派遣先の同一の組織単位（☞組織単位の意義については21頁参照）の業務に継続して1年以上の派遣就業が見込まれる有期雇用派遣労働者です（この者を「特定有期雇用派遣労働者」といいます）。

特定有期雇用派遣労働者のうち、同一の組織単位の業務に継続して3年間派遣就業が見込まれる者（下表のA）については、雇用安定措置の実施が派遣元事業主に義務付けられます（法30条2項）。

それ以外の特定有期雇用派遣労働者（1年以上3年未満の期間継続派遣見込み。下表のB）については、雇用安定措置を講ずることが努力義務とされます（法30条1項、派遣則25条）。

また、継続派遣見込み期間が1年に満たなくても、派遣元事業主に雇用された期間が通算1年以上であれば、雇用安定措置の対象となり、この中には今後派遣労働者として期間を定めて雇用しようとする労働者（いわゆる登録状態の者）も含まれます（下表のC、D。法30条1項、派遣則25条）。

3年間の派遣就業の見込み
「3年間派遣就業の見込み」とは、個人単位の期間制限の上限まで就業することが予定されている場合をいいます。
例えば、1年契約を更新する労働者派遣契約の場合、2回目に更新して通算で3年になった時点で、その派遣労働者が派遣就業の開始から同一の組織単位で継続就業している場合は、客観的に契約期間をみて「3年間派遣就業の見込みがある」と判断されます。

派遣元での雇用期間が通算1年以上
「派遣元事業主に雇用された期間が通算1年以上」とは、派遣元事業主に最初に雇用されてからその時点までの雇用期間が通算1年以上であるか否かで判断されます。派遣労働者が複数の事業所に所属していた場合でも、労働契約の相手方である派遣元事業主が同一であれば、その期間は通算されます。

雇用安定措置の対象者と派遣元事業主の（努力）義務

	対象者	派遣元事業主の責務
A	特定有期雇用派遣労働者 / 同一の組織単位に継続派遣就業3年間見込み	次の①～④のいずれかの措置を講ずる 義務 （法30条2項） ① 派遣先への直接雇用の依頼 ② 新たな派遣先の提供（合理的なものに限る） ③ 派遣元事業主による無期雇用 ④ その他雇用の安定を図るために必要な措置 ＊①の措置を講じたが直接雇用に至らなかった場合は、別途②～④のいずれかの措置を講ずることが必要
B	同一の組織単位に継続派遣就業1年以上3年未満見込み	上記①～④のいずれかの措置を講ずる 努力義務 （法30条1項）
C	派遣元事業主に雇用された期間が通算1年以上の有期雇用派遣労働者（則25条3項）	上記②～④のいずれかの措置を講ずる 努力義務 （法30条1項）
D	派遣元事業主に雇用された期間が通算1年以上で、今後派遣労働者として期間を定めて雇用しようとする労働者（登録状態）（則25条4項）	

※対象となる派遣労働者が継続就業を希望している場合であること。

雇用安定措置の対象者と（努力）義務の発生（具体例）

①義務が発生するケース

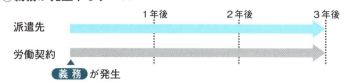

1回の契約で労働契約も派遣就業見込みも3年となっている

②努力義務と義務が発生するケース

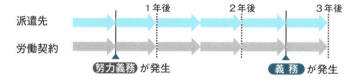

半年契約で「1年以上見込み」「3年見込み」のときにそれぞれ努力義務、義務が発生

③努力義務が発生するケース

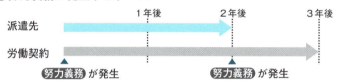

派遣が終了しても、「通算1年以上の雇用実績」があるので努力義務が発生

資料出所：東京労働局「改正労働者派遣法説明会資料」より

■2　雇用安定措置の内容

　派遣元事業主が講ずべき雇用安定措置の内容は、**次頁**の①〜④の4つのいずれかの措置です。

　ただし、①の派遣先への直接雇用の依頼（派遣先に派遣労働者に対する労働契約申込みを求めること）は、特定有期雇用派遣労働者（**前頁**の表中AまたはB）の場合が対象です。

　また、3年間の派遣就業の見込みがある特定有期雇用派遣労働者（A）の場合に、①の派遣先への直接雇用の依頼をしても結局雇用されなかったという場合は、さらに、②〜④のいずれかの措置を講じなければなりません（法30条2項、派遣則25条の2第2項）。

　次に、②の新たな派遣先を提供する場合には、新たな派遣先での就業条件は、本人の能力、経験、居住地、就業場所、通勤時間、賃金等、以前の派遣先での待遇その他派遣労働者の配置に関して通常考慮すべき事項に照らして合理的なものに限られます（派遣則25条の3）。

　③の派遣元事業主による無期雇用の措置は、派遣元における直接雇用のポストを提示することであ

> **注意**
>
> **新たな派遣先の条件提示**
>
> 　②の新たな派遣先の提供に関して、派遣元事業主が派遣労働者に合理的な条件の派遣先を提示した場合に、派遣労働者の事情によってその派遣先で就業しなかったとしても、派遣元事業主は義務違反とはなりません。
>
> 　ただ、派遣労働者の希望をまったく考慮せず、形式的な義務の履行にならないよう留意する必要があります（業務取扱要領第7の2(5)ロ）。

り、派遣元での営業や派遣労働者の管理の仕事等を提示することです。
　④の「その他雇用の安定を図るために必要な措置」には、雇用の安定に資する教育訓練（派遣則25条の４）、派遣元事業主が職安法等の許可を受けた職業紹介事業者であれば、紹介予定派遣の対象とすることなどが考えられます（派遣則25条の５）。

雇用安定措置

① 派遣先への直接雇用の依頼
　※特定有期雇用派遣労働者が対象

② 新たな派遣先の提供（合理的なものに限る）
　派遣労働者として就業させることができるように就業の機会を確保し、特定有期雇用派遣労働者等に提供すること。

> 新たな派遣先の就業条件は、本人の能力、経験、居住地、就業場所、通勤時間、賃金等、以前の派遣先での待遇その他派遣労働者の配置に関して通常考慮すべき事項に照らして合理的なものであること。

③ 派遣元事業主による無期雇用
　派遣労働者以外の無期雇用（正社員等）の機会を確保し、特定有期雇用派遣労働者等に提供すること。

④ その他雇用の安定を図るために必要な措置
　（ⅰ）特定有期雇用派遣労働者等を対象とした、新たな就業の機会を提供するまでの間に行われる教育訓練（訓練期間中は有給）
　（ⅱ）派遣元事業主が職業紹介事業者でもある場合に、紹介予定派遣の対象とすること、または紹介予定派遣をする派遣労働者として雇い入れること
　（ⅲ）その他雇用の継続が図られると認められる措置

> **注意**
> **義務の履行はいつまでか**
> 　雇用安定措置の義務の対象となる派遣労働者に対しては、派遣元事業主によって義務が適切に履行されるか、派遣労働者が就業継続を希望しなくなるまで、義務の効力が失われることがないため、労働契約が終了した場合であっても、派遣元事業主は、労働契約を継続して有給で教育訓練を実施すること（上記雇用安定措置の④の措置）等を通じて、義務を履行しなければなりません（業務取扱要領第７の２(6)ト）。

> **注意**
> **脱法的な運用の禁止**
> 　雇用安定措置の義務を免れるために、同一の組織単位の業務に係る派遣期間を故意に３年未満とすることは、法の趣旨に反する脱法的な運用であって、義務違反と同視できるものであり、厳に避けるべきとされています（派遣元指針第２の８(2)イ）。
> 　このような場合は、行政指導の対象となりますが、繰り返し指導されても是正しない場合は、派遣元事業主は許可基準（今回改正により、雇用安定措置の実施に関する事項も許可基準に加わっています。☞14頁参照）を満たさず、許可の更新は行われません。

> \注意/
>
>
> **労働契約法18条の適用上の留意点**
> 派遣労働者にも労働契約法の適用があります。
> 同法18条は、有期労働契約が更新されて通算で5年を超えると、労働者に無期転換申込権が発生することを定めています。この場合、前の有期労働契約と次の有期労働契約との間に一定の空白期間（いわゆるクーリング期間、原則6か月以上）があると、その前後の有期労働契約の期間は通算されません。
> この点に関して、派遣元事業主が、その雇用する有期雇用派遣労働者について、労働契約法18条の規定による無期転換申込権の発生を妨げるために、その有期労働契約の更新を拒否したり、空白期間を設けることは、脱法的な運用となります（派遣元指針第2の8(3)ロ）。

■3　雇用安定措置を講ずる際の留意事項

特定有期雇用派遣労働者等の派遣終了後の継続就業の希望については、派遣元事業主が当該労働者派遣の終了日の前日までにその派遣労働者に対して聴くものとされています（派遣則25条2項）。

また、雇用安定措置の内容も、できる限り本人の希望の沿うように講ずることが重要です。派遣元指針には、国会での附帯決議を踏まえ、派遣元事業主が雇用安定措置を講ずるにあたり、次の点に留意すべきことが示されています（派遣元指針第2の8(2)ロ〜ニ）。

雇用安定措置を講ずるにあたっての留意点

① 特定有期雇用派遣労働者等に対し、キャリア・コンサルティングや労働契約の更新の際の面談等の機会を利用し、または電子メール等で、派遣終了後の継続就業の希望の有無および希望する雇用安定措置の内容を把握する。

② 特定有期雇用派遣労働者等の希望する雇用安定措置を講ずるよう努める。
　特定有期雇用派遣労働者が派遣先での直接雇用を希望する場合には、派遣先での直接雇用が実現するよう努める。

③ 特定有期雇用派遣労働者等の労働者派遣の終了の直前ではなく、早期に当該特定有期雇用派遣労働者等の希望する雇用安定措置の内容について聴取したうえで、十分な時間的余裕をもって当該措置に着手する。

2 雇用安定措置の実施状況の記載等

法37条1項、23条、7条1項　　則17条、様式11号
元指針 第2の14　〈業取〉第7の2(5)ホ、第7の17、第3の1(8)

改正
(1) 派遣元事業主の雇用安定措置の実施状況等は、次に記載すべき事項として追加された。
　①派遣元管理台帳
　②労働者派遣事業報告書
(2) 雇用安定措置の実施に関する事項は、派遣事業の許可基準として追加された。

■1　派遣元管理台帳、事業報告書への記載

　雇用安定措置の履行を確保するため、派遣元事業主は、講じた雇用安定措置について、派遣元管理台帳に記載しなければなりません（法37条1項8号）。具体的には、派遣労働者に対して措置を実施した日時や措置の内容を記載します。また、派遣先に対して直接雇用の依頼を行った場合には、派遣先からの受入れの可否についても記載することとされています（業務取扱要領第7の2(5)ホ）。台帳に記載することにより、派遣労働者に対するキャリア・コンサルティングや雇用安定措置に関する派遣労働者の意向の確認等をするために活用することが望まれます。

　また、雇用安定措置に関する事項は、毎年行政へ提出する「労働者派遣事業報告書」にも、派遣期間ごとに同じ職場に1年以上派遣した労働者の数、雇用確保措置を講じた人数、講じた措置ごとの人数を記載する必要があります（様式11号）。

　なお、派遣労働者や派遣先等関係者が派遣会社を選ぶときの参考となるよう、派遣元事業主は、労働者派遣の期間の区分ごとの雇用安定措置を講じた人数等の実績を、インターネットの利用（自社ホームページ掲載等）により情報提供することが望ましいとされています（派遣元指針第2の14）。

■2　許可基準への追加事項

　派遣労働者に対する雇用安定措置に関し、許可基準には、派遣元事業主が「雇用安定措置を免れることを目的とした行為を行っており、労働局から指導され、それを是正していない者ではないこと」が許可基準に追加されており（14頁参照）、行政指導にもかかわらず一向に是正しない場合には、許可基準を満たさず、許可の更新もされません。

　また、派遣元事業主が雇用安定措置を実施できることが明確であるにもかかわらず実施しない場合は、厚生労働大臣が指示を行い、その指示に従わない場合は許可取消しの対象となります。

❷ 派遣先での直接雇用の推進 ●●●●●●●●●●●●●●●●●●

　今回の法改正で、派遣労働者の雇用の安定、キャリアアップ支援を目的として、以上のような雇用安定措置の（努力）義務や、後述するキャリアアップのための教育訓練等の実施義務が派遣元事業主に新たに課されることになりました。一方、常用雇用（正社員等）として働きたいと希望する派遣労働者について直接雇用、正社員化を推進するため、改正法は、派遣先に対し、特定有期雇用派遣労働者が従事していた業務に新たに労働者を雇い入れる場合にその派遣労働者を優先的に雇用する努力義務や、派遣先での労働者の募集情報を派遣労働者に周知する義務を新たに設けています。

派遣労働者の直接雇用・正社員化推進措置

派遣元

【法改正】
- キャリア・コンサルティング 計画的な教育訓練（法30条の2）【義務】
- 雇用安定措置として派遣先へ直接雇用の依頼（法30条）
  - ①継続1～3年未満派遣見込み【努力義務】
  - ②継続3年間派遣就業見込み【義務】

派遣先

- 正社員の募集情報の周知（法40条の5第1項）【義務】
- 雇入れ努力義務（法40条の4）【努力義務】
  直接雇用の依頼があり、当該派遣労働者の従事した業務に新たに労働者を募集する場合
- 労働者の募集情報の周知（法40条の5第2項）【義務】
  直接雇用の依頼があり、事業所で新たに労働者を募集する場合

【その他】
- ◆紹介予定派遣の手続きの簡素化（職安則22条。職業紹介事業の許可申請時の添付書類の省略等）
- ◆紹介予定派遣の活用促進（若者キャリア応援制度によるモデル事業の普及）
- ◆紹介手数料等の事前（派遣契約時）の取決め（派遣則22条4号。派遣先での直接雇用の際のトラブル防止）
- ◆キャリアアップ助成金の拡充

資料出所：厚生労働省・記者勉強会資料をもとに作成

1 雇入れ努力義務

法40条の4　則33条の7　〈業取〉第8の8

【改正】
　派遣先は、組織単位ごとの同一の業務に派遣元事業主から継続して1年以上特定有期雇用派遣労働者を受け入れた場合に、派遣終了後、引き続きその業務に従事させるために新たに労働者を雇い入れようとするときは、その派遣労働者の希望があり、派遣元事業主から直接雇用の依頼があったときは、この者を遅滞なく雇い入れるように努めなければならない。

派遣先は、組織単位ごとの同一の業務について、1年以上の期間同一の特定有期雇用派遣労働者（32頁参照）を受け入れた場合に、下枠の①～③までをすべて満たす場合には、この派遣労働者を雇い入れるように努めなければなりません（法40条の4）。つまり、特定有期雇用派遣労働者を受け入れた後もその業務のために新たに労働者を雇い入れようとするときは、その特定有期雇用派遣労働者を優先的に雇い入れることが派遣先の努力義務とされています。

　法改正前においても、1年以上労働者派遣を受け入れた場合に、派遣を受け入れた期間の後その業務のために新たに労働者を雇い入れようとするときは、派遣先はその派遣労働者を雇い入れるように努めなければならないという規定が置かれていました（旧法40条の3）。この規定が適用されるのは、法改正前において期間制限のある業務（いわゆる26業務以外）の場合でしたが、派遣労働者が従事していた業務のために派遣先が労働者を雇い入れようとする場合に、その派遣労働者に直接雇用の機会をつくる法の趣旨は、改正後も引き継がれています。

　なお、期間制限の適用が除外されている者（60歳以上の者等の法40条の2第1項各号に該当する者）は、雇入れの努力義務の対象とはなりません。

　派遣先に派遣労働者の雇入れの努力義務が生じる要件

> ①　派遣先の事業所等の**組織単位ごとの同一の業務について、1年以上継続して特定有期雇用派遣労働者**を受け入れていること
> ②　**引き続き同一の業務に労働者を従事させるため、当該派遣の受入れ期間以後労働者を雇い入れよう**とすること
> ③　その特定有期雇用派遣労働者について派遣元事業主から雇用安定措置（法30条）の1つとして**直接雇用の依頼があったこと**（派遣則33条の7）

2　労働者の募集情報の周知義務

法 40条の5　　則 33条の8　　業取 第8の8・9

新設

> (1) 派遣先の事業所等に1年以上受け入れている派遣労働者について、派遣先は、正社員の募集をするときは、その派遣労働者に募集情報を周知しなればならない。
> (2) 派遣先の同一の組織単位の業務に継続して3年間派遣就業の見込みがある特定有期雇用派遣労働者について、本人が希望しており、派遣元事業主から直接雇用の依頼があった場合に、その事業所等で働く労働者を募集するときは、派遣先はその派遣労働者に募集情報を周知しなければならない。

1　正社員の募集情報の周知義務

　派遣先は、同一の事業所等で1年以上継続して就業している同一の派遣労働者がいる場合に、その事業所等で働く通常の労働者（正社員等）を募集するときは、募集情報（従事すべき業務の内容、賃金、労働時間等）を事業所等に掲示するなどして、その派遣労働者に周知しなければなりません（法40条の5第1項）。

　この規定は、今回の法改正で新設されたものですが、正社員での直接雇用を希望しながらもやむを得ず派遣労働に従事している派遣労働者のために、正社員としての雇用の可能性を広げ

> **注意　対象となる派遣労働者**
> 派遣先の同一事業所等で1年以上継続して就労している派遣労働者が対象です。有期雇用のみでなく無期雇用の派遣労働者も含まれます。また、同一事業所等で1年以上の継続勤務があればよく、途中で事業所内の組織単位を異動した場合も含まれます。

> **注意　通常の労働者**
> 法40条の5第1項は、「通常の労働者」を募集する場合を規定しています。「通常の労働者」とは、多くの場合、いわゆる正社員（正規雇用労働者）ですが、常用雇用的な長期勤続を前提として雇用される者をいいます。
> なお、有期雇用者は含まれません。

ることを目的としたものです。

募集情報を周知する際は、事業所への掲示、メールによる通知などのほか、派遣元事業主を通じて派遣労働者に知らせる方法によってもかまいません。

募集情報を周知する際の留意点

- **◆周知方法**
  - ・事業所の掲示板に求人票を貼り出す
  - ・メール等で派遣労働者に通知する
  - ・派遣元事業主を通じて派遣労働者に知らせる　　など
- **◆派遣元事業主への通知**
  派遣元事業主を通さずに派遣労働者へ募集情報を提供した場合は、提供したことを派遣元にも知らせることが望ましい。
- **◆記録・保存**
  派遣先で、周知した内容を記録・保存することが望ましい。

■2　労働者（正社員以外も含む）の募集情報の周知義務

派遣先は、①派遣先の事業所等における同一の組織単位の業務に継続して3年間派遣就労の見込みがある特定有期雇用派遣労働者について、②本人が継続して就業することを希望し、派遣元事業主が雇用安定措置の1つとして直接雇用の依頼をしている場合に、③その事業所等で働く労働者の募集をする場合は、その派遣労働者に募集情報を周知しなければなりません（法40条の5第2項、派遣則33条の8）。

 周知不要な場合
労働者を募集する際に、例えば、特殊な資格を応募条件としているなど、その有期雇用派遣労働者が募集条件に該当しないことが明らかな場合や、正社員の募集で「新卒者で全国転勤の総合職」などその派遣労働者に応募資格がない場合にまで周知する必要はありません。

なお、期間制限の適用が除外されている者（60歳以上の者等の法40条の2第1項各号に該当する者）は、労働者の募集条件の周知義務の対象とはなりません。

ここで派遣先で募集する労働者とは、通常の労働者（正社員）に限らず、パートタイム労働

者や契約社員などを含め、派遣先で直接雇用する労働者を募集する場合を指します。
　また、募集情報の周知方法等については、前記の正社員の募集情報の周知方法等と同様です。

2つの募集情報の周知義務の違い

正社員の募集条件の周知		労働者の募集条件の周知
40条の5第1項	法条文	40条の5第2項
派遣先の事業所等で1年以上就業している派遣労働者 ＊**無期雇用派遣労働者も含まれる**	対象となる派遣労働者	同一の組織単位の業務に継続して3年間派遣就労の見込みがある**特定有期雇用派遣労働者** （期間制限が適用されない者を除く）
その事業所で働く通常の労働者（常用雇用・長期雇用を想定したいわゆる正社員等）	募集する労働者	その事業所で働く正社員のほか、パートタイム労働者、有期契約社員等、派遣先に直接雇用される労働者
────	義務が発生する場合	派遣労働者が継続就業を希望し、派遣元から直接雇用の依頼がある場合

> **注意**
>
> 🛈 **派遣先での直接雇用の際の派遣元事業主とのトラブル防止**
>
> 　派遣先による派遣労働者のいわゆる引き抜きのようなケースでは、派遣元事業主と派遣先との間でトラブルになる場合があります。派遣元事業主としては、優秀な派遣人材の流出を防ぎたいので、派遣先との取引契約において、引き抜きを禁止し、その違反に対する違約金等を定めるケースもみられます。しかし、正当な理由がなく派遣終了後の雇用を禁止する契約を締結することは、派遣先での直接雇用を希望する派遣労働者の雇用機会を阻害することになるため認められません（派遣法33条2項）。
>
> 　そこで、派遣元・派遣先間でのトラブルを未然に防止する観点から、派遣則や指針の改正において、派遣終了後に派遣先で直接雇用する場合の取扱いについて労働者派遣契約であらかじめ定めておくことが追加されました。
>
> **【労働者派遣契約に定める事項】**（派遣則22条4号）
> 　労働者派遣の役務を受ける者（派遣先等）は、労働者派遣の終了後にその派遣労働者を雇用する場合には、労働者派遣をする者（派遣元事業主等）に対し、あらかじめ通知すること、手数料を支払うことその他の当事者間の紛争防止のために講ずる措置
>
> ⬇
>
> **派遣元事業主は**……下記の事項を労働者派遣契約に定めるよう、派遣先に求める。
> **派遣先は**……派遣元事業主の求めに応じて契約に定め、これらの措置を適切に講ずる。
>
> ・派遣終了後、派遣先がその派遣労働者を直接雇用する意思がある場合には、派遣元事業主に、その意思を事前に示すこと
> ・派遣元事業主が許可を受けた、または届出をした職業紹介事業者でもある場合には、職業紹介によるものとして紹介手数料を支払うこと　　等
>
> （派遣元指針第2の2（2）ロ、派遣先指針第2の6（1）ロ）
>
> 　なお、派遣先が派遣労働者を直接雇用しようとする際に、派遣元事業主がこれを禁止したり妨害したりすることは、労働者派遣法の趣旨に反するものであり、指導等の対象となります。

4 派遣労働者のキャリアアップ

　派遣労働者の場合、いわゆる正社員と比べて、職業能力を高めたり、キャリアを積む機会が乏しく、本人が直接雇用、正規雇用での働き方を望んでいてもその機会が少ないため、このことが派遣労働に固定化してしまう一因にもなっています。

　派遣労働者に対する教育訓練については、平成24年の派遣法改正の際に、派遣先の労働者との均衡考慮の観点において、必要な措置を講ずることが派遣元事業主の配慮義務として法律に明記されましたが（30条の3第2項）、今回改正では、さらに派遣労働者のキャリアアップを図ることを目的として、①段階的かつ体系的な教育訓練の実施、②希望者に対するキャリア・コンサルティングの実施が、新たに派遣元事業主に義務付けられました。ここでいう教育訓練は、現在派遣先で従事している業務の遂行に必要な能力を身に付けるための教育訓練といった短期的・単発的なものではなく、派遣労働者が正規雇用で働いたり、派遣労働を選択したうえでステップアップしていくという中長期的な視野で、今後の働き方を検討し決定していくための機会を提供することを目的としたものです。

❶ 段階的かつ体系的な教育訓練

段階的かつ体系的な教育訓練とその内容

　　　　　　　　　　　　　　　法30条の2第1項　キャリアアップ告示　業取 第7の3

（1）派遣元事業主は、派遣労働者に段階的かつ体系的な教育訓練を実施しなければならない。
（2）無期雇用派遣労働者の場合は、その職業生活の全期間を通じてその有する能力を有効に発揮できるように配慮しなければならない。

　派遣元事業主は、その雇用する派遣労働者に対して、段階的かつ体系的に派遣就業に必要な技能および知識を習得することができるように教育訓練を実施しなければなりません（法30条の2第1項）。

　派遣労働者に対する教育訓練をどのような内容・方法で行うかは、一義的には派遣元事業主の裁量に委ねられるべきものですが、派遣労働者のキャリアアップを目的として「段階的かつ体系的」な教育訓練を実施するために、厚生労働大臣告示でその基準が定められ（本書では「キャリアアップ告示」と呼びます。平成27年厚生労働省告示391号）、派遣元事業主は、これに基づいた教育訓練計画を策定し、これに従って実施することとされています。

教育訓練計画の内容は、下記の①〜⑤の要件を満たすものであることとされています（キャリアアップ告示四のイ〜ホ）。

許可基準
　段階的かつ体系的な教育訓練の実施は、労働者派遣事業の許可基準の１つとなっています（☞14頁参照）。
　労働者派遣事業の許可または更新を行った年については、都道府県労働局に提出した教育訓練計画書に基づいた教育訓練を実施することが求められます。許可・更新のタイミング以外でも、教育訓練計画を年度変わり等の時期に随時見直すことは可能であり、その都度労働局に提出する必要はないとされています（業務取扱要領第７の３(3)）が、計画内容は、キャリアアップ告示による基準を満たすものでなければなりません。

教育訓練計画の要件

① すべての派遣労働者を対象としたものであること
* １年以上雇用見込みの常用的な労働者のみでなく、登録型の有期雇用派遣労働者や日雇派遣労働者も対象となる。
* 登録型の者については、労働契約が締結された状態で教育訓練を実施する（労働契約の締結・延長等の措置を講ずる必要があり得る）。

② 教育訓練が有給かつ無償で行われるものであること
* 訓練の実施時間は、労基法上の労働時間と同様の扱いをすることが原則。このことを就業規則または労働契約にも規定しておく。
* 交通費の取扱い：教育訓練を受けるためにかかる交通費が、派遣先との間の交通費よりも高くなる場合には、派遣元事業主がその分を負担する。

③ 派遣労働者のキャリアアップに資する内容であること
* 一般的に趣味的要素が強く、キャリア形成と無関係であることが明確な場合は、ここでいう教育訓練には当たらない。
* 教育訓練計画書には、教育訓練の内容、教育訓練項目がキャリアアップに資する理由を記載しておく。
* OFF-JT のみならず計画的に実施される OJTを含めてもよいが、教育訓練計画書に記載しておく。派遣先に協力を求める場合は、労働者派遣契約等において、具体的な時間数や必要とする知識の付与、訓練方法等について記載しておく。

④ 訓練内容に入職時の教育訓練が含まれていること
* 派遣労働者１人当たり、少なくとも最初の３年間は毎年１回以上の機会の提供が必要。
* １年以上の雇用見込み ─ あり ─ フルタイム勤務 ── 毎年おおむね８時間以上の訓練機会を提供。
　　　　　　　　　　　　　　　└ 短時間勤務 ───── フルタイム勤務者の勤務時間に比した時間の訓練機会を提供。
　　　　　　　　　　└ なし ────────────── 少なくとも入職時の訓練は必須。

⑤ **無期雇用派遣労働者に対して実施する教育訓練は、長期的なキャリア形成を念頭に置いた内容であること**
＊派遣労働者以外の期間の定めなく雇用されている労働者と同様に、長期的なキャリア形成を念頭において教育訓練を行う。
例：職場のリーダーとしての役割に資するためのコミュニケーション能力研修、マネジメントスキル研修等

教育訓練をしなくてもよい場合
過去に同じ派遣元事業主の下で同じ内容の訓練を受けた者、訓練内容に係る能力を十分に有していることが明確な者（例えば資格取得のための訓練についてはすでに当該資格を有する者、初めて就労する者を対象とした社会人用マナー研修については、正社員等の経験がある者）については、実際の訓練の受講に際しては受講済みとして扱って差し支えないとされています（業務取扱要領第7の3(3)）。

教育訓練の実施場所が遠隔地の場合
派遣先が派遣元事業主の事業所から通常の交通手段では半日（おおむね4時間）以上を必要とする等の遠隔地に散らばっており、集合研修をするための日程調整等が困難で、eラーニングの施設もないような場合には、自主教材を派遣労働者に提供したうえで、その教材の学習に必要とされる時間数に見合った手当の支給を行うこととしても差し支えないとされています（業務取扱要領第7の3(3)）。

\注意/

教育訓練費用
教育訓練を有給無償で行うために、当該費用分を、マージン率を引き上げて派遣労働者の賃金を削減することで補うことは望ましくありません。

2 教育訓練実施上の留意事項

段階的かつ体系的な教育訓練を実施するにあたって、派遣元事業主は、次の点に留意する必要がある。
①教育訓練計画の周知
②受講機会を確保するための日時設定等の配慮
③さらなる教育訓練の自主的な実施
④教育訓練実施に関する書類の保存

派遣法30条の2第1項の教育訓練が、実効性を持ち、派遣労働者のキャリアアップにつながるよう、派遣元指針には、教育訓練を実施にあたって留意すべき事項が明記されています（第2の8(5)）。留意事項は、次の4つの事項です。

段階的かつ体系的な教育訓練を実施するにあたっての留意事項

① **派遣労働者への教育訓練計画の周知**
* 派遣元事業主は、派遣労働者として雇用しようとする労働者に対し、労働契約締結時までに、教育訓練計画を周知するよう努める。
（計画に変更があった場合は速やかに周知）

② **教育訓練の受講への配慮**
* 派遣元事業主は、その雇用する派遣労働者が教育訓練計画に基づく教育訓練を受けられるよう配慮しなければならない。
* 特に、教育訓練計画の策定にあたっては、複数の受講機会を設け、または開催日時や時間に配慮する等により、可能な限り派遣労働者が受講しやすくすることが望ましい。

③ **さらなるキャリアアップのための教育訓練の自主的な実施**
* 派遣元事業主は、キャリアアップ告示の基準による教育訓練のほか、さらなる教育訓練を実施することが望ましい。
* さらなる教育訓練については、派遣労働者の費用負担を実費程度とすることで、派遣労働者が教育訓練を受講しやすいようにすることが望ましい。
* この場合であっても、派遣労働者の参加が強制される場合は、その教育訓練に参加した時間は労働時間であり、有給とする必要がある。

④ **教育訓練の実施に関する書類の保存**
* 教育訓練を実施した派遣労働者に係る労働者派遣の期間、派遣就業をした日、従事した業務の種類、教育訓練を行った日時およびその内容等を記載した書類を保存するよう努める。
* 派遣元管理台帳でも、人事記録等の書類でもかまわない。

❷ キャリア・コンサルティング ●●●●●●●●●●●●●●●

法 30条の2第2項　キャリアアップ告示　業取 第7の3（5）

新設
派遣元事業主は、希望する派遣労働者に対して、キャリア・コンサルティングを実施しなければならない。

　派遣労働者がキャリアアップしていくうえで、派遣労働者がどのようなキャリアパス※を歩んでいくのか、その派遣労働者の希望を踏まえながら、適切な派遣先の選択や必要な資格取得についての知識を身に付けさせる等の支援が重要です。そこで、改正法は、希望する派遣労働者に対してキャリア・コンサルティング（労働者の職業生活の設計に関する相談その他の援助

※キャリアパス……ある職位や職務等に就任するために必要な一連の業務経験とその順序、配置、異動のルートやスキルの積み重ね等をいいます。

を行うこと）を実施することを派遣元事業主に義務付けることとしたものです（法30条の2第2項）。

キャリア・コンサルティングは、派遣労働者の希望がある場合に派遣元事業主にその実施が義務付けられるものですから、派遣労働者が希望しているのに実施しないことは認められません。

また、キャリア・コンサルティングは、今後の自身のキャリアを見つめ直すきっかけにもなりますし、教育訓練によって習得できる知識・技能と希望する職務の関連性を理解することにもつながります。このため、派遣元事業主は、派遣労働者に対してキャリア・コンサルティングを行っていることや相談窓口等を周知するとともに、積極的にキャリア・コンサルティングを受けるように働きかけることが望まれます。

そして、派遣労働者のキャリア形成支援は、本人の意向や希望に沿って行うことが本趣旨ですから、派遣労働者とのキャリア・コンサルティングの結果等に基づき、個人単位のキャリアアップ計画を立て、実効性のある支援を行うことが重要です。

■1　キャリア・コンサルティングの窓口

キャリアアップ告示には、キャリア・コンサルティングの相談窓口を設置していることが基準の1つとされています（キャリアアップ告示三。なお、許可基準（13頁参照）の1つにもなっています）。派遣元事業主は、キャリア・コンサルティングを実施するため、キャリア・コンサルティングの知見を有する相談員または派遣先と連絡調整を行う担当者を相談窓口に配置しなければなりません。

この「キャリア・コンサルティングの知見」とは必ずしも国家資格の取得を必要とするものではなく、キャリア・コンサルティングの経験でもかまいませんし、外部のキャリア・コンサルタントに委嘱して対応することとしても差し支えないとされています。

また、「派遣先と連絡調整を行う担当者」は、派遣先の事情など労働市場の状況等を考慮した相談を行うことが求められます。

キャリア・コンサルティングの相談窓口の要件

① 相談窓口には、担当者（キャリア・コンサルティングの知見を有する者）が配置されていること
② 相談窓口は、雇用するすべての派遣労働者が利用できること
③ 希望するすべての派遣労働者がキャリア・コンサルティングを受けられること

■2　キャリア・コンサルティングの方法

キャリア・コンサルティングの実施方法については、派遣元事業主の裁量で決めることができます。対面のみならず電話等で行っても差し支えないとされています。

>
> **賃金への反映**
> キャリアアップ支援は、派遣労働者の正社員化や賃金等の待遇改善という成果につながることを目的として行われるべきものです。キャリアアップ支援措置によって向上した派遣労働者の能力等に応じて、賃金表に反映させることが望まれます。

❸ キャリアアップ支援措置の実施状況の記載等 ●●●●●●●

>
> 派遣元事業主は、キャリアアップ支援措置の実施状況等を、次に記載しなければならない。
> ①派遣元管理台帳
> ②労働者派遣事業報告書

　派遣労働者のキャリアアップ支援措置が実効性をもって行われるよう、措置に関する事項をきちんと記録する必要があります。このため、派遣元事業主は、①段階的かつ体系的な教育訓練（法30条の2第1項）を実施した日時とその内容、②キャリア・コンサルティング（同条2項）の実施日とその内容について、派遣元管理台帳に記載しなければなりません（法37条1項9号、12号、派遣則31条9号）。

　また、キャリアアップ支援措置に関する事項は、毎年労働局へ提出する「労働者派遣事業報告書」にも、その実績（段階的かつ体系的な教育訓練の実施状況、キャリア・コンサルティングの実施状況等）を記載する必要があります（様式11号）。

　なお、派遣労働者や派遣先等関係者が派遣会社を選ぶときの参考となるよう、派遣元事業主は、教育訓練に関する情報として、段階的かつ体系的な教育訓練計画の内容が分かる情報を、インターネットの利用（自社ホームページ掲載等）により情報提供することが望ましいとされています（派遣元指針第2の14）。

❹ 派遣労働者のキャリアアップ支援のための派遣先の努力義務 ●●

>
> 派遣先は、派遣労働者のキャリアアップ支援措置が適切に講じられるよう、派遣元事業主の求めに応じ、その派遣労働者と同種の業務に従事する派遣先の労働者に関する情報を提供するなど、必要な協力をするように努めなければならない。

　派遣労働者のキャリアアップ支援措置（法30条の2）が適切に講じられるようにするため、派遣先は、派遣元事業主の求めに応じ、その派遣労働者と同種の業務に従事する派遣先の労働

者に関する情報、その派遣労働者の業務の遂行状況等の情報であって、当該措置に必要なものを提供する等必要な協力をするように努めなければならないと定められています（法40条6項）。

また、派遣先指針においても、派遣先は、派遣元事業主が段階的かつ体系的な教育訓練（法30条の2第1項）を実施するにあたり、派遣元事業主から求めがあったときは、派遣元事業主と協議等を行い、派遣労働者が教育訓練を受講できるよう可能な限り協力するとともに、必要に応じてその教育訓練に係る便宜を図るよう努めなければならないとされています（第2の9(3)）。このことは、段階的かつ体系的な教育訓練に限らず、派遣元事業主が行うその他の教育訓練、派遣労働者の自主的な能力開発等についても同様です。

派遣労働者のキャリアアップ支援措置（まとめ）

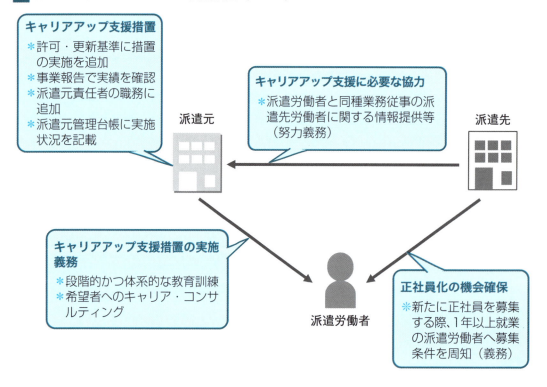

キャリアアップ助成金

パートタイム労働者、有期契約労働者など非正規雇用労働者のキャリアアップ等に取り組む事業主に対するキャリアアップ助成金制度があります。このうち、派遣労働者のキャリアアップに関する派遣事業主活用型には、「人材育成コース」と「正規雇用等転換コース」があります。

「人材育成コース」は、派遣先事業主と派遣元事業主が共同して訓練実施計画を作成し、派遣先事業主が紹介予定派遣で受け入れる派遣労働者に、自社の正規雇用労働者として雇用することを目指して、派遣先事業所内でのOJT（実習）とOff-JT（座学等）を組み合わせた訓練（有期実習型訓練）を実施する場合に、派遣先事業主と派遣元事業主に助成金が支給されます。

また、「正規雇用等転換コース」は、派遣先事業主が、訓練終了後に派遣労働者を正規雇用した場合に助成金が支給されるものです。

派遣事業主活用型の仕組み

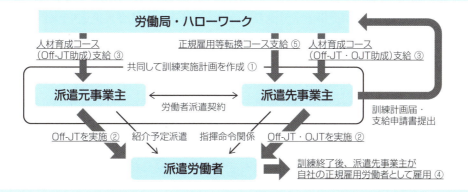

支給額

＜人材育成コース＞
訓練に要した費用の一部を支給。　　　　　　　　　　　　　　　　　　　　　（　）内は中小企業以外の場合の金額

◆派遣先事業主
1訓練コースにつき以下の額を支給。

Off-JT	実施助成	1人1時間当たり800円（500円）
	経費助成	1人当たりOff-JTの訓練時間数に応じた額 [100時間未満] 10万円（7万円） [100時間以上200時間未満] 20万円（15万円） [200時間以上] 30万円（20万円）
OJT	実施助成	1人1時間当たり800円（700円）

◆派遣元事業主
1訓練コースにつき以下の額を支給。

Off-JT	賃金助成	1人1時間当たり800円（500円）
	経費助成	1人当たりOff-JTの訓練時間数に応じた額 [100時間未満] 10万円（7万円） [100時間以上200時間未満] 20万円（15万円） [200時間以上] 30万円（20万円）

＜正規雇用等転換コース＞
派遣先事業主が訓練受講者を訓練終了後に正規雇用労働者として直接雇用した場合に以下の額を支給。

① 有期契約の派遣労働者を正規雇用労働者として直接雇用した場合	1人当たり80万円（70万円）
② 無期雇用の派遣労働者を正規雇用労働者として直接雇用した場合	1人当たり60万円（55万円）

※各コースとも、それぞれ支給要件を満たす必要があります。詳しくは厚生労働省HPへ
(http://www.mhlw.go.jp/stf/seisakunitsuite/bunya/koyou_roudou/part_haken/jigyounushi/career.html)

5 均衡待遇の推進と派遣労働者の待遇改善

　派遣労働者の待遇については、実態として正社員との間で格差が存在し、派遣先の労働者と同じような仕事をしていても、賃金等の労働条件や待遇面において、派遣先の労働者よりも低い状態に置かれ、必ずしも働きに見合った待遇がなされていないという問題が指摘されてきました。

　このような実態を踏まえ、平成24年の派遣法改正時において、派遣労働者の待遇について、派遣労働者と同種の業務に従事する労働者との均衡を考慮した賃金の決定や、教育訓練、福利厚生に関する派遣元事業主の配慮義務規定が法文化されました。また、派遣先にも、均衡待遇の確保措置が適切に講じられるよう、派遣元事業主からの求めに応じ、必要な情報提供等、協力すべき努力義務が課せられました。

　今回の法改正では、さらに均衡待遇措置を強化し、派遣労働者の待遇改善を図るため、上記に加えて、派遣元事業主に対して、待遇の決定にあたって考慮した事項の説明義務が新たに課されるとともに、派遣先に対しても、賃金の決定、教育訓練、福利厚生に関する措置について、従来の努力義務から進んで初めて配慮義務規定が創設されました。

待遇の決定にあたって考慮した事項の説明義務 ●●●●●●●●

　　　　　　　　　　　　　　　法 31条の2第2項　元指針 第2の8（6）へ　業取 第7の7

> 派遣元事業主は、派遣労働者から求められたら、賃金、教育訓練、福利厚生の実施等に関し均衡待遇の確保のために考慮した事項について説明しなければならない。

　平成24年の法改正において派遣法に均衡待遇に関する規定が創設された際に、併せて、派遣労働者として雇い入れようとする者（いわゆる登録状態の者等）に対し、派遣労働者として雇用した場合の賃金額の見込み等を説明することが派遣元事業主に義務付けられました（法31条の2第1項）。

　この規定は、前記のとおり、派遣労働者の待遇が必ずしも働きに見合ったものになっておらず、派遣先の労働者との格差を生じている実態がみられることから、派遣労働者として雇い入れる前の段階で、賃金額の見込み等の待遇について事前に説明し、派遣労働者が安心・納得して働けるようにするため、派遣元事業主の説明責任を法律上明確にしたものです。

今回改正ではさらに、派遣労働者の待遇に関する納得性を高めるため、雇い入れようとする時点に限らず、派遣労働者から求められたら随時、派遣元事業主がその待遇の決定にあたって考慮した事項について説明しなければならないことが法律に追加されました（法31条の2第2項）。

説明の内容・方法

派遣労働者から説明を求められた場合の説明として、「派遣労働者だから」という理由では説明になりません。例えば、派遣労働者の賃金の決定にあたって派遣先から提供のあった派遣先の同種の労働者に係る賃金水準を参考にしたといった説明が考えられます。

待遇に関する派遣元事業主の説明義務

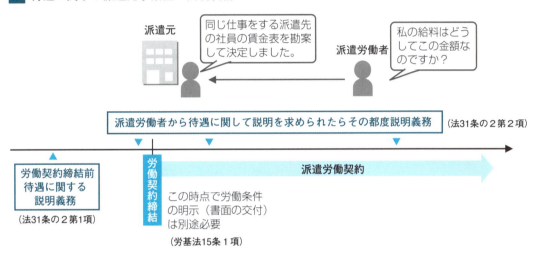

 注意 注意

義務違反への指導

派遣労働者から求められても説明義務を果たさない派遣元事業主に対しては、行政指導の対象となり、事業許可が取り消される場合もあり得ます。
つまり、派遣元事業主の説明責任の実効性を確保するため、義務違反への指導対応が強化されています。したがって、表面上説明しただけの「やったフリ」ができないような仕組みになっています。

不利益取扱いの禁止

派遣元事業主は、派遣労働者が待遇の決定にあたって考慮した事項の説明を求めたことを理由として、派遣労働者に対して不利益な取扱いをしてはなりません（派遣元指針第2の8(6)ヘ）。

均衡待遇の推進

賃金の決定

　　　　　　　　　　　　　　　　　　　法30条の3第1項、40条5項　則32条の4
　　　　　　　　　　　　　元指針第2の8（3）（6）　先指針第2の9（2）　〈業取〉第7の4、第8の4

> **改正**
> （1）派遣労働者の待遇改善を踏まえて派遣料金額の交渉に当たることや、派遣料金が引き上げられた場合に賃金の引上げに反映することなどが、派遣元事業主の努力義務として派遣元指針に追加された。
> （2）均衡に考慮して賃金が適切に決定されるよう、派遣元事業主の求めに応じ、派遣労働者と同種の業務に従事する派遣先の労働者の賃金水準や、労働者の募集条件等の情報を提供することが、派遣先の配慮義務として法律に明記された。
> （3）派遣先も、派遣料金額の決定にあたり、同種の業務に従事する派遣先の労働者の賃金水準との均衡が図られたものとすること、労働者派遣契約の更新時の派遣料金額の決定にあたり、就業の実態や労働市場の状況、業務の内容・責任の程度、要求する技術水準等を勘案することが、派遣先指針に努力義務として追加された。

■1　賃金の決定について派遣元事業主が講ずべき措置

　派遣元事業主は、①派遣労働者の従事する業務と同種の業務に従事する派遣先の労働者の賃金水準との均衡を考慮しつつ、②派遣労働者の従事する業務と同種の業務に従事する一般の労働者の賃金水準、③その派遣労働者の職務の内容・成果・意欲・能力・経験等を勘案して派遣労働者の賃金を決定するよう配慮しなければなりません（法30条の3第1項）。

> **「同種の業務に従事する労働者」**
> 　賃金の決定にあたって均衡を考慮すべき「派遣労働者と同種の業務に従事する労働者」かどうかは、個々の実態に即して判断されますが、例えば、複数の労働者がチームを組んで作業する場合に、そのチームメンバーの一員として派遣労働者も参画し、かつ、派遣先に雇用される労働者と同様の業務に従事している場合等には、基本的には「同種の業務」に従事しているものとして取り扱われます。

　この規定は、平成24年改正時に創設されたもので、改正後の派遣法でも維持されています。
　一方、今回の法改正時の国会附帯決議では、派遣料金が派遣労働者の賃金を決定する重要な要素であることから、派遣元と派遣先が派遣料金額を交渉・決定する場面において、派遣労働者の待遇改善の観点を踏まえることなどを指針に明記すべきであると指摘されています。
　また、特に有期雇用派遣労働者の場合、同じ派遣元の無期雇用労働者（正社員、無期雇用派遣労働者等）には通勤手当が支給されているのに、有期雇用派遣労働者には、支給されていない等異なった取扱いをする実態が多くみられます。こうした無期雇用労働者との労働条件の相違は、労働契約法20条に基づき、就業の実態やその他の事情を勘案して、不合理なものは認め

られません。国会附帯決議でも、この点を指針に明記するよう指摘されています。
　これらを受けて、派遣元指針には、派遣労働者の賃金の決定に関して派遣元事業主が講ずべき措置として次の点が追加されています。

賃金の決定について派遣元指針に追加された事項

① 派遣元事業主は、派遣先との派遣料金額の交渉が、その派遣労働者の待遇改善にとって極めて重要であることを踏まえつつ、交渉に当たるよう努める。
(派遣元指針第2の8(6)ハ)

② 派遣元事業主は、派遣料金額が引き上げられた場合には、可能な限り、その派遣労働者の賃金を引き上げるよう努める。
(派遣元指針第2の8(6)ニ)

③ 有期雇用派遣労働者の通勤手当に係る労働条件が、期間の定めがあることにより同一の派遣元事業主の無期雇用の労働者と相違する場合は、その相違は、労働契約法20条の規定により、職務の内容(業務の内容、その業務に伴う責任の程度)、当該職務の内容および配置の変更の範囲その他の事情を考慮して、不合理と認められるものであってはならない。
(派遣元指針第2の8(3)ハ)

> 注意
> **通勤手当の不合理な取扱いの差異**
> 基本給と別に支給すると課税標準には含まれないため、例えば、正社員には別支給としているのに、派遣労働者は賃金の内数として取り扱うことで課税標準に含まれることとなった場合には、その取扱いの差異が派遣労働者にとって不満となり得ます。

> 注意
> **通勤手当に限らない**
> 派遣元指針は、通勤手当の取扱いについて労働契約法20条に基づき、不合理な差異が認められないことを定めていますが、通勤手当はあくまで例示です。他の労働条件についても同条が適用され、就業の実態その他の事情を勘案して不合理なものは認められません。

■2　賃金の決定について派遣先が講ずべき措置

①賃金水準の情報提供等の配慮義務

　派遣元事業主が、派遣労働者と同種の業務に従事する派遣先の労働者との均衡に考慮して適切な賃金を決定すべき配慮義務(法30条の3第1項)を果たすうえでは、派遣労働者の賃金水準を比較する何らかの資料や情報は必要ですし、中でも派遣労働者と同種の業務に従事する派遣先の労働者の賃金水準に関する情報は有用です。平成24年の法改正時には、この派遣元事業主の配慮義務規定が創設される一方、派遣先については、派遣元事業主の求めに応じ、同種の業務に従事する派遣先の労働者に関する情報を提供する等の協力をすることが努力義務とされました。
　今回改正では、賃金の決定に関して、従来派遣先の努力義務とされていた措置を配慮義務に

改め、派遣労働者の均衡待遇に資する情報提供等の配慮をすることを派遣先に求めるものです。配慮義務は一般に、努力義務よりもさらに進んで、具体的な措置を講ずることが求められると説明されます。

　ここで派遣先が配慮すべき措置とは、次のとおりです。

賃金の決定について派遣先が配慮すべき措置（派遣則32条の4）

① 派遣労働者と同種の業務に従事する派遣先の労働者の賃金水準に関する情報の提供
② 派遣労働者と同種の業務に従事する一般の労働者の賃金水準に関する情報の提供
③ 派遣労働者と同種の業務に従事する労働者の募集情報（賃金に係る情報に限る）の提供
④ その他派遣労働者の賃金が適切に決定されるようにするために必要な措置

> **注意**
>
> **派遣先の労働者に関する賃金情報の提供に支障がある場合**
> 　派遣先に雇用される同種の業務に従事する労働者に関する賃金水準についての情報を対外的に提供することに支障がある場合は、次の情報あるいはこれに準ずるものの提供でもよいとされています（業務取扱要領第8の4(4)）。
> （i）派遣先において同種の業務に従事する労働者が属する職種（雇用グループ）について求人情報を公表したことがある場合にはその情報
> （ii）派遣先において同種の業務に従事する労働者が属する職種（雇用グループ）に係る一般的な賃金相場（業界における平均賃金等）

②情報提供等の努力義務

　①のほか、派遣先は、派遣元事業主がキャリアアップ支援措置（☞4参照）や賃金等に係る均衡待遇の確保のための措置を適切に講じることができるように、派遣元事業主の求めに応じ、派遣労働者と同種の業務に従事する派遣先の労働者に関する情報や、派遣先での派遣労働者の業務の遂行の状況等の情報を派遣元事業主に提供するように努めなければなりません（法40条6項）。

　ここで「派遣労働者の業務の遂行の状況」とは、具体的には、仕事の処理速度や目標の達成度合いに関する情報（派遣先の能力評価の基準や様式により示されたものでよい）を指し、派遣元事業主が派遣労働者の職務評価を行い、賃金を決定したり、派遣労働者のキャリアアップを検討するうえで参考となる情報です。

③派遣料金額の決定にあたっての努力義務

　前記のとおり、派遣料金額は派遣労働者の賃金の重要な決定要素になりますので、派遣先に対しても、派遣元事業主との間で派遣料金を決定するときは、同種の業務に従事する労働者の賃金水準と均衡が図られたものとなるよう努めることが求められます。国会附帯決議では、この点について派遣先指針に規定することとされ、同指針には、次の点が追加されています。

賃金決定の均衡考慮について派遣先指針に追加された事項

① 派遣先は、派遣料金額の決定にあたっては、**その派遣労働者の就業の実態、労働市場の状況等**を勘案し、派遣労働者と**同種の業務に従事している労働者の賃金水準と均衡**が図られたものとなるよう努めなければならない。

② 派遣先は、**労働者派遣契約の更新時**の派遣料金額の決定にあたっては、**その派遣労働者の就業の実態、労働市場の状況等**に加え、その派遣労働者が**従事する業務の内容およびその業務に伴う責任の程度、その派遣労働者に要求する技術水準の変化**を勘案するよう努めなければならない。

(派遣先指針第2の9(2))

2 教育訓練

法40条2項　則32条の2　先指針第2の9(3)　業取第8の4(2)

派遣先は、その派遣労働者と同種の業務に従事する派遣先の労働者に業務遂行に必要な能力を習得させるための教育訓練を行う場合には、派遣元事業主からの求めに応じ、原則として、派遣労働者に対しても実施するよう配慮しなければならない。

今回改正では、派遣先は、派遣先の労働者に対して業務遂行に必要な能力を付与するための教育訓練を行っている場合は、派遣元事業主からの求めに応じ、これらの者と同種の業務に従事する派遣労働者に対しても、原則として、同じ訓練を実施するよう配慮しなければならないこととされました（法40条2項）。

本来、派遣労働者の教育訓練を実施するのは雇用主である派遣元事業主ですが、派遣先の業務遂行に必要なものとして行われる教育訓練であり、派遣先がその雇用する労働者に対して教育訓練を実施するのであれば、同じ業務に従事する派遣労働者に対しても行うように配慮することを派遣先に求めたものです。

ただし、①その派遣労働者がすでに当該業務に必要な能力を有している場合や、②派遣元で同様の訓練をすでに実施した場合または実施することが可能である場合（派遣則32条の2）には、派遣先が教育訓練を実施する必要はありません。

なお、48頁でも触れましたが、派遣元事業主が派遣労働者に対し段階的かつ体系的な教育訓練（法30条の2第1項）を実施する場合のほか、派遣元事業主が行うそれ以外の教育訓練や派遣労働者の自主的な能力開発等についても、派遣先は、派遣元事業主の求めに応じ、派遣元

>
> **同じ教育訓練を実施する配慮義務**
> 派遣法40条2項の配慮義務というのは、派遣先の労働者と同様の訓練実施が難しいときまで義務を課すものではなく、別の措置を講ずることも認められます。例えば、研修機材の不足やコストが多額になる等の事情があるために、派遣先の労働者は集団研修を行うが、派遣労働者に対しては同内容のDVDを視聴させるといった対応でもかまわないとされます（業務取扱要領第8の4(2)）。

事業主と協議等を行い、その派遣労働者が教育訓練を受けられるよう可能な限り協力をするほか、必要に応じた教育訓練に係る便宜を図るよう努めなければなりません（派遣先指針第2の9（3））。

3 福利厚生

法40条3項、4項　則32条の3　〈業取〉第8の4（3）

派遣先は、派遣先の労働者が利用できる福利厚生施設のうち、①給食施設、②休憩室、③更衣室については、派遣労働者に対しても、利用の機会を与えるよう配慮しなければならない。

派遣労働者の福利厚生については、従前の派遣法において、派遣先の労働者が通常利用している診療所、給食施設等の施設の利用に関して便宜を供与すること等や、派遣元事業主の求めに応じ、派遣労働者と同種の業務に従事する派遣先の労働者に関する情報（福利厚生に関する情報も含みます）の提供等必要な協力をすることが派遣先の努力義務とされていました。

今回改正では、さらに進んで、派遣先の労働者に利用の機会を付与している福利厚生施設について、派遣労働者にも利用の機会を与えることが、派遣先の配慮義務とされました（法40条3項）。

ここで配慮義務の対象となる福利厚生施設とは、業務の遂行に資するもので派遣労働者と派遣先の労働者とで別扱いにすることが適当でないという観点から、①給食施設、②休憩室、③更衣室とされています（派遣則32条の3）。

> **福利厚生施設利用の配慮義務**
> 法40条3項の配慮義務は、派遣先の労働者と同様の取扱いをすることが困難な場合にまでその取扱いを求めるものではありません。例えば、定員の関係で派遣先の労働者と同じ時間帯に食堂を利用させることが困難であるため、別の時間帯に設定する等の措置を行うことは、配慮義務を尽くしたと解されます。

なお、これら3つ以外で派遣先の労働者が通常利用できる福利厚生施設（診療所等）についても、その利用に関する便宜を供与する等必要な措置を講ずることが、引き続き派遣先の努力義務とされています（法40条4項）。

5　均衡待遇の推進と派遣労働者の待遇改善

派遣労働者の均衡待遇ルール（まとめ）

●は法律事項　▲は指針事項
※条文表記は改正後の法律・指針による

改 正 前	改 正 後
1　賃　金	
派遣元	
● 同種の業務に従事する派遣先の労働者の賃金水準との均衡を考慮しつつ、同種の業務に従事する一般の労働者の賃金水準または派遣労働者の職務の内容・成果・意欲・能力・経験等を勘案して賃金を決定する**配慮義務**（法30条の3第1項）	➡（継続）
▲ 派遣労働者の職務の成果、意欲等を適切に把握し、当該職務の成果等に応じた適切な賃金を決定するよう努める（派遣元指針第2の8(6)イ）	➡（継続）
▲ 同種の業務に従事する派遣先の労働者の賃金水準との均衡を考慮した結果のみをもって、派遣労働者との賃金を従前より引き下げる取扱いは、均衡待遇の趣旨を踏まえた対応とは言えない（派遣元指針第2の8(6)ロ）	➡（継続）
	✚（追加）
	● 待遇の決定にあたり考慮した事項について、本人の求めに応じて説明する義務（法31条の2第2項）
	▲ 派遣料金の交渉が派遣労働者の待遇改善にとって重要であることを踏まえ、交渉に当たるように努める（派遣元指針第2の8(6)ハ）
	▲ 派遣料金の引上げを賃金の引上げに反映するよう努める（派遣元指針第2の8(6)ニ）
	▲ 派遣元の無期雇用労働者と有期雇用派遣労働者の通勤手当の取扱いの相違は、労働契約法20条に基づき不合理であってはならない（派遣元指針第2の8(3)ハ）
派遣先	
● 同種の業務に従事する派遣先の労働者に関する情報提供等の**努力義務**	➡● 同種の業務に従事する派遣先の労働者に関する情報提供等の**配慮義務**（法40条5項）
	● 上記のほか、同種の業務に従事する派遣先の労働者に関する情報、派遣労働者の業務遂行状況の情報の提供等の**努力義務**（法40条6項）
▲ 派遣元事業主が派遣労働者の職務の成果等に応じた適切な賃金を決定できるよう、派遣元事業主からの求めに応じ、派遣労働者の職務の評価等に協力するよう努める（派遣先指針第2の9(1)）	➡（継続）
	✚（追加）
	▲ 派遣料金の決定の際、派遣労働者と派遣先の同種の業務の労働者の賃金水準の均衡が図られたものとなるよう努める（派遣先指針第2の9(2)前段）
	▲ 労働者派遣契約の更新の際、就業の実態や労働市場の状況、業務の内容・その責任の程度、派遣労働者に要求する技術水準等を勘案して派遣料金を決定するよう努める（派遣先指針第2の9(2)後段）

改正前	改正後
2　教育訓練	
派遣元	
● 同種の業務に従事する派遣先の労働者との均衡を考慮しつつ、派遣労働者に教育訓練を実施する**配慮義務**（法30条の3第2項）	➡（継続）
▲ 同種の業務に従事する派遣先の労働者の福利厚生等の実状を把握し、派遣先の労働者との均衡に配慮して必要な措置を講ずるよう努める（派遣元指針第2の8(6)ホ）	➡（継続） ➕（追加） ● 待遇の決定にあたり考慮した事項について、本人の求めに応じて説明する**義務**（法31条の2第2項）
派遣先	
● 同種の業務に従事する派遣先の労働者に関する情報提供等の**努力義務**	➡● 派遣先の労働者に業務に密接に関連した教育訓練を実施する場合は、原則として同じ業務に従事している派遣労働者に対しても実施する**配慮義務**（法40条2項） ● 上記のほか、同種の業務に従事する派遣先の労働者に関する情報、派遣労働者の業務遂行状況の情報の提供等の**努力義務**（法40条6項）
▲ 派遣元事業主が行う教育訓練、派遣労働者の自主的な能力開発等への協力、教育訓練に係る便宜を図るよう努める	➡▲ 段階的かつ体系的な教育訓練、その他の派遣元事業主が行う教育訓練、派遣労働者の自主的な能力開発等について派遣労働者の受講への協力、教育訓練に係る便宜を図るよう努める（派遣先指針第2の9(3)）
3　福利厚生	
派遣元	
● 同種の業務に従事する派遣先の労働者との均衡を考慮しつつ、派遣労働者に福利厚生を実施する**配慮義務**（法30条の3第2項）	➡（継続）
▲ 同種の業務に従事する派遣先の労働者の福利厚生等の実状を把握し、派遣先の労働者との均衡に配慮して必要な措置を講ずるよう努める（派遣元指針第2の8(6)ホ）	➡（継続） ➕（追加） ● 待遇の決定にあたり考慮した事項について、本人の求めに応じて説明する**義務**（法31条の2第2項）
派遣先	
● 同種の業務に従事する派遣先の労働者に関する情報提供等の**努力義務** ● 派遣先の労働者が通常利用している診療所、給食施設等の施設の利用に関する便宜の供与等必要な措置を講ずる**努力義務**	➡● 派遣労働者に対しても、派遣先の労働者が利用している給食施設、休憩室、更衣室の利用機会を与える**配慮義務**（法40条3項） ● 上記のほか、派遣先の労働者が通常利用している福利厚生施設の利用に関する便宜の供与等を講ずる**努力義務**（法40条4項） ● 上記のほか、同種の業務に従事する派遣先の労働者に関する情報提供等の**努力義務**（法40条6項）

労働・社会保険の適用促進

　派遣労働者は労働・社会保険がいらないという誤解も一部にはあるようですが、各保険の適用要件を満たせば派遣労働者であっても、雇用主である派遣元事業主において加入手続きをとらなければなりません。

　派遣労働者の労働・社会保険の適用を促進し、派遣労働者が安心して働けるよう、従来から、派遣元事業主は、加入の必要のある派遣労働者を、原則として加入させてから派遣すること（派遣元指針第2の4）、派遣先もまた、加入の必要のある派遣労働者については、加入している者を受け入れるべきであること、さらに派遣元事業主から通知された未加入の理由が適正でないと考えられる場合には、加入させてから派遣するように派遣元事業主に求めること（派遣先指針第2の8）とされています。

　しかし、依然として派遣労働者の未加入の実態も多くみられ、今回法改正の際の国会附帯決議では、派遣先が加入状況を確認できる仕組みを強化すべきであることなどが指摘されたところです。

　そこで、これを踏まえ、省令（派遣則）改正により、派遣労働者として雇い入れようとするときに各保険の資格取得に関する事項を説明すること、派遣先へ労働・社会保険の加入状況を通知する際に届出の事実を証明する書類を提示することや、未加入の場合の派遣労働者に対する具体的な理由の明示などが、派遣元事業主に義務付けられました。

1　待遇に関する説明事項の追加

法31条の2第1項　　則25条の6第2項　　業取第7の7

 派遣労働者として雇い入れようとするときに派遣元事業主が説明しなければならない待遇に関する事項として、労働・社会保険の被保険者の資格の取得等に関する事項が追加された。

　派遣労働者については、各労働・社会保険の被保険者の適用要件を満たし、本来加入手続きをとらなければならないのに手続きがされないまま派遣されているケースが多くみられます。労働・社会保険はそれぞれ、週の所定労働時間数や雇用期間によっては適用対象とならない場合もありますので、派遣労働者にとっても、どのような場合に各保険の適用があるのか、自分が従事しようとする派遣就業の場合には保険の適用（見込みも含みます）があるのかが、明確にされることは重要なことです。なお、労災保険は、一部の個人経営の農林水産業を除き、労働者を1人でも雇用していれば強制的に適用されますので、雇用形態を問わず、必ず加入手続きをしなければなりません。

　そこで、派遣元事業主が派遣労働者として雇い入れようとする際に説明義務とされる対象事項に、健康保険、厚生年金保険、雇用保険の各労働・社会保険の資格の取得等（資格取得の見込み等）に関する事項が加わりました（派遣則25条の6第2項1号）。

この事項に関する説明としては、社会保険等の制度に関する一般的な加入条件の説明で足りますが、予定されている派遣就業がある場合には、その派遣就業に就いた場合の社会保険等の被保険者資格の取得の有無を明示する必要があります。

待遇に関する説明事項

① 派遣労働者として雇用した場合における
　(ⅰ) 賃金額の見込み
　(ⅱ) 労働・社会保険の資格取得（被保険者となること）に関する事項　【追加】
　(ⅲ) その他の待遇に関する事項
　　（例：想定される就業時間、就業日、就業場所、派遣期間、教育訓練、福利厚生等）
② 事業運営に関する事項（会社概要等）
③ 労働者派遣制度の概要

2 労働・社会保険の届出の事実を証する書類の提示等

法35条1項4号　則27条4項、27条の2　〈業取〉第7の12、18

【新設】派遣元事業主は、行政機関に労働・社会保険の資格取得届を提出している労働者を派遣する場合は、派遣先に対し、その届出がされている事実を証明する書類の提示等により示さなければならない。

派遣元事業主は、労働者を派遣しようとするときは、派遣先に対し、派遣労働者の氏名、派遣労働者の無期雇用・有期雇用の別、派遣労働者が60歳以上の者であるかの別、労働・社会保険への加入状況等を派遣先に通知しなければなりません（法35条1項）。

これら通知事項のうち、労働・社会保険の加入状況（資格取得等の確認の有無に関する事項）は、具体的には健康保険、厚生年金保険および雇用保険の被保険者資格取得届を行政機関に提出しているか否かの有無を派遣先に通知します（派遣則27条の2第1項）。また、届出がなされていないことを派遣先に通知するときは、その具体的な理由も通知しなければならないとされています（同条2項）。

以上に加え、今回の省令改正により、行政

未加入の具体的な理由
労働・社会保険の具体的な理由としては、健康保険、厚生年金保険および雇用保険の適用基準を満たしていない場合ならば、単に「適用基準を満たしていないため」、「被保険者に該当しないため」といった記載では足りず、例えば「1週間の所定労働時間が15時間であるため」等、適用基準を満たしていないことが具体的に分かるように示さなければなりません。

加入手続き中の場合
被保険者資格の取得届の手続き中である場合は、単に「手続き中であるため」のような記載では足りず、例えば、「現在、必要書類の準備中であり、今月の○日には届出予定」等と、手続きの具体的な状況を記載することが必要です。

機関への届出の事実は、それを証する書類の提示等によって示さなければならないとされました（派遣則27条4項）。

ここでいう「届出の事実を証する書類」とは、各資格取得届の提出がなされている派遣労働者に関しては、その者の被保険者証等の写しがそれに該当し、これを郵送するか、あるいは持参するかして提示しなければなりません。このような仕組みが付け加えられたことで、派遣先も、派遣労働者が労働・社会保険に適切に加入していることを確認することが可能となります。

また、派遣就業開始後に資格取得届が提出された場合も同様です。

> 注意
>
>
> **個人情報への配慮**
>
> 派遣元が派遣先に被保険者証等を送付する場合には、派遣労働者の個人情報の保護という点から問題になり得ます。したがって、原則として当該派遣労働者の同意を得たうえで行う必要がありますが、同意が得られない場合には、生年月日、年齢を黒塗りする等の配慮をすることが適当です。

3 派遣労働者への明示

法34条1項　則26条の2　業取 第7の10、18

改正　派遣元事業主は、資格取得届を行政機関に提出していない場合には、その具体的な理由を派遣労働者に対して明示しなければならない。

今回の省令改正で、労働・社会保険の未加入（資格取得届が行政機関に提出されていない）の場合に、その具体的な理由を派遣労働者に明示しなければならないこととされました（派遣則26条の2）。これは、改正前には派遣元指針に示されていましたが、労働・社会保険の適用の有無は、派遣労働者にとって重要な就業条件の1つですから、未加入の具体的な理由も、派遣元事業主が派遣労働者に対して明示すべき就業条件（法34条1項）と位置付け、派遣元指針（告示）から派遣法に基づく省令事項に格上げしたものです。

職務に応じた待遇の確保推進法

　労働者の雇用形態の違いによる待遇格差の是正等を目的とした「労働者の職務に応じた待遇の確保等のための施策の推進に関する法律」（以下「待遇確保推進法」といいます）が第189回国会で可決・成立し、平成27年9月16日から施行されています。同法の法律案は、派遣法の改正法案の対案として、民主党、維新の党、生活の党の野党3党から共同提出されたもので、自由民主党、公明党、維新の党による修正案の採決を経て6月19日に衆議院を通過し、参議院へ送付されて審議のうえ9月8日に参議院厚生労働委員会において附帯決議がなされ、翌9日、参議院本会議において可決・成立しました。

　待遇確保推進法は、派遣法等のように事業主に対して具体的な措置を義務付ける法律ではなく、基本理念や国の責務、労働者の職務に応じた待遇の確保等のために国が講ずる施策に関する事項等を定めるものです。今後、同法に基づき、労働者の雇用形態の実態等に関する調査研究が行われるとともに、労働者の職務に応じた待遇の確保等のための具体的な方策が検討されるものと考えられます。

　ここでは、待遇確保推進法の概要をまとめます。

1　目　的（1条）

①　労働者の職務に応じた待遇の確保等のための施策に関し、基本理念を定め、国の責務等を明らかにすること

②　労働者の雇用形態による職務の相違の実態、雇用形態の転換の状況等に関する調査研究等について定めること

により、労働者の職務に応じた待遇の確保等のための施策を重点的に推進し、もって労働者がその雇用形態にかかわらず充実した職業生活を営むことができる社会の実現に資することを目的とする。

2　基本理念（2条）

　労働者の職務に応じた待遇の確保等のための施策は、次の事項を旨として行われなければならない。

> ①　労働者が、その**雇用形態**[*1]にかかわらずその従事する職務に応じた**待遇**[*2]を受けることができるようにすること。
>
> ②　**通常の労働者**[*3]以外の労働者が通常の労働者となることを含め、労働者がその意欲および能力に応じて自らの希望する雇用形態により就労する機会が与えられるようにすること。
>
> ③　労働者が主体的に**職業生活設計**[*4]を行い、自らの選択に応じ充実した職業生活を営むことができるようにすること。

＊1　**雇用形態**……正社員、契約社員、パートタイム労働者、アルバイト等を含む。
＊2　**待遇**……賃金のほか、福利厚生等も広く含まれる。
＊3　**通常の労働者**……正社員に限られず、正社員以外でも無期雇用の労働者等もあり得る。修正前の法案では「正規労働者」（正社員）とされていたが、「通常の労働者」と修正された。
＊4　**職業生活設計**……「労働者が、自らその長期にわたる職業生活における職業に関する目的を定めるとともに、その目的の実現を図るため、その適性、職業経験その他の実情に応じ、職業の選択、職業能力の開発及び向上のための取組その他の事項について自ら計画すること」（職業能力開発促進法2条4項）

3　国の責務等（3条）

国は	基本理念にのっとり、労働者の職務に応じた待遇の確保等のための施策を策定し、実施する責務を有する。
事業主は	国が実施する労働者の職務に応じた待遇の確保等のための施策に協力するよう努める。
労働者は	職業生活設計を行うことの重要性について理解を深めるとともに、主体的にこれを行うよう努める。

4　法制上の措置等（4条）

政府は、労働者の職務に応じた待遇の確保等のための施策を実施するため、必要な法制上、財政上または税制上の措置その他の措置を講ずる。

5　調査研究（5条）

国は、次の事項について調査研究を行う。

① 労働者の雇用形態の実態
② 労働者の雇用形態による職務の相違および賃金、教育訓練、福利厚生その他の待遇の相違の実態

> 附帯決議九：雇用形態による待遇の相違に係る調査研究の対象となる賃金とは、通勤手当、住居手当等の各種手当、賞与、退職金その他の使用者が労働者に支払う全てのものをいうことに留意すること。また、派遣労働者のキャリアと賃金体系との関係についての調査を行うこと。

③ 労働者の雇用形態の転換の状況

> 通常の労働者以外の労働者が通常の労働者への転換を希望する場合における処遇その他の取扱いの実態、当該転換を妨げている要因等について重点的に調査研究を行う（本法5条2項）。

④ 職場における雇用形態による職務の分担および管理的地位への登用の状況

6 職務に応じた待遇の確保（6条）

（1）制度の共通化の推進等（1項）

　国は、雇用形態の異なる労働者についてもその待遇の相違が不合理とならないようにするため、待遇に係る制度の共通化の推進その他の必要な施策を講ずる。

（2）派遣労働者の均等・均衡待遇の実現（2項）

> 　政府は、派遣労働者について、派遣元事業主および派遣先に対し、派遣労働者の賃金の決定、教育訓練の実施、福利厚生施設の利用その他の待遇についての規制等の措置を講ずることにより、<u>派遣先に雇用される労働者との間においてその業務の内容および当該業務に伴う責任の程度その他の事情に応じた均等な待遇および均衡のとれた待遇の実現を図る</u>[*5]。
>
> ↓
>
> 　本法施行後、3年以内に<u>法制上の措置を含む必要な措置</u>を講ずるとともに、当該措置の実施状況を勘案し、必要があると認めるときは、所要の措置を講ずる。

附帯決議四	派遣労働者について、派遣先に雇用される労働者との間においてその業務の内容及び当該業務に伴う責任の程度その他の事情に応じた均等な待遇及び均衡のとれた待遇の実現を図るとは、長期的な雇用に基づく処遇体系により様々な要素を広く評価して待遇を決定する我が国の雇用慣行を踏まえた諸事情を含むものであるところ、職務その他の事情の差がなければ均等待遇を図るべきであることに留意すること。
附帯決議五	派遣労働者に関する法制上の措置を含む必要な措置を講ずるとは、派遣先に雇用される労働者との均等・均衡待遇の実現のために必要となる法制上の措置を講ずることが原則であることに留意すること。
附帯決議六	派遣労働者に関する均等な待遇及び均衡のとれた待遇の確保の在り方について法制上の措置を含む必要な措置を講ずるに当たっては、短時間労働者及び有期雇用労働者に係る措置を参酌して検討を行い、実効性のあるものとすること。また、派遣労働者の置かれている状況に鑑み、できる限り早期に必要な措置を講ずるよう努めること。
附帯決議八	派遣労働者であることによって特段の理由なく通勤手当が支給されないことは不合理であると考えられることから、派遣労働者への通勤手当の支給を促進するための対策について検討すること。

　＊5　均等・均衡待遇……修正前の法案では、均等待遇のみとなっていたが、修正後は「均衡のとれた待遇」が追加されている。

7 雇用環境の整備（7条）

　国は、労働者がその意欲・能力に応じて希望する雇用形態で就労することが不当に妨げられることのないよう、労働者の就業形態の設定、採用、管理的地位への登用等の雇用管

理の方法の多様化の推進その他雇用環境の整備のために必要な施策を講ずる。

> 雇用形態により労働者の待遇や雇用の安定性について格差が存在する現状を踏まえ、通常の労働者以外の労働者の雇用管理の改善および通常の労働者以外の労働者から通常の労働者への転換が促進されるよう、必要な配慮を行う（本法7条2項）。

8 教育の推進（8条）

国は、国民が職業生活設計の重要性について理解を深めるとともに、労働者が主体的に職業生活設計を行い、自らの選択に応じ充実した職業生活を営むことができるよう、職業生活設計についての教育の推進その他必要な施策を講ずる。

均等待遇・均衡待遇

「均等待遇」および「均衡待遇」について、明確な定義があるわけではありませんが、「均等待遇」は、労働条件その他の待遇について差別的な取扱いをしてはならないという考え方であり、男女雇用機会均等法が定める性別による差別禁止の規定（5条、6条）や、通常の労働者と就業の実態が同じパートタイム労働者に対する差別的取扱いを禁止するパートタイム労働法9条の規定などがその例として挙げられます。

一方、「均衡待遇」は、就業の実態等に違いがあることを前提として、その違いに応じて待遇の違いがバランスのとれたものとなっていることを求める考え方です。均衡待遇について定めた規定には、例えば、有期雇用者と無期雇用者との労働条件の相違が職務の内容、当該職務の内容・配置の変更の範囲、その他の事情を考慮して不合理なものであってはならないとする労働契約法20条（パートタイム労働法8条も同趣旨）などがあります。

平成27年の派遣法改正に向けたこれまでの議論では、派遣労働者と同じ業務に従事する派遣先の労働者との「均等待遇」に関する規定を設けるべきであるとの意見もあり、また、今回派遣法とほぼ同時に成立した待遇確保推進法の修正前の法案には、「均等待遇」のみの文言となっていました（それゆえ「同一労働同一賃金推進法」とも呼ばれています）。

欧米では、同一の価値の労働（職務）に従事する労働者には、同一水準の賃金が支払われるべきであるという「同一（価値）労働同一賃金の原則」の考え方がとられている例があります。日本においても、従前から雇用形態（正社員、パートタイム労働者、有期契約労働者、派遣労働者等）にかかわりなく、この原則によるべきであるとの議論があります。しかし、我が国では欧米のように「職務給」による賃金制度が一般的ではなく、いわゆる年功型の属人的な賃金制度を採用している企業も多いため、こうした日本の雇用慣行の実態に鑑みると、同原則を採用することに否定的な見解が多いようです（裁判例でも、同原則を法的規範として認めたものはほとんど見当たらず、例えば、丸子警報器事件判決（平8.3.15長野地裁上田支部判決）は、同原則が労働関係を一般的に規律する法規範と考えることはできないとし、その理念は1つの判断要素として考慮されるべきであるとするにとどまります）。

また、派遣労働者について「均等待遇」を考える場合、正社員の待遇が企業の内部労働市場で決定される一方、派遣労働者は一般に外部労働市場における派遣労働者の賃金等を反映して決定されることが多いため、派遣先で比較対象となる労働者や業務を位置付けにくいことや、派遣労働者の待遇をそれぞれの派遣先の労働者と同じ待遇にすることにより、派遣元で雇用されている派遣労働者間で不均衡が生じるといった問題もあります（平成25年「今後の労働者派遣制度の在り方に関する研究会報告書」）。派遣労働者の場合、派遣先の労働者と雇用主が異なるため、直接雇用のパートタイム労働者や有期契約労働者の場合とは異なり、上記のような固有の課題があります。

6 労働契約申込みみなし制度
平成24年改正法により新設。平成27年10月1日施行

労働契約申込みみなし制度の趣旨と性格

1 制度の趣旨

違法派遣（派遣法違反）の事案については、派遣元事業主に対し、罰則（法58条～62条）が適用される場合があるほか、派遣事業の許可取消し（法14条1項）、事業停止命令（法14条2項）、改善命令（法49条1項）といった行政処分の対象となります。

しかし、違法派遣を受け入れている派遣先にも責任がありますし、違法派遣を取り締まる際には、その労働者派遣を継続できなくなることによって派遣労働者の雇用が失われないよう、派遣労働者の保護を図る必要があります。

そこで、平成24年の法改正により、違法派遣を是正するための仕組みとして、労働者派遣の役務の提供を受ける者（派遣先等）が違法派遣を受け入れている場合に、派遣先等が善意無過失である場合を除き、その派遣労働者に対して直接雇用の申込みをしたものとみなす制度（労働契約申込みみなし制度。以下本項では「みなし制度」といいます）が新設されました。この制度の趣旨は、違法派遣を受け入れた派遣先に対する制裁的な意味を持つものであり、これにより法規制の実効性を確保することを目的としています。

2 規定の性格

みなし制度は、派遣先等の違法行為の事実が発生した時点で、派遣先が派遣労働者に対して労働契約の申込みをしたものとみなす制度です（法40条の6第1項）。この規定は、派遣先等が労働契約を申し込んだものとみなし、これに対して派遣労働者が承諾すれば、その派遣先等と派遣労働者との間に労働契約が成立するという民事的効力を持つ規定です。

この規定は、例えば裁判で、派遣労働者が派遣先等に対し、その違法行為の事実によって労働契約の申込みがなされたものとしてこれに承諾し、その派遣先等との労働契約の成立を主張するといったケースにおいて裁判規範を持ち、労働契約申込みみなしの効力が争われた場合は、事案に即して個別具体的な司法判断に委ねられることになります。

したがって、行政による取り締まり法規（例えば、罰則をもって使用者に義務の履行を強制する労基法、安衛法、派遣法等の規定）とは性格が異なりますので、行政（都道府県労働局）が、個別事案についてこの規定の適用の有無を判断して、派遣先等に対して労働契約申込みの履行を強制したりするものではありません。

みなし制度と民事法の原則

　契約は一般に、当事者の一方の「申込み」に対してもう一方の当事者が「承諾」することによって成立します。労働契約の場合は、本来、労働者の「労務を提供します」という意思と使用者の「その労務に対して賃金を支払います」という意思との合致（＝合意）によって成立するものです（労働契約法6条）。この合意により、労働者の労務提供義務（使用者にとっては労務提供を受ける権利）と、使用者の賃金支払義務（労働者にとっては賃金支払いを受ける権利）という権利義務関係が生じます。この契約当事者間の権利義務に関する関係を規律するのが民事法（代表的なものでは民法や労働契約法など）です。

　しかし、みなし制度は、違法状態の是正、派遣労働者の雇用の安定という目的のために、派遣先等の意思にかかわらず、派遣先等が労働契約の申込みをしたものと法律でみなしてしまうわけですから、労働者と使用者の自由意思の合致（合意）によって労働契約が成立するという民事法の原則からすれば、異質なものと言えます。

　また、労働契約当事者の意思を「みなす」制度として、ほかにも労働契約法18条の無期転換ルールがあります。すなわち、この規定は、同じ使用者との有期労働契約が更新されて通算で5年を超えると、労働者に無期雇用への転換を申し込む権利が発生し、その労働者が申し込めば、使用者はこれを承諾したものとみなす、というものです。この場合、使用者はその意思にかかわらず、労働者からの無期転換の申込みを拒むことはできません。

　無期転換ルールは、有期労働契約を更新して一定の長い期間雇用した有期契約労働者を使用者の都合で突然雇い止めるなど、有期労働契約の濫用的な利用を防止するため、一定要件の下で無期転換が実現する強い効果を与えています。

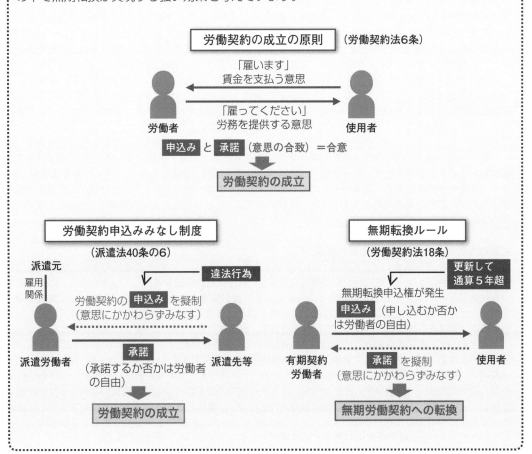

◆ 参考判例 ◆

伊予銀行・いよぎんスタッフサービス事件

> 平成21年3月27日最高裁第二小法廷決定、労働判例991号14頁
> 平成18年5月18日高松高裁判決（控訴審）、労働判例921号33頁
> 平成15年5月22日松山地裁判決（第一審）、労働判例856号45頁

【事案の概要】

　派遣会社から銀行に派遣されていた労働者（X）が、雇止めされたのは違法、無効であると主張して、派遣会社（Y₂）および派遣先（銀行、Y₁）に対し雇用関係の確認、賃金および不法行為に基づく損害賠償を請求した。
　第一審は、Y₂とXとの雇用契約は登録型雇用契約であり、契約期間満了により契約関係は終了しており、またY₁との間で黙示の労働契約が成立したとも認められないとして、請求をいずれも棄却した。控訴審は、第一審の判断を維持しつつ、本件雇用契約は銀行での就労を前提としてY₂との雇用契約を半年ごと反復更新してきた登録型雇用契約であり、したがって、解雇権濫用法理を類推できないとして雇用関係の確認、賃金請求について棄却したが、支店長の行為は大きな精神的苦痛を与えたとして不法行為に基づく損害賠償請求を認めた。これに対して原告（X）が上告したが、最高裁は上告を棄却し、上告審として受理しないこと（上告不受理）を決定した。

【控訴審判決要旨】

＜派遣労働者と派遣先との黙示の労働契約の成否＞

　労働者派遣の法律関係は、派遣元が派遣労働者と結んだ雇用契約に基づく雇用関係を維持したままで、派遣労働者の同意・承諾の下に派遣先の指揮命令下で労務給付をさせるものであり、派遣労働者は派遣先とは雇用関係を持たないものである（派遣法2条1号）。したがって、派遣元と派遣労働者との間で雇用契約が存在する以上は、派遣労働者と派遣先との間で雇用契約締結の意思表示が合致したと認められる特段の事情が存在する場合や、派遣元と派遣先との間に法人格否認の法理が適用ないしは準用される場合を除いては、派遣労働者と派遣先との間には、黙示的にも労働契約が成立する余地はないのである。
　派遣労働者と派遣先との間に黙示の雇用契約が成立したといえるためには、単に両者の間に事実上の使用従属関係があるというだけではなく、諸般の事情に照らして、派遣労働者が派遣先の指揮命令のもとに派遣先に労務を供給する意思を有し、これに関し、派遣先がその対価として派遣労働者に賃金を支払う意思が推認され、社会通念上、両者間で雇用契約を締結する意思表示の合致があったと評価できるに足りる特段の事情が存在することが必要である。何故ならば、労働者派遣の法律関係は、派遣元が派遣労働者と結んだ雇用契約に基づく雇用関係を維持したままで、派遣労働者の同意・承諾の下に派遣先の指揮命令下で労務給付をさせるものであり、派遣労働者は派遣先とは雇用関係を持たないものである（派遣法2条1号）から、派遣労働者が派遣先の指揮命令下で労務給付をしていたからといって、それだけでは、派遣労働者と派遣先の間に黙示の雇用契約が成立したといえないことは、もともと派遣法が当然のこととして予定している法律関係だからである。

＜派遣労働者と派遣元との雇用契約関係＞

　派遣法は、派遣労働者の雇用の安定だけでなく、常用代替防止、すなわち派遣先の常用労働者の雇用の安定をも立法目的とし、派遣期間の制限規定をおくなどして両目的の調和を図っているところ、同一労働者の同一事業所への派遣を長期間継続することによって派遣労働者の雇用の安定を図ることは、常用代替防止の観点から同法の予定するところではないといわなければならない……上記のようなXの雇用継続に対する期待は、派遣法の趣旨に照らして、合理性を有さず、保護すべきものとはいえないと解される。
　XとY₂との登録型雇用契約はY₂とY₁との派遣契約の存在を前提として存在するものである。そして、企業間の商取引である派遣契約に更新の期待権や更新義務を観念することはできないから、Y₂とY₁との派遣契約は、その期間が満了し、更新がなされなかったことにより終了したものと認められる。……XとY₂との間の雇用契約が……反復継続したとしても、あたかも期間の定めのない契約と実質的に異ならない状態で存在している場合、あるいは期間満了後も使用者であるY₂が雇用を継続すべきものと期待することに合理性が認められる場合には当たらないから、Y₂がXに対し……Xとの間の雇用契約を更新しない旨通知したことにつき、いわゆる解雇権濫用の法理が類推適用されることはないというべきである。

違法状態の是正のための派遣先での直接雇用に関する議論の経緯

　違法状態（違法派遣）を解消する方法としては、①適正な派遣または請負として継続する、②派遣先が直接雇用する、③受入れをやめる、の３通りが考えられます。このうち、③によると、派遣元・派遣先間での労働者派遣契約が解除され、派遣労働者が就業先を失ってしまう点で問題があります。そこで、派遣労働者の雇用の安定につながる形で違法派遣を是正する方向として、派遣先と派遣労働者との間に直接の雇用関係を成立させる仕組みが検討されることになります。派遣先の一定の違法行為に対して、派遣労働者を雇用することにより派遣先自身が雇用主としての責任を負うことになるわけですから、派遣先の違法行為に対する抑止力としての効果が期待されます。

　平成20年７月に取りまとめられた「今後の労働者派遣制度の在り方に関する研究会報告書」（厚生労働省運営の学識経験者の参集による研究会の報告書）では、このような観点から、違法状態是正のための派遣先での直接雇用の仕組みを検討する方向性が示されました。

　まず、派遣先での直接雇用の方法として、次の４つの方法が挙げられます。

> ①雇用関係の成立そのものをみなす方法
> ②雇用契約の申込みがあったとみなす方法
> ③雇用契約申込み義務を生じさせる方法
> ④雇用契約申込みを行政が勧告する方法

　研究会報告書では、①の方法によると、派遣先での直接雇用を望まない労働者についても、派遣先との直接の雇用関係が生じてしまうことに問題があり、また、①も②も、雇用関係の成立ないしは派遣先からの雇用契約申込みがみなされるとしても、どのような内容の雇用契約が成立するのか（申し込まれたのか）がこの規定だけでは確定できないとか、①や②は民事的な効果を規定することになるので、この規定を発動しようとすれば、派遣労働者が裁判等で派遣先の違反の事実等を立証しなければならないといった問題が指摘されています。同報告書は、派遣先の雇用申込みに行政が関与する仕組みを提案し、③の雇用契約申込み義務の構成をとりつつ、派遣先が申込み義務を履行しない場合に、行政が履行を促すか、あるいは④の雇用契約申込みを行政が勧告する方法を中心に検討することが適当であるとしています。

　その後、労政審・労働力需給制度部会での議論を経てなされた建議では、違法派遣の事案について、「派遣先に対し、行政が従前以上の労働条件で派遣労働者に雇用契約を申し込むことを勧告できる」制度が提案され、これをもとに平成20年11月に改正法案が国会に提出されました。しかし、その後同法案は廃案となり、再度法案提出に向け再検討する審議過程において、労働者側委員からは、勧告の発動が行政裁量に委ねられ、労働者の救済にならないおそれがあることから、「直接雇用のみなし規定」を導入すべきとの反対意見もあり、平成21年12月になされた労政審の答申では、「派遣先の労働契約の申込み」があったものとみなす民事的効力を持つ制度として提案されました。

　この答申をもとに平成22年４月に提出された改正法案は、数回継続審議となりましたが、国会において一部修正のうえ、平成24年３月に可決・成立しました。みなし制度は、この改正で新設されたものですが、国会での修正によりその施行は「法の施行から３年経過後」（平成27年10月１日施行）に延期されました。

みなし制度の仕組み

みなし制度の基本的な要件と効果

> 法40条の6第1項 〈みなし制度通達〉
>
> **新設** 派遣先等は、違法派遣（禁止業務への受入れ、無許可派遣受入れ、期間制限違反、偽装請負等）であることを知りながら受け入れている場合、違法行為の時点において、派遣先等が派遣労働者に対して、その派遣労働者の派遣元事業主等の下での労働条件と同一の労働条件を内容とする労働契約の申込みをしたものとみなす。

労働者派遣の役務の提供を受ける者が、下記のいずれかの違法行為を行った場合には、その違法行為を行った時点において、その者が派遣労働者に対し、その時点の派遣労働者に係る労働条件と同一の労働条件を内容とする労働契約の申込みをしたものとみなされます（派遣法40条の6第1項）。

みなし制度は、違法行為によってみなされた申込みに対し、派遣労働者が承諾すれば労働契約が成立し、派遣先等に雇用主としての責任を生じさせる効果をもたらしますので、特に法違反について派遣先等にも責任があると考えられる行為類型を適用の対象としています。

なお、「労働者派遣の役務の提供を受ける者」とは、許可を受けた派遣元事業主から労働者派遣を受け入れている者を指す「派遣先」だけでなく、無許可の事業主から労働者派遣を受け入れている者も含まれますが、本項では便宜上、これらを含めて「派遣先等」と呼びます。

また、派遣先等がその行為が下記の違法行為に該当することを知らず、また知らなかったことについて過失がなかった（ある事実を過失なく知らなかったことを「善意無過失」といいま

制度の対象となる違法行為

① 労働者派遣の禁止業務に従事させた場合（法4条3項違反）
　↳ 港湾運送業務、建設業務、警備業務、一定の医療業務等（法4条1項、派遣令2条）

② 無許可事業主から労働者派遣を受け入れた場合（法24条の2違反）

③ 事業所単位の期間制限に違反して労働者派遣を受け入れた場合（法40条の2第1項違反）
　　期間延長する場合の意見聴取手続きのうち、（ⅰ）意見聴取にあたっての過半数労働組合等への通知、（ⅱ）意見を聴いた日や意見の内容等の書面の記載・保存、（ⅲ）（ⅱ）の書面記載内容の周知の義務違反については対象とならない（派遣則33条の9。☞30頁参照）。

④ 個人単位の期間制限に違反して労働者派遣を受け入れた場合（法40条の3違反）

⑤ いわゆる偽装請負等の場合
　↳ 派遣法等の規制を免れる目的で、請負契約等の名目で、派遣契約を締結せずに労働者派遣を受け入れている場合

す）ときは、労働契約の申込みをしたものとはみなされません（☞ただし、偽装請負等の場合は74頁参照）。

みなし制度の仕組み

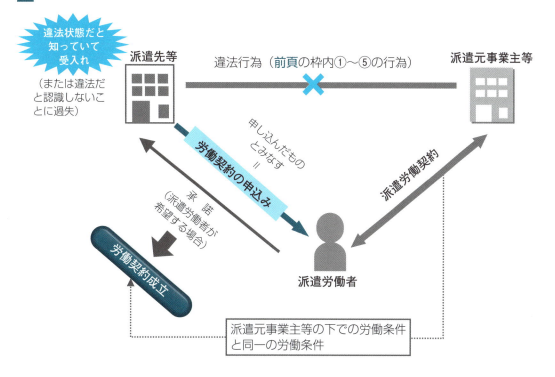

2 申込み・承諾・労働契約の成立時期

1 申込みを行ったとみなされる時点

派遣先等が労働契約の申込みをしたものとみなされるのは、派遣法40条の6第1項各号に挙げられる違法行為を行った時点です。原則として、違法行為が行われた日ごとに労働契約の申込みをしたものとみなされます。

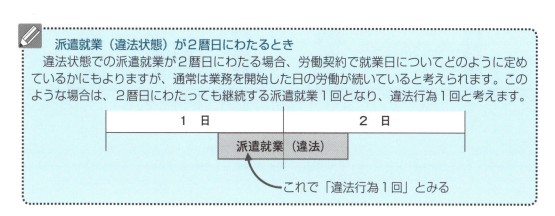

派遣就業（違法状態）が2暦日にわたるとき
違法状態での派遣就業が2暦日にわたる場合、労働契約で就業日についてどのように定めているかにもよりますが、通常は業務を開始した日の労働が続いていると考えられます。このような場合は、2暦日にわたっても継続する派遣就業1回となり、違法行為1回と考えます。

■2 派遣労働者の承諾

前記のとおり、違法行為の日ごとに派遣先の申込みがあったとみなされますので、違法状態が是正されないまま派遣就業が複数回行われれば、その都度申込みがみなされることになります。これに対して派遣労働者が承諾できる申込みは、最新の申込みに限られず、これらのうちどの申込みに対して承諾するかは、派遣労働者が自由に選択できます。

派遣労働者が承諾できる申込み

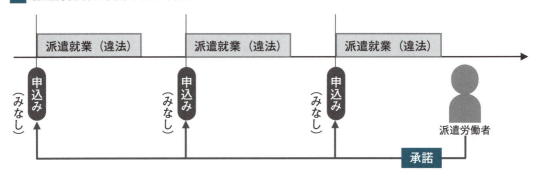

最新の申込みに限られない（どの申込みに対して承諾するかを選択できる）

また、労働契約の申込みがみなされた後で、派遣労働者が「承諾しない」と意思表示をし、その後に再度違法行為が行われた場合には、新たに労働契約の申込みをしたものとみなされますので、派遣労働者は、この申込みに対して、改めて承諾することができます。

> **注意**
>
> **承諾しないという事前の意思表示**
>
> 派遣先等が派遣労働者に、違法行為によって労働契約の申込みがみなされても承諾しないことを、違法行為が行われる前から合意するようなことは、公序良俗に反し無効となります（民法90条）。

不承諾の意思表示後の違法行為による申込みみなし

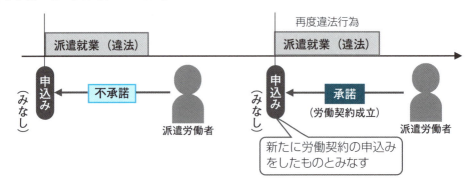

派遣就業(違法状態)の考え方
　労働契約の申込みがみなされる違法状態は、ある時点で違法行為が行われたら、是正されない限りずっと違法状態が継続しているとみるのではなく、原則として日単位で違法行為が行われたものと捉えます。これは、一度違法行為があってそれ以降違法状態が継続しているものとしてしまうと、後述するように、派遣先等が最初の違法行為の時点で善意無過失だったが、途中でその違法性を認識した場合、そのまま違法行為を是正しない派遣先等に対して制裁を課すことができなくなってしまうからです。また、派遣労働者にとっても、違法な派遣就業が行われた日によって、立証上の証拠の有無等も変わり得るため、行政解釈上、どの申込みに対して承諾すべきであるという限定をせず、派遣労働者の選択を可能としています。

■3　労働契約の成立時期

　派遣先等と派遣労働者との労働契約は、みなし制度に基づく申込みについて、派遣労働者が承諾の意思表示をした時点で成立します。なお、意思表示の効力発生時期は、民法の原則に従います(現行民法では、「隔地者間の契約は、承諾の通知を発した時に成立する。」とされています。民法526条1項)。

③ 派遣先等の主観的要件

■1　善意無過失

　みなし制度は、違法行為に該当することについて、派遣先等が善意無過失であるとの抗弁※が認められた場合には、適用されません。

　ここでいう「善意無過失」とは、違法行為に該当することを過失なく知らなかったことをいいますが、一般に、法令で定められていることを知らなかったこと(法の不知)は「善意」とはいいません。

　また、申込みは違法行為の日ごとにみなされますので、その日の役務の提供の受入れ開始時点(始業時)において、善意無過失であった場合には、2暦日にわたる継続就業のような場合を除き、その日に行われた違法行為についてはみなし制度が適用されません。

　さらに、その日の受入れ開始時点では善意無過失だったが、途中で違法の事実に気付いた場合には、2暦日にわたる継続就業のような場合を除き、次の就業日以降には、行われた違法行為について善意無過失の抗弁は認められません。

※抗弁……民事訴訟において、被告が原告の申立て・請求を排斥するために、原告の主張・立証する事実に対して、その法律効果を排斥する別の事実をいいます。みなし制度に関して言えば、派遣先等の違法行為の事実があり、労働契約の申込みがみなされるとの派遣労働者(原告)の主張に対し、派遣先等(被告)は、申込みがみなされる法律効果を斥けるために、違法行為について善意無過失であることを抗弁として主張することになります。

第1章 基本編・労働者派遣法改正のポイント

みなし制度と善意無過失の抗弁

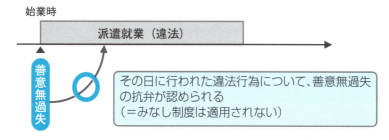

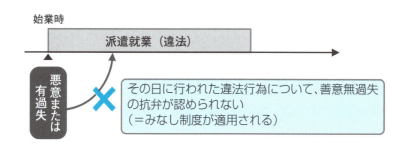

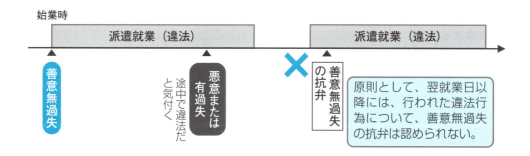

■2　偽装請負等の目的

　みなし制度の対象となる違法行為の類型のうち、いわゆる偽装請負等については、派遣法等の規定の適用を免れる目的（以下「偽装請負等の目的」といいます）で、請負契約等の名目で労働者派遣を受け入れることとされています。他の違法行為の類型とは異なり、偽装請負等の「目的」という派遣先等の主体的な意思が要件となっていますので、偽装請負等に該当すると認識しなかったことの「過失」の有無は問題となりません。

　この「目的」の有無については、最終的には個別事案ごとの判断になりますが、行政解釈では、派遣先等が派遣労働者を指揮命令等して偽装請負等の状態となったことのみをもって直ちに偽装請負等の目的があると推定するものではないとされています。

4 申込みの内容となる労働条件

1　派遣元事業主等との労働契約と同一の労働条件が原則

　みなし制度により、派遣先等は、当該違法行為の時点での、労働者派遣をする事業主（無許可事業主も含みます。以下「派遣元事業主等」といいます）と派遣労働者との労働契約（派遣労働契約）上の労働条件と同一の内容で労働契約の申込みをしたものとみなされます。ここでいう労働条件には、当事者間の合意により労働契約の内容になったもののほか、就業規則等で定める労働条件も含まれますが、労働契約上の労働条件でないものは、含まれません。

　また、派遣元事業主等との派遣労働契約と、みなし制度による派遣先等の申込みに対して派遣労働者が承諾して成立する労働契約は、使用者が異なりますので別個の契約です。派遣先等との労働契約における労働条件は、原則として、派遣元事業主等との労働契約上の労働条件と同一ですが、使用者が変わっても承継されることが社会通念上相当であるものであることが前提です。例えば、派遣元等が保有しているレクリエーション施設等の利用などは、派遣先等との労働契約における労働条件にはならないと考えられます。

　なお、派遣元事業主等は、派遣先等から求められた場合には、速やかに労働契約の申込みをしたものとみなされた時点における派遣労働者の労働条件の内容を通知しなければならないとされています（法40条の6第4項）。

2　労働契約期間

　労働契約期間（始期、終期、期間）は、みなし制度により労働契約の申込みがみなされる派遣先等との労働契約に、派遣元事業主等との労働契約の契約期間がそのまま適用されます。ただし、実際に派遣労働者が派遣先等に雇用されるのは、派遣労働者の承諾により派遣先等との労働契約が成立した日からの残期間となります。

　また、単に「1年間」などと始期・終期が定められていない場合は、労働契約上の黙示の合意等を踏まえて判断されます。

■ 労働契約の申込みがみなされる労働契約の契約期間

①派遣労働契約の途中で派遣労働者が承諾した場合

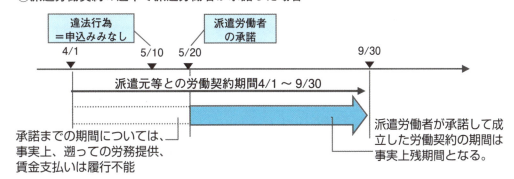

②派遣労働契約の終了後に派遣労働者が承諾した場合

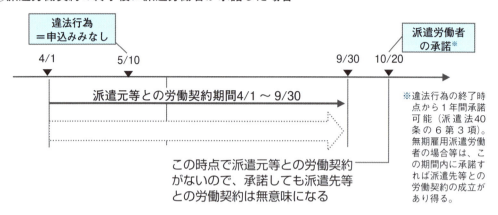

> **派遣先等との労働契約は事実上残期間**
>
> 　みなし制度は、違法行為を行う派遣先等に対する制裁を本来の趣旨としているもので、派遣先等での直接雇用そのものを目的としているわけではありません。
> 　前記のとおり、違法行為の是正に伴い、派遣労働契約の途中で派遣労働者の就業先が失われないようにする目的の範囲で、派遣先等での直接雇用の方向性による違法状態の解消をめざすものです。このような法の趣旨からも、みなし制度に基づいて派遣先等との間で成立する労働契約の労働条件が、派遣元事業主等との労働契約の下での労働条件と同一であることが理解できます。
> 　また、契約期間についても、派遣労働契約（派遣元事業主等との労働契約）の契約期間がそのまま派遣先等との労働契約の契約期間となりますので、派遣労働契約に始期・終期の定めがあれば、理論上、派遣先等との労働契約期間の始期・終期もこれと同じになります。ただし、派遣労働契約の途中で、みなし制度に基づき派遣労働者が承諾した場合には、その承諾時点（＝派遣先等との労働契約の成立時点）よりも前の期間について、派遣労働者が遡って派遣先等へ労務を提供し、これに対して派遣先等が賃金を支払うことはできないので、派遣先等に雇用される期間は、事実上派遣労働契約の残期間ということになります。

３　労働契約法との関係

　労働契約法では、有期労働契約が更新されて通算で５年を超えると、労働者に無期転換申込権が発生し、労働者が申し込めば無期労働契約に転換することとなっています（18条）。

　派遣先等の違法行為によりみなし制度の対象となった場合に、派遣労働者が承諾するまでの派遣元事業主等の下での契約期間と、派遣労働者の承諾によって派遣先等に雇用される契約期

※雇止め法理……確立した判例法理を労働契約法上ルール化したもので、有期労働契約が次のいずれかに該当する場合に、労働者の契約の更新・締結の申込みを使用者が拒絶することが、客観的に合理性を欠き、社会通念上相当であると認められないときは、使用者は、従前の有期労働契約と同一の労働条件でその申込みを承諾したものとみなされます。
① 　有期労働契約が反復更新され、これを雇止めにすることが無期労働契約における解雇と社会通念上同視できる場合
② 　労働者が有期労働契約の更新を期待することに合理的な理由がある場合

間は、使用者が異なるため、通算されません。

また、みなし制度の適用により成立した労働契約の雇止めの効力が争われた場合も、労働契約法19条の雇止め法理※が適用される場合がありますが、当該雇止めの有効性判断は、事案に即して個別具体的に司法判断がなされます。

■4　派遣元事業主等との労働契約

みなし制度により派遣先等の労働契約の申込みがみなされ、派遣労働者がこれを承諾して派遣先等との労働契約が成立した場合、これまで派遣労働者と雇用関係のあった派遣元事業主等との関係はどうなるのでしょうか。

この場合、みなし制度の適用により、派遣先等との労働契約が成立したからといって、当然に派遣元事業主等との派遣労働契約が終了するわけではありません。みなし制度の趣旨は、派遣元等での雇用を希望する派遣労働者に対して、派遣先等との労働契約を強制するものではないので、派遣元等との関係において、契約を解除する余地が残されることになります。

したがって、一時的に派遣先等との労働契約と派遣元事業主等との派遣労働契約が併存して二重の労働契約関係が生じることもあり得ますが、派遣労働者は希望があって派遣先等との労働契約に承諾しているのですから、実際には、派遣元事業主等に対して派遣労働者が労働契約を解除（一方的解除）するか、両当事者で合意解除することになると考えられます。

■ みなし制度適用と派遣元事業主等との関係

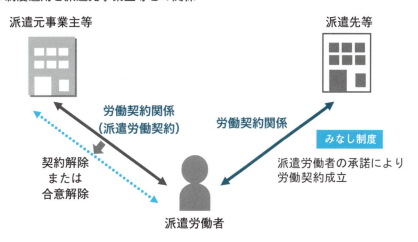

5　複数の事業主が関与する複雑な事案

■1　対象となる派遣先等が複数ある場合

みなし制度の対象となる派遣先等が複数ある場合は、それらすべてからその派遣労働者に対して労働契約の申込みがされたものとみなされ、派遣労働者は、そのうちから自分が直接雇用を希望する派遣先等を選択して承諾することができます。

■2　複数の違法行為に該当する場合

みなし制度の対象となる違法行為の類型のうち、複数の類型に該当する場合は、派遣労働者はいずれの違法行為に基づいてみなし制度の適用を主張するかを選択することができます。

■3　複数の派遣労働者が同時に違法状態で就業している場合

違法行為は、個々の派遣労働者に対してそれぞれ行われていると解釈されます。このため、複数の派遣労働者が同時に違法状態で就業している場合は、そのすべての派遣労働者に対してそれぞれ労働契約の申込みがあったものとみなされます。

また、派遣労働者が交代して現在違法な派遣就業に従事していなくても、派遣労働者は自己に対する違法行為が行われた最後の時点から1年間はみなし制度の適用を主張することができます（法40条の6第3項。☞80頁参照）。

複数の派遣労働者が同時に違法状態で就業している場合（例）

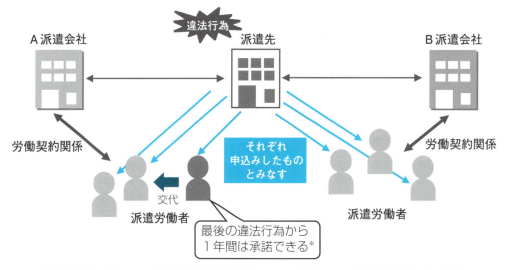

※派遣就業が終了しても、派遣労働契約期間が残っている場合や無期雇用派遣労働者の場合は、この期間内に派遣労働者が承諾すれば派遣先等との労働契約が有効に成立し得る。

■4　多重請負形態におけるいわゆる偽装請負のケース

みなし制度における申込みの主体は、「労働者派遣の役務の提供を受ける者」（法40条の6）となっており、多重請負の場合、原則として労働者を直接雇用する下請負人と直接請負契約を締結している元請負人が、労働契約の申込みをしたものとみなされます。

また、労働者を雇用する下請負人と直接請負関係にない注文主が、下請負人の労働者に指揮命令を行うと、労働者供給（職安法4条6号）に該当し、これを禁止する職安法44条違反となります。

多重請負形態における偽装請負とみなし制度の適用

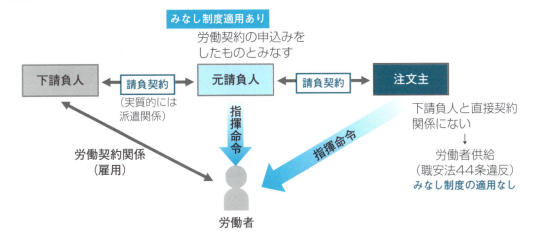

次に、この元請負人が労働契約の申込みをしたものとみなされ、下請負人の労働者がこれを承諾すると、元請負人とその労働者との労働契約が成立します。そこで、注文主が偽装請負等の目的をもって役務の提供を受け、その派遣労働者を指揮命令すると、注文主がその派遣労働者に労働契約の申込みをしたものとみなされます。

みなし制度の適用による元請負人への直接雇用後の偽装請負等の例

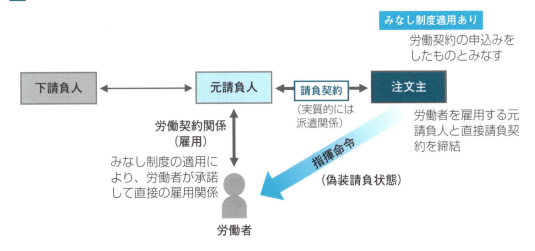

5 いわゆる二重派遣のケース

一般的には、派遣先が、派遣元事業主から受け入れた派遣労働者をさらに第三者（供給先）へ派遣してその指揮命令下で労働させた場合には労働者供給となり、派遣先も供給先も、職安法44条違反となるものとされます。

二重派遣の例

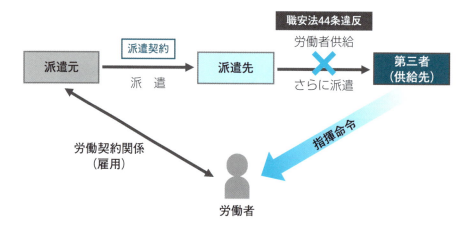

6 申込みの撤回・失効

法40条の6第2項、3項

（1）派遣先等は、労働契約の申込みをしたものとみなされると、当該違法行為が終了した日から1年を経過するまでは、その申込みを撤回することができない。
（2）当該違法行為が終了した日から1年を経過するまでに、派遣先等の労働契約の申込みに対して、派遣労働者の承諾・不承諾の意思表示がなかったときは、労働契約の申込みは効力を失う。

　派遣法40条の6第1項に基づき、違法行為により派遣先等が派遣労働者に対して労働契約の申込みをしたものとみなされた場合は、派遣先等からは、当該違法行為が終了した日（違法状態が終わった日）から1年を経過するまで、申込みを撤回することができません（同条2項）。

　また、派遣先等が労働契約の申込みをしたものとみなされ、当該違法行為が終了した日（違法状態が終わった日）から1年を経過するまでに、その申込みに対して、派遣労働者が「承諾する」または「承諾しない」旨の意思表示をしなかったときは、その申込みは効力を失います（同条3項）。

　要するに、違法行為の終了時点から1年間は、派遣労働者にとって、派遣先等に承諾の意思表示をすることができる期間ということになります。みなし制度は、この期間内に、派遣労働者が承諾すれば、その時点で派遣先等と派遣労働者との間に労働契約が成立しますが、この期間が過ぎた後は、派遣先等は（みなされた）申込みを撤回することができますし、この期間内に派遣労働者が承諾・不承諾の意思表示をしなければ、申込みの効力は失われます。

■ 承諾できる期間と申込みの失効

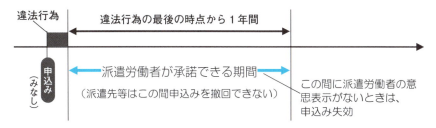

7 期間制限違反によるみなし制度の適用関係

みなし制度の施行については、特段経過措置が設けられておらず、みなし制度の施行日（平成27年10月1日）時点で、制度の対象となる違法行為を行っている場合に、派遣先等がその時点で労働契約の申込みをしたものとみなされます。

■ 改正法施行日前に締結された労働者派遣契約に基づく労働者派遣とみなし制度の適用

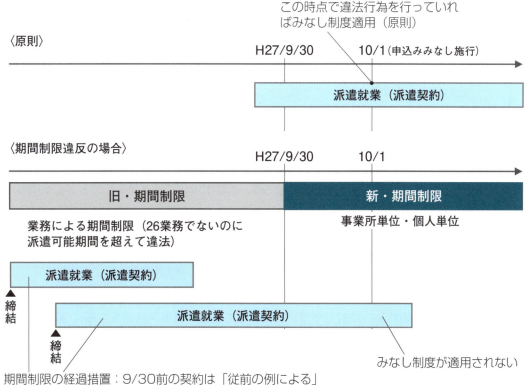

また、今回改正で期間制限のルールが変更され、経過措置として、施行日（平成27年9月30日）より前に締結された労働者派遣契約に基づく労働者派遣については、なお従前によるとされています。

　したがって、期間制限の違反については、施行日前の派遣契約に基づく労働者派遣にみなし制度の適用はありません。この場合は、旧法の労働契約申込み義務の規定が適用され（経過措置に関する政令340号）、期間制限のあった業務については、派遣可能期間を超えて受け入れた場合に、派遣先等は派遣労働者に対して労働契約を申し込まなければなりません（旧法40条の4）。

❸ 行政による助言・指導・勧告・公表 ●●●●●●●●●●●

法40条の8

(1) 厚生労働大臣は、派遣先等または派遣労働者からの求めに応じて、派遣先等の行為がみなし制度の対象となる違法行為に該当するかどうか、必要な助言をすることができる。
(2) 厚生労働大臣は、みなし制度に基づき派遣労働者が承諾して派遣先等との労働契約が成立した場合に、派遣先等が派遣労働者を就労させないときは、その派遣先等に対し、必要な助言・指導・勧告をすることができる。
(3) 厚生労働大臣は、(2)の場合に勧告をしても派遣先等が従わなかったときは、その旨を公表することができる。

■1　派遣先等・派遣労働者への助言

　前記のとおり、みなし制度を定める法40条の6の規定は、民事的効力を持つ規定であり、個別の事案についての本条の適用の判断は、司法判断に委ねられるものです。このため、行政がこの規定に基づいて派遣先等へ履行を強制したり、当該事案について派遣先等が善意無過失であったか否か等本条の適用の有無の最終的な判断をするものではありません。

　しかし、派遣先等あるいは派遣労働者から、みなし制度の対象となる違法行為に該当するかどうか等相談を受けた場合などに、本条の規定について説明するなど必要な助言をすることが派遣法上定められています（法40条の8第1項）。

　また、みなし制度の対象となる違法行為そのもの（禁止業務への派遣、無許可派遣の受入れ、期間制限違反、偽装請負等）に対しては、行政による助言・指導（法48条1項）、勧告（49条の2第1項）が行われます。勧告にも従わない場合には、その旨の公表の対象になります（法49条の2第2項）。

　さらに、派遣労働者から違法行為についての申告（法49条の3）により、必要に応じて調査・行政指導が行われます。

☞なお、相談窓口は、都道府県労働局の需給調整事業部（課・室）へ

■2　みなし制度により成立した労働契約の履行への対応

　みなし制度により、派遣先等が労働契約の申込みをしたものとみなされ、派遣労働者がこれを承諾して派遣先等との間に労働契約が成立している場合に、派遣先等が派遣労働者を就労させない場合には、厚生労働大臣（都道府県労働局長へ権限を委任）は、派遣労働者の就労に関し必要な助言・指導・勧告を行うことができます（法40条の8第2項）。そして、勧告をしても派遣先等がこれに従わない場合には、公表の対象となります（同条3項）。

第1章 基本編・労働者派遣法改正のポイント

これまで解説してきた**1**〜**6**のほかに、派遣元・派遣先それぞれが講ずる各種措置や留意事項について、平成27年改正に関する改正・追加事項を以下に簡単にまとめます。

 労働者派遣契約で定める事項 ●●●●●●●●● 派遣元 派遣先

色文字は追加・改正箇所　　　　　　　　　　　　　　　　　　　法 26条1項　則 22条、22条の2

① 派遣労働者が従事する業務の内容
② 派遣労働者が派遣就業する事業所の名称・所在地その他派遣就業の場所・<u>組織単位</u>
③ 労働者派遣の役務の提供を受ける者のために、就業中の派遣労働者を直接指揮命令する者に関する事項
④ 労働者派遣の期間・派遣就業をする日
⑤ 派遣就業の開始・終了の時刻、休憩時間
⑥ 安全・衛生に関する事項
⑦ 派遣労働者<u>からの苦情の処理に関する事項</u>

> 名称のいかんを問わず、業務の関連性に基づいて派遣先が設定した労働者の配置の区分であって、配置された労働者の業務の遂行を指揮命令する職務上の地位にある者がその労働者の業務配分、その労務管理に関して直接の権限を有するもの（派遣則21条の2）。

> 派遣先は、派遣労働者の苦情申出を受ける担当窓口、苦情処理方法、派遣元事業主との連携体制等を労働者派遣契約に定める（派遣先指針第2の7(2)）。

⑧ 派遣労働者の新たな就業の機会の確保、派遣労働者に対する休業手当（労基法26条）等の費用の負担に関する措置、その他の労働者派遣契約の解除にあたって講ずる派遣労働者の雇用安定措置に関する事項
⑨ 紹介予定派遣の場合は、当該職業紹介により従事すべき業務の内容・労働条件その他の紹介予定派遣に関する事項
⑩ 派遣元責任者・派遣先責任者に関する事項
⑪ 労働者派遣の役務の提供を受ける者が④の派遣就業をする日以外の日に派遣就業をさせることができ、または⑤の派遣就業時間を延長することができる旨の定めをした場合には、その派遣就業をさせることができる日または延長できる時間数
⑫ 派遣先等の労働者が通常利用している診療所等（給食施設、休憩室、更衣室を除く）、レクリエーションの施設・設備の利用、制服の貸与等のための便宜を供与する定めをした場合はその事項

⑬ 労働者派遣の役務の提供を受ける者が、労働者派遣の終了後にその派遣労働者を雇用する場合に、派遣終了後、労働者派遣契約の当事者間の紛争を防止するために講ずる措置

> ・派遣先等が派遣元事業主等にその雇用意思を事前に示すこと
> ・派遣元事業主等が職業紹介事業者でもある場合は、紹介手数料を支払うこと等
> （派遣元指針第2の2(2)ロ、派遣先指針第2の6(1)ロ）

⑭ 派遣労働者を無期雇用派遣労働者または60歳以上の者に限定するか否か
⑮ 派遣可能期間の制限を受けない業務に係る労働者派遣に関する事項

❷ 派遣元事業主が講ずる措置、留意事項　派遣元

1 労働者派遣契約の終了にあたって講ずべき事項

元指針 第2の2(4)

【新設】派遣元事業主は、労働者派遣が終了したことのみを理由として、無期雇用派遣労働者または労働契約が継続している有期雇用派遣労働者を解雇してはならない。

2 無期雇用派遣労働者の募集にあたっての留意事項

元指針 第2の8(1)

【新設】派遣元事業主は、無期雇用派遣労働者の募集にあたっては、正社員の募集だと誤解されないよう「無期雇用派遣」などの文言を使用して、無期雇用派遣労働者の募集であることを明示しなければならない。

3 派遣元責任者の職務・選任要件

[職務]　法36条　則29条の2

① 派遣労働者であることの明示等
② 就業条件等の明示
③ 派遣先へ通知
④ 派遣元管理台帳の作成・記載・保存
⑤ 派遣労働者に対する必要な助言・指導の実施
⑥ 派遣労働者から申出を受けた苦情の処理
⑦ 派遣先との連絡調整
⑧ 派遣労働者等の個人情報の管理
⑨ 段階的かつ体系的な教育訓練の実施、キャリア・コンサルティングの機会の確保
⑩ 安全衛生に関する派遣元の安全衛生業務の統括管理者、派遣先との連絡調整

【追加】[選任要件]
派遣元責任者は、過去3年以内に厚生労働大臣が定める派遣元責任者講習を修了した者であることが必要。

色文字は追加・改正箇所

4 派遣元管理台帳の記載事項

法37条1項　則31条

① 派遣労働者の氏名
② 無期雇用派遣労働者か有期雇用派遣労働者かの別、有期雇用派遣労働者の場合は労働契約の期間
③ 派遣先の氏名または名称
④ 派遣先の事業所の名称
⑤ 派遣先の事業所の所在地その他派遣就業の場所・組織単位
⑥ 労働者派遣の期間、派遣就業をする日
⑦ 始業・終業時刻
⑧ 従事する業務の種類
⑨ 雇用安定措置の内容（措置を実施した日付、内容、その結果）
⑩ 段階的・体系的な教育訓練の実施日時、内容
⑪ キャリア・コンサルティングを行った日時、内容
⑫ 派遣労働者から申出を受けた苦情処理に関する事項
⑬ 派遣元責任者、派遣先責任者に関する事項
⑭ 派遣就業日以外の日または就業時間外に労働させることができる定めをした場合は、その就業させることができる日または延長することのできる時間数
⑮ 期間制限のない労働者派遣に関する事項（法40条の2第1項2号による満60歳以上か否か等）
⑯ 労働・社会保険の資格取得届提出の有無（提出がない場合はその具体的な理由）
⑰ 紹介予定派遣の場合は紹介予定派遣に関する事項

色文字は追加・改正箇所

5 労働者派遣をするときの派遣先への通知事項

法35条　則27条、27条の2、28条

① 派遣労働者の氏名・性別（このほか、派遣労働者が45歳以上である場合はその旨、派遣労働者が18歳未満である場合はその年齢も併せて通知）
② 無期雇用派遣労働者か有期雇用派遣労働者かの別
③ 派遣労働者が60歳以上であるか否か
④ 派遣労働者に係る労働・社会保険の資格取得届の提出の有無（提出していない場合は、その具体的な理由を付して通知）
⑤ 派遣就業条件の内容が労働者派遣契約の就業条件（派遣期間、派遣就業する日、就業時間等一定の事項）と異なる場合は、その派遣労働者の就業条件の内容

色文字は追加・改正箇所

6 派遣労働者への明示事項
(1) 具体的な就業条件等

法34条1項2号　則26条の2

① 派遣労働者が従事する業務の内容
② 派遣就業する事業所の名称、所在地その他派遣就業の場所、組織単位
③ 派遣先のために、就業中の派遣労働者を直接指揮命令する者に関する事項
④ 労働者派遣の期間、派遣就業をする日
⑤ 派遣就業の開始・終了時刻、休憩時間
⑥ 安全・衛生に関する事項
⑦ 派遣労働者からの苦情の処理に関する事項
⑧ 派遣労働者の新たな就業の機会の確保、派遣労働者に対する休業手当（労基法26条）等の費用の負担に関する措置、その他の労働者派遣契約の解除にあたって講ずる派遣労働者の雇用安定措置に関する事項
⑨ 紹介予定派遣である場合は、当該職業紹介により従事すべき業務の内容・労働条件その他の紹介予定派遣に関する事項
（紹介予定派遣である旨、紹介予定派遣を経て派遣先が雇用する場合に予定される労働条件）
⑩ 派遣元責任者・派遣先責任者に関する事項
⑪ 労働者派遣の役務の提供を受ける者が④の派遣就業をする日以外の日に派遣就業をさせることができ、または⑤の派遣就業時間を延長することができる旨の定めをした場合には、その派遣就業をさせることができる日または延長できる時間数
⑫ 労働・社会保険の資格取得届等が行政機関に提出されていない場合はその理由
⑬ 派遣先の労働者が通常利用している診療所等、レクリエーション施設・設備の利用、制服の貸与、教育訓練等のための便宜を供与する定めをした場合はその事項
⑭ 期間制限のない労働者派遣に関する事項

期間制限のない労働者派遣	法条文	明示事項
満60歳以上の者	40条の2第1項2号	満60歳以上の者の労働者派遣である旨
有期プロジェクト業務	3号イ	法40条の2第1項3号イに該当の旨
日数限定業務	3号ロ	①法40条の2第1項3号ロに該当の旨 ②その業務が1か月間に行われる日数 ③当該派遣先の通常の労働者の1か月間の所定労働日数
育児休業等の代替要員	4号	派遣先において休業する労働者の氏名、業務、休業の開始・終了予定日
介護休業等の代替要員	5号	

色文字は追加・改正箇所

(2) 抵触日

法 34条1項3号、4号

追加
① 派遣労働者個人単位の期間制限に抵触する最初の日（期間制限のない労働者派遣に該当する場合（法40条の2第1項各号）はその旨）
② 派遣先の事業所単位の期間制限に抵触する最初の日（期間制限のない労働者派遣に該当する場合はその旨）

> 派遣先で派遣可能期間が延長され、派遣元事業主が派遣先からその旨の通知を受けた場合は、派遣元事業主は、遅滞なく、派遣労働者に対して、事業所単位の期間制限に抵触する最初の日を明示しなければならない（法34条2項）。

(3) 労働契約申込みみなし制度の適用に関する事項

法 34条3項

追加
派遣先が派遣先の事業所ごとの派遣期間の制限または同一の派遣労働者に係る組織単位ごとの派遣期間の制限に違反して労働者派遣の役務の提供を受けた場合には労働契約の申込みをしたものとみなされることとなる旨

(4) その他の明示事項（従前と同様）

- ◆**派遣労働者であること**（派遣労働者として雇い入れようとするとき等。派遣法32条）
- ◆**労働条件**（労基法で義務付けられる労働条件。労基法15条1項、労基則5条1項）
- ◆**派遣料金額**（派遣労働者として雇い入れようとするとき、派遣しようとするとき、料金額を変更するとき。派遣法34条の2）

7 派遣先との連絡体制の強化

元指針 第2の5

追加
派遣元事業主は、
・時間外・休日労働協定（36協定）の内容等派遣労働者の労働時間の枠組みに関して情報提供を行うなどして、派遣先との連絡調整を的確に行う。
・割増賃金等の計算にあたり、派遣労働者の実際の労働時間等について、派遣先に情報提供を求める。

8 安全衛生に関する措置

元指針 第2の12

新設
派遣元事業主は、安全衛生に関する措置を実施するため、派遣先と必要な連絡調整等を行う。
・派遣労働者に対する雇入れ時・作業内容変更時の安全衛生教育を適切に行えるよう、その派遣労働者が従事する業務に係る情報を派遣先から入手する。
・健康診断等の結果に基づく就業上の措置を講ずるにあたって必要な場合は、派遣先に対して就業上の措置の実施に協力するよう要請する。　　　等

9 情報提供

元指針 第2の14

追加

派遣元事業主は、
・マージン率の情報提供にあたっては、常時インターネットで広く関係者（派遣労働者、派遣先等）に必要な情報を提供することを原則とする。
・労働者派遣の期間の区分ごとの雇用安定措置を講じた人数等の実績、教育訓練計画について、インターネットの利用等により関係者に情報提供することが望ましい。

10 労働者派遣事業報告書

法23条　則17条、様式11号

改正

[報告期限]　年度報告、6月1日現在の状況報告とも、毎年6月30日
※報告書も、年度報告と6月1日現在の状況報告と1種類になり、報告書の提出は年1回となる。
※平成27年9月30日以後に終了する事業年度に係る報告から適用。

[報告事項]　・雇用安定措置を講じた派遣労働者の人数等の実施状況
（追加事項）・段階的かつ体系的な教育訓練の実施状況等

③ 派遣先が講ずる措置、留意事項　派遣先

1 派遣先管理台帳の記載事項

法42条1項　則36条

① 派遣労働者の氏名
② 派遣元事業主の氏名または名称
③ 派遣元事業主の事業所の名称
④ 派遣元事業主の事業所の所在地
⑤ 無期雇用派遣労働者か有期雇用派遣労働者かの別
⑥ 派遣就業をした日
⑦ 派遣就業をした日ごとの始業・終業時刻、休憩時間
⑧ 従事した業務の種類
⑨ 派遣就業した事業所の名称、所在地その他派遣就業をした場所、組織単位
⑩ 派遣労働者から申出を受けた苦情処理に関する事項
⑪ 紹介予定派遣の場合は紹介予定派遣に関する事項
⑫ 教育訓練を行った日時、内容
　　└ 業務内での計画的なOJTの教育訓練や業務外の教育訓練
⑬ 派遣元責任者、派遣先責任者に関する事項
⑭ 派遣受入期間の制限を受けない業務について行う労働者派遣に関する事項
　　（法40条の2第1項2号による満60歳以上の者か否か等）
⑮ 派遣元事業主から通知を受けた派遣労働者に係る労働・社会保険の資格取得届提出の有無

色文字は追加・改正箇所

2 適切な苦情の処理

先指針 第2の7

追加

① 派遣先は、セクシュアルハラスメント、パワーハラスメント等についても、派遣労働者からの苦情に対して、適切かつ迅速に処理を図らなければならない。
② 派遣先は、派遣労働者の苦情処理に際して、派遣先の労組法上の使用者性に関する裁判例や中央労働委員会命令（☞下記参照）に留意する。

[苦情処理を行う際の留意事項]（従前と同じ）
◆労働者派遣契約に、苦情の窓口担当者、処理方法等を定める（☞84頁）。
◆派遣労働者の受入れ時の説明会等で、苦情処理に関する事項を説明する。
◆派遣先管理台帳に苦情の受付年月日、苦情の内容、処理状況をその都度記載する。
◆苦情処理に関する派遣先管理台帳の記載内容を派遣元事業主に通知する。
◆苦情を申し出たことを理由として、その派遣労働者に対して不利益な取扱いをしてはならない。

◆ 派遣先の使用者性に関する主な裁判例・中労委命令一覧 ◆

厚生労働省資料より

【肯定】 クボタ事件 （東京地裁 平成23年3月17日） ※東京高裁において同旨 （平成23年12月21日） ※中労委命令において同旨 （平成21年9月30日）	**派遣先の会社が、直雇用化（会社の従業員とすること）を予定している派遣労働者との関係で労組法7条の使用者に当たるとされた事案** 　労組法7条にいう使用者は、労働契約関係ないしはそれに隣接ないし近似する関係を基盤として成立する団体労使関係上の一方当事者を意味し、労働契約上の雇用主が基本的にこれに該当するものの雇用主以外の者であっても、当該労働者との間に、近い将来において雇用関係が成立する現実的かつ具体的な可能性が存する者もまた、これに該当すべきと解すべきである。 　本件では、19年1月26日の時点で、会社が4月1日まで派遣労働者である本件従業員らを直雇用化することを決定していること、2月16日の説明会において、会社が本件従業員らに対し、直雇用化により会社の契約社員となることに同意する旨の「同意書」を配付し、2月28日までに提出している者がいること、希望すれば契約社員として採用されることになっていたこと等の事実によれば、遅くとも、2月28日に団体交渉申入れが行われた時点においては、近い将来において組合員らと労働契約関係が成立する現実的かつ具体的な可能性が存する状態にあり、労働契約関係ないしはそれに隣接ないし近似する関係を基盤として成立する団体労使関係上の一方当事者として団交申入れに応ずるべき労組法7条の使用者に該当していた。
【否定】 ショーワ不当労働行為再審査事件 （中労委命令 平成24年10月18日）	**派遣先事業主は、労組法第7条の使用者には原則として該当しないが、一定の場合には派遣労働者の所属する組合との関係において該当する場合があり得るところ、本件においては該当しないとした事案** 　労働者派遣法上の派遣先事業主は、派遣労働者の所属する組合との関係では原則として労組法第7条の使用者には該当しないが、例えば、労働者派遣法の枠組み又は労働者派遣契約で定められた基本的事項を逸脱して労働者派遣が行われている場合や、労働者派遣法上、派遣先事業主に一定の責任や義務が課されている部分等については、労組法第7条の使用者に該当する場合があり得る。本件のように、派遣契約の範囲内での就労実態や直接雇用の申込義務が発生していたとはいえない等の事実関係の下では、会社は労組法第7条の使用者には該当せず、労組法第7条第1号及び第2号の不当労働行為責任を負わない。

【肯定】 阪急交通社事件 （東京地裁 平成25年12月5日） ※中労委命令において同旨 （平成24年11月29日）	労働者派遣法上の派遣先事業主である旅行会社が、派遣元会社から派遣された添乗員の労働時間管理に関する団交申入れにつき、労組法第7条の使用者に当たると判断された事案 　労組法7条の使用者は、一般に労働契約上の雇用主をいうが、雇用主以外の事業主であっても、労働者の基本的な労働条件等について、雇用主と部分的とはいえ同視できる程度に現実的かつ具体的に支配、決定することができる地位にある場合には、その限りにおいて、当該事業主は同条の「使用者」に当たるというべきである（朝日放送事件、最高裁判決平成7年2月28日）。 　労働者派遣法上の派遣先事業主は原則として労組法7条の使用者には該当しないが、労働者派遣法44条ないし47条の2の規定により、使用者とみなされ労基法等による責任を負うとされる労働時間等の規定に違反し、かつ部分的とはいえ雇用主と同視できる程度に派遣労働者の基本的な労働条件等を支配、決定していると認められる場合には、当該決定されている労働条件等に限り、労組法7条の使用者に該当するというべきであるところ、本件においては、派遣先事業主である会社は、労働時間管理を行っておらず、そのことにより算定された時間外労働時間に応じた割増賃金の支払を受けることを事実上困難にしている点において部分的とはいえ雇用主と同視できる程度に基本的労働条件を支配、決定していると認められることから、労働時間管理に関する要求事項につき、労組法7条の使用者に当たる。
【否定】 中国・九州地方整備局不当労働行為再審査事件 （中労委命令 平成24年12月20日） ※東京地裁判決において同旨 （平成27年9月10日）	国から業務を受託していた会社に雇用されていた労働者が、国に対する直接雇用（任用）等を求めて行った団交申入れにつき、国は労組法第7条の使用者に該当しないと判断された事案 　国は、会社との業務委託契約に基づき会社の労働者を受け入れていたのであり、会社の労働者の雇用主ではない。そして、本件の団交事項に関する採用、配置、雇用の終了（打切り）等といった一連の雇用の管理に関する決定について、国は雇用主と部分的とはいえ同視できる程度に現実的かつ具体的な支配力を有していたと認めるには足りず、また、国と労働者の間に近い将来において雇用関係の成立する可能性が現実的かつ具体的に存していたと認めるに足りる証拠もないこと等からすれば、国は、直接雇用（任用）等を求める本件団交申入れに応じるべき使用者には当たらない。
【否定】 東海市不当労働行為再審査事件 （中労委命令 平成25年2月27日）	市の小学校におけるＡＬＴ（外国語指導助手）である組合員の就労実態は労働者派遣に当たるものの、市は、当該組合員の直接雇用等を求める団体交渉に応ずべき労組法上の使用者には当たらないとした事案 　ＡＬＴ業務は業務委託契約であるものの、組合員Ａの就労実態は、労働者派遣の形態にあったと認められる。しかし、市には、労働者派遣法第40条の4に基づく直接雇用（任用）の申込義務が生じていたといえず、また、近い将来において市とＡとの間で雇用関係が成立する可能性が現実的かつ具体的に存在していたと認めることはできない。そして、市は、Ａに対する就労（就労時間等）の管理及び雇用（採用・配置・雇用の終了）の管理のいずれにおいても、雇用主と部分的とはいえ同視できる程度に現実的かつ具体的な支配をしていたとはいえないから、市は、Ａの直接雇用等を求める組合の団体交渉に応ずべき労組法第7条第2号の使用者に当たらない。

3 安全・衛生に関する措置

先指針 第2の17

派遣先は、派遣元事業主が派遣労働者の安全衛生に関する措置を実施できるよう、次の措置を講ずるなどして、必要な協力や配慮をしなければならない。

① 派遣元事業主が派遣労働者に対して雇入れ時・作業内容変更時の安全衛生教育を適切に行えるよう、派遣労働者が従事する業務に関する情報を派遣元事業主に積極的に提供する。

② 派遣元事業主から雇入れ時・作業内容変更時の安全衛生教育の委託を依頼された際は、可能な限り応じるように努める。

③ **派遣元事業主が健康診断等の結果に基づいて、派遣労働者に就業上の措置を講ずるにあたって、派遣元事業主から要請があった場合は、必要な協力を行う。**

> (1) 派遣元事業主が面接指導の実施や健康診断の結果について医師からの意見聴取を適切に行えるように、派遣先は、
>   ・その派遣労働者の労働時間を派遣元事業主に通知する。
>   ・派遣元事業主から依頼に応じて、その派遣労働者のその他の勤務状況、職場環境に関する情報を提供する。
> (2) 派遣元事業主から健康診断・面接指導の結果に基づく就業上の措置を講ずるにあたって、協力を要請されたら、これに応じて必要な協力をする。
>   また、協力要請したことを理由として、派遣労働者の変更を求めたり、その派遣労働者に対して不利益な取扱いをしたりしてはならない。
> (3) 派遣先は、特殊健康診断の結果に基づく就業上の措置を講ずるにあたっては、あらかじめその派遣労働者の意見を聴くように努め、派遣元事業主と連絡調整のうえ実施する。措置の内容に関する情報を派遣元事業主に提供する。
> （業務取扱要領第8の3(5)）

色文字は追加・改正箇所

4 派遣元事業主との連絡体制の強化

先指針 第2の11

派遣先は、適正に把握した実際の労働時間等について、派遣元事業主に正確に情報提供すること。

第2章・実践編

法改正の実務への影響とその対応

弁護士 渡邊　岳（安西法律事務所）
弁護士 木村　恵子（同）

はじめに　94
1　派遣法はどう変わったのか　95
2　平成27年改正派遣法　実務Q＆A　101
3　労働契約申込みみなし制度　実務Q＆A　111
派遣労働者受入れフロー　125
規定例・様式例　134
　就業規則規定例
　派遣可能期間延長に係る意見聴取通知例
　派遣可能期間延長手続き記録例

はじめに

　　労働者派遣事業の適正な運営の確保及び派遣労働者の保護等に関する法律が改正され、平成27年9月30日から施行されています。また、労働契約申込みみなし制度を中心とする、同法の平成24年改正（平成24年4月6日法律第27号による改正）の未施行部分も、平成27年10月1日から施行されています。

　　本稿は、上記両改正により実務に大きな影響があると思われる論点を中心に解説し、現場において留意すべき諸点を明らかにすることを目的としています。ただし、以下の各所で詳述するとおり、上記両改正は、それらの改正前にはなかったまったく新たな考え方を取り入れた内容を含んでおり、当然のことながら、これまでに蓄積された裁判例があるわけではありません。その意味で、今後裁判所がどのような判断をすることになるのかを正確に予測することは困難であり、ここで述べる内容も、あくまで本稿執筆時点における筆者らの意見の域を出るものではありません。その点をご理解いただいたうえで、参考に供していただけましたら幸いです。

　　以下、**1**においては、上記両改正のポイントと**2**および**3**との関係を略述し、**2**および**3**においては、それぞれ、上記9月30日および10月1日から施行されている改正法の主要な実務上のポイントをQ＆A方式で解説しています。また、付録として、主に派遣先が留意すべき点をチェックシートに整理するとともに、関係する規定例等を掲げています。

凡　例

　　本稿では、法令および判例集に関し、慣用的に用いられている略称のほか、次の略語を用いています。

派遣法……平成27年10月1日時点で施行されている労働者派遣事業の適正な運営の確保及び派遣労働者の保護等に関する法律

9月法……派遣法のうち同年9月30日から施行された改正部分

10月法……派遣法のうち同年10月1日から施行された改正部分

改正前派遣法……9月法および10月法の双方が施行される前の派遣法

派遣則……平成27年10月1日時点で施行されている労働者派遣事業の適正な運営の確保及び派遣労働者の保護等に関する法律施行規則

派遣元指針……派遣元事業主が講ずべき措置に関する指針（平成27年厚生労働省告示第393号による改正後のもの）

派遣先指針……派遣先が講ずべき措置に関する指針（平成27年厚生労働省告示第394号による改正後のもの）

業取要領……平成27年9月30日以降の労働者派遣事業関係業務取扱要領

13号通達……「労働契約申込みみなし制度について」（平27.9.30　職発0930第13号）

労働契約申込みみなし制度……派遣法40条の6第1項が定める労働契約の申込みがなされたものとみなされる制度

特定違法行為……派遣法40条の6第1項各号に定められた行為

従前の労働契約……派遣先等が特定違法行為を行った時点の当該派遣労働者等と派遣元事業主等との間の労働契約

派遣労働者等……派遣法40条の6第1項各号に該当することとなる役務の提供をしていた派遣元または請負業者の労働者

承諾労働者……労働契約申込みみなし制度による申込みを承諾して、派遣先等の労働者となった派遣労働者等

承諾後労働契約……労働者派遣契約申込みみなし制度による申込みと派遣労働者等の承諾によって成立する派遣先等と承諾労働者との間の労働契約

派遣元等……派遣労働者等を雇用していた派遣元ないし請負人

派遣先等……派遣労働者等の役務の提供を受けていた派遣先ないし発注者

1 派遣法はどう変わったのか

1. 労働者派遣事業は許可事業のみとなった

　改正前派遣法では、その事業の派遣労働者が常時雇用される労働者のみである労働者派遣事業を「特定労働者派遣事業」、特定労働者派遣事業以外の労働者派遣事業を「一般労働者派遣事業」とそれぞれ定義し、前者については、厚生労働大臣に対する届出によって行うことができるものとされ、後者については、同大臣の許可を要するものと定めていました（同法2条4号、5号、5条1項、16条1項）。

　9月法では、一般労働者派遣事業と特定労働者派遣事業の区別を廃止し、労働者派遣事業をすべて許可制としました（同法2条3号、5条1項）。許可の取消しや更新時に不許可とするなどの措置を通じて、行政による監督を十全ならしめようとするものです。

　この改正により、しばらくの間は経過措置によって特定労働者派遣事業者も事業を継続できますが、将来的には、労働者派遣事業者としては許可事業者しか存在しないことになります。端的に言えば、悪質な派遣事業者が淘汰されることが期待されているのです。この改正の実務への影響については、**2**のQ1で解説します。

2. 派遣期間に関する制限が根本的に変更された

（1）新たな派遣期間の制限の概要

　改正前派遣法においては、いわゆる専門26（あるいは28）業務等一定の業務で労働者派遣を受け入れるときは、派遣期間に制限はない一方、それ以外の業務で労働者派遣を受け入れるときは、事業所その他派遣就業の場所ごとの同一業務について、原則1年（所定の手続きを踏んだときは3年）を限度としなければなりませんでした（同法40条の2、同法施行令4条1項、5条等）。

　しかし、派遣労働者が従事する業務によって派遣期間の制限を異にすることを内容とする上記規制については、労使双方から分かりにくいとの批判が出ていました。例えば、事務用機器操作の業務は、派遣期間に制限のない専門業務の1つとして掲げられていましたが、パソコンが普及しエクセルやワードを一般人が普通に使用できるようになると、はたして「専門的な知識、技術又は経験を必要とする業務」と言えるのかという点に疑義が生じてきました。

　そこで、9月法は、上記のような業務単位の期間制限に関する規制を廃止し、①派遣先の事業所その他派遣就業の場所ごとの期間制限（事業所単位の制限）、②同一の派遣労働者に係る期間制限（個人単位の制限）、の2つの期間制限を導入しました。

　①は、1つの事業所において労働者派遣を受け入れる期間の限度を3年とするものであ

り（同法40条の2第1項、2項。35条の2も参照）、②は、同一の派遣労働者を同じ組織内で3年を超えて受け入れてはならないという制限です（同法40条の3。35条の3も参照）。

もっとも、いずれについても、例外が定められています。そのうち、代表的なものは、①および②双方の例外とされる、派遣元に期間の定めなく雇用されている労働者に係る派遣（無期雇用者の派遣）の場合と、①の例外とされる、派遣先事業所の過半数労働組合等の意見聴取を経て、3年を限度に派遣可能期間を延長する場合です（40条の2第1項1号、3項）。この改正は、9月法の「キモ」をなすものであり、本稿では、**2**のQ2およびQ3で実務上の論点を解説しています。

（2）労働者派遣と業務による規制との関係

ところで、上述のように、業務による派遣期間の制限が廃されたことから、労働者派遣に関わる規制との関係で、派遣労働者の従事業務を問題にする場面は一切なくなったのかと言うと、そうではありません。すなわち、以下の各場面では、派遣労働者の従事業務が意味を持ち続けています。

第1に、港湾運送、建設、警備および病院、診療所等における医療関係の各業務は、派遣法下でも、従前同様派遣そのものが禁止されています（4条、同法施行令2条）。

第2に、日々または30日以内の労働者派遣は原則として禁止されていますが、例外的にそれが許容される場合の1つとして、従前から、一定の業務に関わる派遣が挙げられているところ（同法35条の4、同法施行令4条）、この点は、今回の改正後も変わりはありません。

第3に、労働者派遣では、派遣労働者を就業させることができるのは、派遣契約において派遣労働者の従事する業務として明記された業務に限られるわけですが、この点は、派遣法下でも変わりありません。言い換えれば、労働者派遣契約に記載されていない業務に派遣労働者を就けてはならないという制限は、なお存在します。

この第3の制限に関連して、派遣労働者の従事可能業務の範囲をできる限り広くするために、労働者派遣契約中に、「派遣先の正社員が担当する可能性のあるすべての業務」といった記載をすることはできないのかが問題となってきますが、そのような対応は、派遣労働者と派遣先の正社員との区別を失わせることにつながり妥当とは思われませんし、行政指導（業取要領第6の2（1）イ（ハ）①）にも反するとみられるでしょう。

3. 派遣労働者の雇用の安定を図るための措置が拡充された

派遣労働者を対象としたアンケートなどによると、派遣労働者としての就業を継続したいと考える者と、ゆくゆくは直接雇用の社員、さらには正社員になることを希望している者とが、ほぼ同程度存在しているようです。

派遣法は、前者との関係では、派遣期間に関する制限を無期雇用の派遣労働者には適用しないという形で応え、後者との関係では、派遣労働者の雇用の安定を図るための措置および派遣労働者のキャリアアップ措置を拡充し、直接雇用、さらには正社員化の一助になる措置をいくつか用意するという形で応えています。

本稿では、後者に関わる2つの措置を取り上げます。

（1）特定有期雇用派遣労働者の雇用の安定を図るための措置の義務化

派遣法は、派遣元に有期契約で雇用された派遣労働者のうち、1年以上の期間継続して、同一の派遣先の事業所の組織単位の業務に従事する見込みがある派遣労働者を「特定有期雇用派遣労働者」と定義し、その者が、上述の個人単位の派遣期間の制限の上限まで就業する見込みがある場合は、派遣元において、一定の雇用安定措置を講ずるよう義務付けました（30条、派遣則25条の2以下）。

登録型の労働者派遣では、派遣契約が終了すれば、派遣労働者と派遣元間の雇用契約も終了します。したがって、登録型の有期雇用の派遣労働者は、派遣期間の上限に達したところで、派遣先での就業を失ったうえに、派遣元との雇用関係もなくなってしまいます。そこで、そのような派遣労働者の雇用の安定を図るため、派遣元に対し、一定の措置をとるよう義務付けたものです。

そして、その措置の中には、派遣元が、当該派遣労働者が就業していた派遣先に対し、当該派遣労働者への直接雇用の申込みをするよう求めることが含まれています。

むろん、採用の自由がありますから、かかる求めを受けた派遣先がそれに従って採用する義務を負うものではありませんが、この求めを契機に派遣先での直接雇用が実現することが期待されているのです。

いずれにせよ、派遣先としては、かかる求めの効果や直接雇用を申し込むこととした場合の契約条件に関する制限の有無等につき、理解しておく必要があります。これらの点を **2** のQ4で解説します。

（2）派遣先による募集情報の提供

派遣労働者のキャリアアップを図る方策の1つとして、派遣法は、派遣先が、1年以上継続して派遣されている派遣労働者がいる事業所において正社員を募集する場合には、その募集条件を一定の方法で当該派遣労働者に周知すべきことを義務付けました（40条の5第1項。なお、同条2項参照）。使用者は、募集情報を誰に提供するかの自由を有していますが、上記条項による募集情報の周知義務は、その例外をなすものと考えられます。

こうした措置によって、直ちに派遣先での直接雇用が実現するわけではありませんが、派遣労働者が派遣先の正社員の募集情報を入手することは、応募機会の増加など、ある程度の意味はあるでしょう。

上記条項が求める募集情報の周知とは、誰に対し、どういった情報を周知すべきなのか、また周知を怠った場合の効果などについて、**2** のQ5で説明します。

4. 10月法による労働契約申込みみなし制度は課題が山積

（1）労働契約申込みみなし制度の意義

派遣法40条の6第1項は、派遣先等が同項各号に規定される違法行為を行ったときは、その時点において、派遣労働者等に対し、当該派遣労働者と派遣元の間の労働条件で、労働契約の申込みをしたものとみなす旨定めています。10月法の根幹をなす部分です。

しかし、9月法の施行によって、労働契約申込みみなし制度の意義は大きく変容したと言えます。すなわち、9月法が、派遣期間の制限に関する考え方を改めたことによって、従前、派遣期間違反が主張される代表的事例であった、いわゆる専門26業務以外の業務に当たるかどうかが争点となるケースが生じなくなったことから、同条項による申込みみなし制度の対象となるのは、悪質性の高い違法行為に限られ（別言すれば、派遣先としてはある程度の注意を払えば、同制度の対象になることを回避できます）、相当程度限定されることになりました。したがって、今後、同条項によって労働契約の申込みをしたものとみなされるケースは、同条項5号の場合（いわゆる偽装請負等の場合）を除いては、さほど生じないのではないかと考えています。

同時に、同条項により申込みをしたものとみなされるということは、派遣先等が悪質性の高い違法行為をしたことを意味し、派遣労働者等が、自分に対してそのような違法行為を行った会社との労働契約を真に望むケースがどれだけあるのかも、十分には見通し得ないところがあります。

さらに言えば、後述のとおり、行政当局の解釈に従えば、同条によって労働契約が成立する場合であっても、申込みがみなされた時点における派遣労働者等と派遣元等との間の労働契約が有期であったならば、成立する労働契約の期間は、当該有期契約の残期間となるため、残期間の長さ次第では、派遣先等は、その期間に対応する賃金を支払って、当該労働者の就業は求めないという対応をすることもあり得ると予想されます（原則的には、使用者は、労務を受領する義務を負うものではないため）。

このようにみてくると、申込みみなし制度によって、どの程度の派遣労働者等が、実際に派遣先等で就労するようになるのか、率直に言って図りかねるところですが、ここではそうした就労が実現するケースを想定しつつ、申込みみなし制度に関わる諸論点を解説します。

（2）本稿で取り上げた労働契約申込みみなし制度に関わる諸論点

労働契約申込みみなし制度は、労働契約は、労使双方が合意してはじめて成立するという、労働契約法、ひいては民法の大原則を修正して、使用者の意思にかかわらず労働契約を成立させるという初の大胆な試みであるため、もちろん参考となる先例が存在しないうえ、派遣法40条の6以下の関係条文も、必ずしも十分かつ明解であるとは言えず、解釈上の疑義が山積していると言っても過言ではありません。

例えば、同制度によって成立する労働契約の期間はいつまでなのか、派遣先等との間に労働契約が成立するとすれば、派遣元等との間の雇用契約はどうなってしまうのか、派遣先等との労働契約が成立した場合、派遣先等の就業規則が自動的に適用されると考えてよいのか、派遣先等におけるいわゆる雇止め法理の適用に際し、派遣元等での雇用期間が通算される余地はないのかといった論点は、種々の考え方があり得るところです。これらの点につき、**3**のQ1ないしQ4で検討します。

また、労働契約申込みみなし制度が発動する1つの場合である、脱法目的で契約が締結された偽装請負（40条の6第1項5号）は、何をもって脱法目的と認定するのかの基準が明確ではなく、混乱も予想されます。この点を**3**のQ7で取り上げます。

さらに、労働組合からの交渉要求や行政指導への対応などに関しては、従来とは異なる

見方をする必要が出てくるかもしれません。これらの点を **3** のＱ５およびＱ６で検討しています。

5．その他の改正点

9月法の関連では、以上のほかにも、①派遣就業は「臨時的かつ一時的なものであることを原則とする」との考え方を明言したこと（派遣法25条）、②労働者派遣契約の契約事項に、紛争防止措置および派遣労働者を無期雇用派遣労働者または60歳以上の者に限定するか否かの別を追加したこと（同法26条１項10号、派遣則22条４号、５号）、③派遣元に対し、派遣労働者への段階的かつ体系的な教育訓練の実施を義務付けたこと（派遣法30条の２）、④派遣元に対し、派遣労働者の賃金決定等に際し均衡を考慮した待遇の確保のために配慮した事項についての説明義務を明示するとともに、派遣先が、派遣元からの求めに応じて所定の労働者の賃金水準等の情報提供をするよう配慮する（従前は努力義務）こと（同法30条の３、31条の２第２項、40条５項、派遣元指針第２の８（６））、⑤派遣元が派遣労働者に明示すべき就業条件に、派遣期間の制限違反があった場合には、労働契約申込みみなし制度の対象になることを追加したこと（同法34条３項）、⑥派遣先が、派遣元からの求めに応じて派遣労働者に対する所定の教育訓練を実施するよう配慮すること（同法40条２項、派遣先指針第２の９（３））等、種々の改正がなされましたが、本稿では、紙幅の都合上、それらに関する詳細な解説は割愛し、以下に筆者らが重要と考えるポイントのみ列記しておきます。

● 1　派遣労働契約事項の追加と派遣労働者の特定禁止との関係

上記②により、例えば、派遣先が、無期雇用派遣労働者のみを派遣するよう求めることは、派遣労働者を特定することを目的とする行為とはみなされないことになったと言ってよいでしょう。

● 2　教育訓練実施時の賃金

上記③は、原則として、日雇派遣労働者も含めて派遣元に雇用されているすべての派遣労働者が対象であり、有給・無償で実施されなければなりません（業取要領第７の３（３））。この場合の賃金水準については、法令上規制はありませんので、最低賃金を上回る額であれば差し支えないものと解されますが、特に、派遣就業中の派遣労働者を対象として実施する場合にはその日または週の派遣就業時間と合わせて法定労働時間（労基法32条１項、２項）を超えるならば、同法所定の割増賃金の支払いが必要となります。

● 3　就業条件明示書における新たな記載事項の問題点

上記⑤は、就業条件明示書に、派遣先が違法行為を行うことを前提とする記載をすることを意味し、派遣元としては抵抗感もあるでしょうが、法律に基づくものであり、行政指導において、その活用が求められているモデル就業条件明示書中にも記載があることから（派遣元指針第２の６、業取要領第７の10（４）、第15）、それに従う必要があります。

なお、業取要領において紹介されている就業条件明示の例では、「18　派遣先が派遣労

働者を雇用する場合の紛争防止措置」の記載がありますが（第7の10（4））、これは派遣元が有料職業紹介事業の許可を有していることを前提とする記載であることは当然です（たしかに、法文上は記載事項とされているようにも読めなくはないものの（派遣法34条1項2号、26条1項10号、派遣則22条4号）、紹介手数料の額は派遣労働者に明示する必要性がないうえ、派遣元の営業秘密にも関わる事項であることから、就業条件明示書に記載する内容としては不適切であると思われます）。

2 平成27年改正派遣法　実務Q＆A

特定労働者派遣事業の廃止

平成27年改正派遣法によって、労働者派遣事業は許可制になったと聞きました。当社では、現在、グループ内の特定労働者派遣事業を行っている会社から、施行日前に締結した労働者派遣契約に基づいて派遣労働者を受け入れていますが、この契約が終了するまでに、同社が労働者派遣事業の許可を取得できなかった場合には、現在の契約満了日以降は、同社から派遣労働者を受け入れることはできなくなるのでしょうか。

また、この会社が特定労働者派遣事業を止めると判断した場合、派遣先である当社が、当社に派遣されている派遣労働者に対して、一般労働者派遣事業の許可を有している派遣会社に転籍するように勧めることは可能でしょうか。

届出制の廃止については経過措置があり、平成30年9月29日までは、9月法施行時に届出をして特定労働者派遣事業を行っていた派遣元から派遣を受け入れることが可能です。なお、他の派遣会社に働きかけたうえで、直接、派遣労働者に対して、同社への転籍を勧めることは、派遣労働者の特定を目的とした行為になり得るうえ、無料職業紹介事業を行っているとの指摘を受ける可能性もあることから、控えるべきでしょう。

▶▶ 解　説

1　特定労働者派遣事業の廃止

改正前派遣法では、労働者派遣事業は、常用雇用労働者のみを派遣する特定労働者派遣事業と、常用雇用労働者以外の労働者をも派遣する一般労働者派遣事業とに区分され、特定労働者派遣事業については、一般労働者派遣事業のような許可は不要とされ、届出のみで足りることとなっていました。

しかし、特定労働者派遣事業は届出のみで足りるためか、派遣法違反が多く行政処分件数も多い等の指摘もあったこと等から、9月法により、届出制が廃止され、すべての労働者派遣事業が許可制になりました。

この改正については経過措置が設けられており、9月法施行時（平成27年9月30日）に、特定労働者派遣事業を行っていた事業主は、施行日から3年間（平成30年9月29日まで。ただし、同日までに許可の申請をした場合には、その申請について許可または不許可の処分があるまで）は、許可を取得していなくとも、特定労働者派遣事業を継続することができます（9月法附則6条1項）。

なお、かかる経過措置は、労働者派遣契約の締結日にかかわらず、特定労働者派遣事業

主から派遣労働者を受け入れることができる期限を定めたものです。そのため、仮に、特定労働者派遣事業主が許可を取得することを期待して、平成30年9月1日から同年11月30日までの労働者派遣契約を締結していても、同事業者が9月29日までに許可を取得できず、その後も許可申請をしていない場合には、労働者派遣契約の期間が満了していなくとも、同年9月30日以降は、派遣元は、派遣労働者を派遣してはならず、派遣先も派遣労働者を受け入れることはできません。

2 派遣元としての留意点

特定労働者派遣事業を営んでいる派遣元は、経過措置期間内に資産要件等を充足させて許可を取得して事業を継続するか否かを検討する必要があります。

小規模派遣元事業主については、暫定的な配慮として、許可基準の資産要件に関し、一定の軽減（①当分の間、1つの事業所のみを有し、常時雇用している派遣労働者が10人以下である中小企業事業主は、基準資産額1000万円、現預金額800万円、②施行後3年間に限り、1つの事業所のみを有し、常時雇用している派遣労働者が5人以下である中小企業事業主については、基準資産額500万円、現預金額400万円）がなされています。

なお、9月法の審議における附帯決議で、無許可で労働者派遣事業を行う事業主については、行政による刑事告発も視野に指導監督に万全を期すとともに企業名の公表を検討することが決議されました。今後は、行政指導がなされても従わない事業主については、刑事告発や企業名公表という制裁が課される可能性があることには留意すべきでしょう。

3 派遣先としての留意点

派遣先としては、施行日から3年を過ぎて、許可を取得できなかった特定労働者派遣事業主から労働者派遣を受け入れた場合には、労働契約申込みみなし制度の対象となり得ることには注意が必要です（派遣法40条の6第1項2号）。

また、特定労働者派遣事業主が許可を得られずに事業を廃止することとした場合に、同事業主から派遣されている派遣労働者の当該派遣先での就業を継続させるために、当該派遣先が間に立って、許可を得ている他の派遣元事業主に当該派遣労働者を雇用して当該派遣先に派遣するよう働きかけたうえで、直接当該派遣労働者に対して、当該派遣元事業主に転籍をするように勧めることは、派遣労働者を特定する行為に該当するとともに、無許可で無料職業紹介事業を行ったとみられ、関係する法律違反を構成すると指摘される可能性がありますので（派遣法26条6項、派遣先指針第2の3、職安法33条1項）、差し控えたほうがよいと考えます。

2 平成27年改正派遣法 実務Q&A

事業所単位の期間制限

改正法では、業務による派遣受入期間の制限の区別はなくなり、新しい期間制限の1つとして、派遣先の事業所ごとに派遣労働者の受入れの期間制限が導入されたと聞きました。
そこで、新たに導入された派遣先の事業所単位の期間制限に関して、そこにいう「事業所」の考え方、その期間を延長する場合の手続き、手続きを怠った場合の効果等を教えてください。

事業所単位の期間制限の「事業所」は、ほとんどが36協定締結の際の「事業所」と同様になるものと解されます。また、事業所単位の期間制限を延長するには、抵触日の1か月前までに、過半数労働組合等の意見を聴取する等の手続きが必要です。この延長手続きを怠り、期間制限に違反した場合には、労働契約申込みみなし制度の対象となります。

解　説

1 新たな期間制限の導入

9月法では、専門26業務による区分を撤廃し、①派遣先における常用代替防止のための制度として派遣先の事業所単位の期間制限（原則3年）とともに、②派遣労働者自身に派遣労働形態での就労を継続することの見直し（キャリアの見直し）の機会を与えるための制度として派遣労働者個人単位の期間制限（3年）という新しい期間制限が設けられました。

これらの期間制限は、派遣労働者が無期雇用労働者の場合および60歳以上の場合、並びに、改正前派遣法において期間制限の対象外とされていた有期プロジェクトの業務等に係る労働者派遣の場合は、適用されません（派遣法40条の2第1項、40条の3、派遣則32条の5）。

2 派遣先の事業所単位の期間制限（派遣法40条の2第1項）

派遣先の同一の事業所その他就業場所（以下総じて「事業所」といいます）ごとの業務について、平成27年9月30日以降に締結された労働者派遣契約に基づいて最初に有期雇用派遣労働者を受入れた日を起算点として、派遣可能期間の上限が3年になりました（同条第1項、第2項）。

ここでいう「事業所」については、労基法における「事業場」とほぼ同様に解されています（派遣先指針第2の14（1））。そのため、具体的には、ほとんどが36協定の締結単位である「事業場」と同様になるものと解されます。

3 事業所単位の期間制限の延長手続き

事業所単位の派遣可能期間を超える期間継続して労働者派遣を受けようとするときは、

当該期間制限に係る抵触日の1か月前の日までに、過半数労働組合（これがない場合は過半数代表者）の意見を聴取して、さらに3年延長することが可能となり、その後も同様の手続きによって、3年ずつ延長することが可能となります（同条3項、4項）。

意見聴取に際し、過半数労働組合等が異議を述べたときは、派遣先は、当初の3年の期間を経過することとなる日の前日までに、派遣可能期間を延長する理由、過半数労働組合等の意見への対応方針等を、当該過半数労働組合等に対し、説明しなければなりません（同条5項、派遣則33条の4第1項）。派遣先は、上記意見聴取および説明を実施するにあたっては、誠実に行わなければなりません（派遣法40条の2第6項）。

派遣先は、聴取した内容を記録に残すとともに、当該事業所の労働者に周知する必要があります（派遣則33条の4第2項、3項）。

なお、派遣先が、事業所における労働者の過半数の把握を誤り、過半数労働組合ではない組合に対して意見聴取をしていた場合のように、適正な延長手続きがなされなかったときは、派遣契約期間が残っていたとしても、抵触日以降は、当該事業所では、継続して有期雇用派遣労働者を受け入れることはできません。仮に、抵触日以降も、有期雇用派遣労働者を受け入れた場合には、期間制限違反となり、労働契約申込みみなし制度の対象となります（派遣法第40条の6第1項3号）。

また、派遣契約期間満了前に抵触日が到来することで、派遣契約を解除する場合は、派遣先は、当該派遣契約に係る有期雇用派遣労働者の新たな就業の機会の確保、派遣元が支払う当該派遣労働者に対する休業手当等に係る費用負担等を講じる必要があるでしょう（派遣法29条の2）。

4 事業所単位の期間制限に係るクーリング期間

事業所単位の業務に係る労働者派遣が終了した後、3か月を超える期間のクーリング期間が空いた後、再度、労働者派遣を受け入れる場合は、「継続して」いるとはみなされません（派遣先指針第2の14（3））。

もっとも、派遣先指針によれば、延長手続き回避を目的に、クーリング期間経過後に再度当該労働者派遣の役務の提供を受けるような場合は、派遣法40条の2第1項の趣旨に反するとされていることから（派遣先指針第2の14（5））、派遣可能期間を超えて労働者派遣を受ける可能性がある場合には、所定の延長手続きをしておくべきでしょう。

個人単位の期間制限

9月法では、同一の派遣労働者を、同一の組織単位ごとの業務に、3年を超えて受け入れることはできなくなったと聞きましたが、ここでいう「組織単位」の考え方について教えてください。また、3年の期間制限満了となった後は、一定の空白期間が空いても、再度、同一の派遣労働者を、同一の組織で受け入れることはできないのでしょうか。

「組織単位」としては「課」レベルが想定されています。また、3年の期間制限満了後であっても、3か月を超える期間空いた後に、派遣労働者の希望によって、再度、同一の組織単位の業務に当該派遣労働者を受け入れることは可能と考えます。

 解　説

1 「同一の組織単位」について

9月法は、新たな期間制限の1つとして、個人単位の期間制限を導入しました。これは、派遣先の事業所ごとに、同一の組織単位の業務に、同一の派遣労働者を、継続して受け入れることができる期間（派遣元事業主からみれば、派遣することができる期間）を3年に制限するものです（40条の3、35条の3。例外は、40条の2第1項各号に該当する場合）。

ここでいう「組織単位」については、「名称のいかんを問わず、業務の関連性に基づいて」派遣先が設定した「労働者の配置の区分であって、配置された労働者の業務の遂行を指揮命令する職務上の地位にある者が当該労働者の業務の配分及び労務管理に関して直接の権限を有するものとする。」と定義付けられています（派遣則21条の2）。

また、派遣先指針によれば、「課、グループ等の業務としての類似性や関連性がある組織であり、かつ、その組織の長が業務の配分や労務管理上の指揮監督権限を有するものであって、派遣先における組織の最小単位よりも一般に大きな単位を想定しており、名称にとらわれることなく実態により判断すべきものであること。」とされています（第2の14（2））。

かかる判断基準によれば、例えば、商品の注文を受注する課が、担当地域ごとに「受注1グループ」「受注2グループ」と分かれてはいるものの、業務内容にまったく差がなく、グループ長が時間外労働を命じる権限も有していないような場合には「組織単位」としては「グループ」の上位にある「課」になるものと解されます。これに対して、同じ「総務部」に所属するものの「人事課」と「総務課」のように業務内容が異なり、派遣労働者がそれぞれの課で異なるキャリアを積むことが想定でき、かつ、それぞれの課長が時間外命令等労務管理権限、人事評価権限等を有しているようなケースでは、「人事課」「総務課」という「課」を「組織単位」として捉えることも可能と考えます。

いずれにしても、何をもって組織単位として設定するかは、最も組織の実態を把握している派遣先の判断に委ねざるを得ないことからすれば、派遣先としては、派遣契約を締結する際には、上記派遣先指針等を踏まえて、派遣先における組織単位を設定すべきでしょう。

なお、個人単位の期間制限は、派遣労働者個人に着目した期間制限のため、派遣元が異なっていても、継続している限りは通算して把握されることには注意すべきでしょう。

2 異なる組織単位での派遣の受入れの際の留意点

個人単位の期間制限は、同一の組織単位の業務ごとの期間制限のため、同一の組織単位の業務について、派遣可能期間である3年間、同一の派遣労働者を受け入れた後、異な

る組織単位の業務に、さらに3年間、同一の派遣労働者を受け入れることは可能です。

もっとも、派遣先が組織を改編することもあれば、派遣労働者が、他の派遣元から同一の組織単位の業務について派遣されていた場合等もあり、派遣元が、同一の派遣労働者を「異なる組織単位の業務」に派遣することになるか否かを、適正に把握することは困難です。

そこで、派遣元が、新たに派遣労働者を派遣先に派遣するに際しては、当該派遣労働者に対して、予定している派遣就業に係る組織単位の業務に係る就業経験の有無、就業期間等を確認したうえで、必要に応じ、当該派遣労働者を派遣するに先立ち、派遣先に対して、当該派遣労働者が従前派遣就業していた組織単位の業務と異なるか否かの確認をすべきでしょう。

3 個人単位の期間制限と空白期間

派遣先が、同一の組織単位ごとの業務について、断続的に同一の派遣労働者を受け入れる場合に、直前に受け入れていた労働者派遣の終了と、新たな労働者派遣の開始との間の期間が3か月を超えた場合（3か月と1日空いた場合）は、「継続して」同一の派遣労働者に係る労働者派遣を受け入れているものとはみなされません（派遣先指針第2の14（4））。

もっとも、派遣元指針では、派遣元事業主が、当該派遣労働者が希望していないにもかかわらず、上記のような派遣をすることは、当該派遣労働者のキャリアアップの観点から望ましくないとしていることに注意すべきです（第2の8（7））。

なお、派遣可能期間満了後、クーリング期間の3か月と1日のみ、当該派遣労働者を派遣先が直接雇用し、その後、再度、派遣労働者として当該派遣労働者の派遣を受け入れることは、禁止されている離職後1年以内の労働者派遣の役務の提供の受入れに該当するため、認められません（派遣法35条の5、40条の9）。

派遣元による雇用安定措置

派遣元の雇用安定措置の1つに、派遣先に直接雇用されることを希望する派遣労働者については、派遣先に対して、当該派遣労働者を雇用するよう求めることが含まれたようですが、派遣元からかかる求めを受けた場合、派遣先としては、当該派遣労働者に対して、必ず直接雇用を申し込まなければならないのでしょうか。仮に、この求めに応じて、派遣先が当該派遣労働者に対して雇用契約を申し込む場合に、賃金等の労働条件については、制約はあるのでしょうか。

また、派遣元からの依頼に応じて派遣先が労働条件を提示したのに対して、当該派遣労働者が断った場合は、派遣元としては、すでに雇用安定措置を講じたことになるのでしょうか。

派遣元が、雇用安定措置として、派遣労働者に直接雇用の申込みをするよう派遣先に求めた場合、これに応じて直接雇用の申込みをするか否か、直接雇用の申込みをする際に、どのような条件を提示するかは、派遣先が任意に決定できます。また、派遣元からのかかる求めに応じて、派遣先が直接雇用を申し込んだにもかかわらず、派遣労働者がこれを断った場合であっても、派遣元は、他の雇用安定措置を講じる必要があります。

解説

1 派遣元の雇用安定措置

9月法は、有期雇用派遣労働者については、キャリアの見直しの機会として個人単位の期間制限を導入するとともに、有期雇用派遣労働者の雇用の安定を図るために、派遣元に対して、次のような雇用安定措置を講じることを求めています。

(1) 同一の組織単位の業務に継続して3年間従事する見込みの有期雇用派遣労働者に対する措置義務

派遣元は、(i) 同一の組織単位の業務に3年間従事する見込みの有期雇用派遣労働者であって、派遣期間終了後も引き続き就業することを希望する者に対しては、①派遣先への直接雇用の依頼、②新たな派遣先の提供(ただし、合理的なものに限る)、③派遣元における無期雇用(ただし、派遣労働者以外に限る)、④一定の教育訓練等その他の雇用の継続を図るための措置、のうちいずれかを講じることを義務付けています(派遣法30条2項、1項、派遣則25条1項)。

このうち、派遣労働者が①の措置を講じることを希望する場合には、派遣元は、まず、①の措置を講じて直接雇用の実現に努めることが求められていますが(派遣元指針第2の8(2)ハ)、仮に①を講じた場合でも、派遣先の直接雇用に至らなかった場合には、派遣労働者の希望を踏まえて、②ないし④の措置を講じる必要があります(派遣則25条の2第2項)。

なお、④の措置としては、ア)有給無償で行われる教育訓練、イ)当該派遣労働者を紹介予定派遣の対象として派遣すること、ウ)その他当該派遣労働者の雇用の継続が図られると認められる措置が該当します(派遣則25条の5、25条の4)。

(2) 同一の組織単位の業務に継続して1年間従事する見込みの有期雇用派遣労働者等に対する努力義務

派遣元は、(ii) 同一の組織単位の業務に継続して1年以上従事する見込みの有期雇用派遣労働者で、派遣期間終了後も引き続き就業することを希望する者((i)に該当する者を除く)、および(iii) 当該派遣元事業主に雇用された期間が、通算して1年以上である有期雇用派遣労働者(いわゆる「登録状態」にある雇用しようとする者を含む)に対しては、上記(1)の措置を講じるよう努める義務があります(派遣法30条1項、派遣則25条3項、4項。ただし、(iii)に該当する者については、(1)の①は、その対象ではありません。)。

なお、上記派遣法30条1項および2項いずれの場合も、派遣元は、対象となり得る派遣

労働者が、労働者派遣期間満了後も、引き続き就業することを希望するか否かについて、派遣期間満了日の前日までに、派遣労働者に対して、希望を聴取する必要があります。

2 派遣先の直接雇用の申込み

派遣元の雇用安定措置の一環として、派遣元が、派遣先に対して、当該派遣労働者に対する直接雇用の申込みをするように求めたとしても、Q5で述べるように派遣先が新たに労働者の雇入れを予定している場合等は別として、かかる派遣元の求めに応じて、当該派遣労働者に直接雇用の申込みをするか否かは、派遣先が任意に決定できます。

また、派遣先が、かかる派遣元の求めに応じて、当該派遣労働者に直接雇用の申込みをする場合であっても、当該派遣労働者に対して、どのような労働条件を提示するかについては、派遣先が任意に決めることができます。

もっとも、9月法が審議された際に参議院厚生労働委員会で付された附帯決議では、雇用安定措置としてなされた派遣先への直接雇用の依頼については、直接雇用の依頼を受けた件数に対して派遣先が直接雇用をした人数が著しく少ない場合については、派遣先に対してその理由を聴取し直接雇用化の推進に向けた助言・指導を行うこととされています。

そのため、派遣元から直接雇用の依頼を受けた派遣先としては、当該派遣労働者に対して、直接雇用を申し込む際には、合理的な労働条件を提示すべきことはもとより、依頼を受けながら直接雇用に至らなかった場合には、その理由等を記録しておくことが望ましいものと考えます。

直接雇用の推進

9月法では、新たに、派遣先が労働者を募集する際、その募集条件等を派遣労働者に周知させる義務が導入されたと聞きました。この場合の「労働者の募集」には、新卒採用やパート・嘱託等の募集も含まれるのでしょうか。

派遣先は、1年以上同一の派遣労働者の派遣を受けている事業所において正社員を募集する際には、当該派遣労働者に対して、募集条件を周知する必要があります。また、同一の組織単位の業務に継続して3年間従事する見込みの派遣労働者がいる事業所で、パート・嘱託等を含め、労働者の募集を行う場合には、当該派遣労働者に対して募集条件を周知する必要があります。

▶▶ 解　説

1 派遣先による直接雇用推進のための施策

9月法では、改正前派遣法において規定されていた雇入れ努力義務と同様の規定を設けるとともに（派遣法40条の4）、派遣先が、新たに労働者を募集する際には、募集条件等を派遣労働者に周知することを義務付ける規

定等を設け、派遣先による直接雇用の推進を図っています。それぞれの具体的な要件等は、次項以下のとおりです。

なお、派遣先が、これらの義務を履行しない場合には、労働局長等の指導および助言の対象となり得ますが（派遣法48条1項）、企業名の公表に関する規定は設けられていません。

2 正社員募集時の募集事項周知義務

以下の要件を満たす場合、派遣先には、正社員の募集に係る事項を周知する義務が生じます（派遣法40条の5第1項）。

【要件】
① 同一の事業所において、1年以上の期間継続して同一の派遣労働者を受け入れていること（なお、ここでは事業所単位でみるので、事業所が同じであれば、組織単位が変わっていても、1年以上継続して派遣就業している派遣労働者は含まれます。また、ここでいう「派遣労働者」には、限定がなく、無期雇用派遣労働者、60歳以上の高齢者等も含まれます）。
② 当該事業所で働く通常の労働者（正社員）の募集を行うこと（なお、新卒採用等のように、当該派遣労働者に応募資格がないことが明白である場合は周知する必要はないと解されています）。

【効果】
派遣先は、当該事業所において【要件】①に係る派遣労働者に対して、募集する正社員が従事する業務、賃金、労働時間その他の募集に係る事項を、事業所に掲示する等により、周知する義務を負います。

【経過措置】
派遣法40条の5第1項には、経過措置が設けられていません。そのため、9月法施行時点で、すでに1年以上継続して派遣されている派遣労働者がいる事業所で、正社員募集を行う際には、同条項の周知義務が生じることには留意すべきでしょう。

3 労働者募集時の募集事項周知義務

以下の要件を満たす場合、派遣先には、労働者の募集に係る事項を周知する義務が生じます（派遣法40条の5第2項）。

【要件】
① 同一の組織単位の業務について継続して1年以上、派遣労働に従事する見込みがあり、その後も引き続き就業することを希望している者（以下「特定有期雇用派遣労働者」といいます）が、同一の事業所の同一の組織単位の業務に、継続して3年間、派遣労働に従事する見込みがあること。
② 当該事業所で働く労働者の募集を行うこと（なお、ここでいう「労働者の募集」には、パート、アルバイト、嘱託等、非正規雇用の労働者の募集も含まれます。また、①の派遣労働者が就業しているのと同一の組織単位の業務において募集する場合にとどまるものではなく、その事業所において募集する場合です）。
③ ①の当該派遣労働者が、継続して就業することを希望していること。
④ ③の希望が、①の当該派遣労働者に係る派遣元の雇用安定措置（派遣法30条1項1号）として、派遣元から派遣先に対する直接雇用の求めとしてなされたこと。
⑤ ①の当該派遣労働者が、無期雇用派遣労

働者、60歳以上の高齢者および有期プロジェクト業務に従事する派遣労働者等、派遣可能期間制限の適用対象外ではないこと。

【効果】

派遣先は、【要件】①に係る派遣労働者に対して、募集する労働者が従事する業務、賃金、労働時間その他の募集に係る事項を周知する義務が生じます。

【経過措置】

派遣法40条の5第2項には、経過措置が設けられており、施行日以後に締結される労働者派遣契約に基づいて行われる労働者派遣および当該労働者派遣に係る派遣労働者について適用されることとなっています（改正派遣法施行令7条第1項）。

4 本問の検討

以上のとおり、上記3の募集事項周知義務については、正社員のみならず、パート・嘱託等の募集をする場合も含まれますが、上記2の募集事項周知義務については、正社員を募集する場合に限られます。

新卒採用については、職歴がないことが募集条件となっており、すでに就労しており職歴がある派遣労働者は、募集対象ではないことが明白ですから、かかる場合には、募集事項周知義務の対象とする必要はないと解されているようです（業取要領第8の9（3）ロ（ハ））。

3 労働契約申込みみなし制度 実務Q&A

労働契約申込みみなし制度によって成立する労働契約の期間

労働契約申込みみなし制度によって成立する派遣先と派遣労働者との間の労働契約の期間は、いつからいつまでになるのでしょうか。

また、派遣先と派遣元間の取引契約も、派遣元と派遣労働者間の派遣労働契約も、いずれも期間満了によって終了している場合であっても、申込みがあったとみなされた時から1年が過ぎる前に、派遣労働者であった者が派遣先に対して承諾をした時には、派遣先との間に労働契約が成立することになるのでしょうか。

労働契約申込みみなし制度によって成立する派遣の役務の提供を受ける者と派遣労働者との間の労働契約の期間は、従前の労働契約の終期が到来する前に、派遣労働者が承諾をした場合には、承諾時から従前の労働契約の終期まで（残期間）となり、派遣労働者が承諾をした時点で、従前の労働契約の終期が過ぎている場合には、有効な労働契約は成立しないというのが、行政当局の見解のようです。

▶▶ 解　説

1 労働契約申込みみなし制度によって申込みを行ったとされる労働契約の期間

労働契約申込みみなし制度では、派遣先等は、派遣労働者等の従前の労働契約と「同一の労働条件」で申込みをしたとみなされます（派遣法40条の6第1項）。そのため、従前の労働契約が無期であれば無期の、有期であれば有期の労働契約の申込みをしたものとみなされることになります（☞図1～3参照）。

ここで問題となるのは、派遣元との間の労働契約が有期であった場合における、本条項を媒介に派遣先との間で成立する労働契約の期間です。

通常、「申込み」と「承諾」によって契約が成立する場合は、当該承諾によって契約が成立して以降、その効力を発するものであり、契約の期間はその効力発生時から開始することになりますが、本条項では、従前の労働契約と「同一の労働条件」で申し込んだものとみなされますので、行政当局は、「労働契約の期間に関する事項（始期、終期、期間）は、みなし制度により申し込んだとみなされる労働契約に含まれる内容がそのまま適用されるものであること」として、始期と終期が定められている場合はその始期と終期となるとの解釈を示しています（13号通達）。

そこで、上記の行政当局の考え方を前提とすると、以下のようになります。

例えば、派遣先と派遣元との間で平成27年11月1日から12月31日までの派遣契約があ

り、この契約期間と同じ期間の派遣労働契約が派遣元と派遣労働者の間で締結されていたところ、11月1日から10日まで、派遣先が派遣労働者を禁止業務に従事させたことにより、労働契約の申込みをしたものとみなされる（同条1項1号参照）という例を想定してみます。

この場合、従前の労働契約と同一の始期と終期である11月1日から12月31日までを期間とする労働契約を申し込んだことになります。そこで、当該派遣労働者が11月11日にその就業前に承諾の意思を表示したとすると、11月1日から12月31日までの労働契約が成立するのですが、承諾をする日より前（11月1日から10日）の期間については、遡って労務の提供をすることは事実上不可能なため、結果的に、承諾をした11月11日から12月31日までが有効な労働契約の期間になるとの結論になります（図1参照）。

2 従前の労働契約の期間が終了している場合

この考え方を推し進めれば、上記の例で、平成28年1月15日になって、当該派遣労働者が、「平成27年11月10日の特定違法行為による申込み」に対して承諾の意思を表示したとしても、有効な労働契約は成立しません。たしかに、派遣先は平成27年11月1日から12月31日までを期間とする労働契約を申込み、これに対する承諾で合意は成立します。しかし、全部の期間が過ぎており、労務の提供ができませんので、結果的に有効な労働契約は成立しないことになるのです（図2参照）。

なお、このような場合でも、派遣労働者側から、上記労働契約が更新されたものとして平成28年1月15日から同年2月末日までの契約があるとの主張がなされトラブルになる可能性は否定できないところです。この点については、Q4で詳述します。

図1●有期派遣労働契約の期間内に承諾した場合

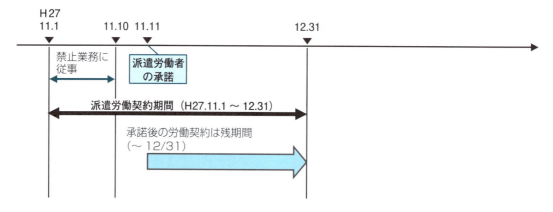

図2 ● 有期派遣労働契約の期間満了後に承諾した場合

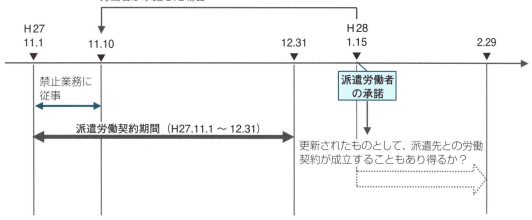

図3 ● 無期派遣労働契約の場合

派遣元との間の雇用契約の帰趨

当社は、無期雇用している労働者を派遣している派遣元会社です。仮に、当社の派遣労働者が、派遣先において禁止業務に従事したとして、派遣先に対して、承諾の意思表示をし、派遣先との間の労働契約の存在を主張した場合、当該派遣労働者と当社との労働契約関係は、どうなるのでしょうか。

派遣労働者等が、労働契約申込みみなし制度に基づいて、派遣先等に対して承諾の意思表示をしたとしても、直ちに、派遣元等との間の労働契約が終了することになるものではありません。ただし、派遣元等との間の労働契約の残期間については、派遣元等に対して労務の提供をすることができないことからすれば、解雇をすることが可能な場合もあるでしょう。

解　説

1 従前の労働契約の帰趨

労働契約申込みみなし制度を定める派遣法40条の6には、承諾後労働契約が成立したときに、当該派遣労働者と派遣元等との間の労働契約がどうなるかにつき、定めがありません。

1つの考え方としては、労働契約申込みみなし制度によって、従前の労働契約と同一の労働契約関係が派遣先等と派遣労働者等との間に生じ、あたかも雇用主としての地位が派遣元等から派遣先等に譲渡されるかのような構造（13号通達でも、労働条件の内容の「承継」という語を用いています）であることから、承諾後労働契約成立と同時に派遣元等と当該派遣労働者等の労働契約は消滅すると解しています。

しかし、本制度は、派遣先等が新たに「申込み」をしたものとみなす制度であって、法的には派遣元等の地位を承継するものではないこと、同内容の債権契約を複数の者との間に締結することは可能であること等からすれば、承諾後労働契約が成立したことをもって、派遣元等との間の労働契約が消滅すると解することには無理があるように思われます。

2 派遣元等としての対応

そうすると、派遣元等と派遣労働者等の間の労働契約はなお存続していますが、承諾後労働契約が成立した後は、派遣労働者等は、派遣先等に対して労務の提供をする以上、派遣元等に対して労務の提供をすることはできません。

したがって、派遣労働者等が自ら退職の意思を表示しないときは、派遣元等において退職を勧めることになるでしょう。

もし、派遣労働者等がこの勧めに応じないのであれば、解雇せざるを得ないことになりますが、派遣元等に対しては事実上労務の提供ができないことが明らかであることからすれば、この解雇は、有効であるということができるでしょう。こうした事態に備えて、派

遣元等の就業規則において、労働契約申込みみなし制度を通じて派遣先等との間に労働契約が成立した場合を、派遣労働者の解雇事由の１つとして掲げておくことも考えられます（☞就業規則規定例（134頁）参照）。もっとも、解雇予告制度については、除外認定を得ない限り、その適用を免れることはできません（労基法20条1項ただし書き後段による認定対象の１つである、「他の事業場に転職した場合」に当たるとみられることに照らせば（昭23.11.11 基発1637号）、除外認定は発せられるべきものと考えます）。

では、同様の規定を、就業規則の「退職事由」として定めておくことは可能でしょうか。派遣労働者等の通常の意思を解釈すれば、承諾後労働契約を成立させることを希望した以上は、派遣元等に対して労務の提供をする意思はなく退職する意思であるとみるのが自然であり、就業規則にかかる規定を定めたとしても、直ちにその効力が否定されることにはならないのではないかと考えています。

3 従前の派遣契約の帰趨

ところで、例えば、派遣労働者が、派遣契約期間の途中で、承諾後労働契約を成立させた場合に、その承諾時点以降の派遣契約は、どうなるのでしょうか。

この点については、派遣元は、他の派遣労働者を派遣する義務を負うという考え方と、派遣元が派遣先に対して派遣する労働者を特定して通知（派遣法35条１項）をした時点以降は、当該派遣労働者を派遣する義務を負うにとどまるから、他の派遣労働者を派遣する義務は負わないとの考え方とがあり得ます。

これらの点について、どのように考えるべきかは、今後の労働者派遣の在り方等によっても変わり得るものと考えますが、９月法では、派遣労働者個人単位の期間制限が設けられること（40条の３）に加え、適正な派遣就業の確保の観点から、派遣元からの求めに応じて、派遣先の派遣労働者に対する教育訓練実施の配慮義務（40条２項）等、当該派遣契約期間内は、同一の派遣労働者が派遣されることを想定した規定が設けられたこと等に鑑みれば、後者の見解が成り立つ余地も生じてきているように思われます。

いずれにせよ、派遣先との間で、かかる事態が生じたときには、労働者派遣契約を終了させる旨の約定を取り交わしておくなどの対策を検討すべきでしょう。

承諾後労働契約と派遣先等の就業規則の適用等

派遣先等の就業規則で定められる労働条件は、承諾後労働契約の内容を構成することになるのでしょうか。例えば、派遣労働者の派遣元での労働契約の内容が職務限定で、転勤不可等の条件であった場合、これを派遣先の就業規則を適用して、職務限定をなくし、転勤可能とすることはできるのでしょうか。

承諾後労働契約に、派遣先等の就業規則が適用されるか否かは、同規則の適用範囲の定め方によります。また、従前の労働契約で職務限定、転勤不可の条件であった場合には、これを変更するには、承諾労働者本人の同意が必要であると考えます。

> 解　説

1 申込みの内容となる労働条件

　労働契約申込みみなし制度によって申し込まれたものとみなされる労働契約の労働条件は、従前の労働契約における労働条件ですが（派遣法40条の6第1項）、13号通達では、その中には「就業規則等について定める労働条件も含まれる」とされています。そのため、当該派遣労働者等に適用されていた派遣元等の就業規則で定める労働条件についても、申し込まれた労働契約の労働条件に含まれることになります。

　労組法16条や17条によって派遣労働者等の労働条件となっていた事項についても、同条項で労働契約の申込みをしたとみなされる時点における「労働条件」なのであるから、承諾後労働契約の労働条件になるという考え方もあり得ます。しかし、13号通達では、「労働契約上の労働条件でない事項については維持されるものではないこと」とされているところ、労組法に関する多数説では、同法16条や17条の適用を受けて労働者の労働条件となる＝労働契約の内容になる、とは解されておらず、それらの労働条件は、同通達の上記引用部分にいう「労働契約上の労働条件」には該当しないと考える余地もあるように思います。

　なお、13号通達によれば、労働条件が派遣元に固有の内容である場合等、使用者が変わった場合に承継されることが社会通念上相当でない場合には、申込みの内容に含まれないことになります（社宅や寮の提供など）。これに関連して、秘密保持や個人情報保護に関する誓約書などは、自動的に派遣先等に対する誓約内容を構成するものではないとみられますし、身元保証契約も派遣先等が改めて身元保証人と契約する必要があることに注意が必要です（☞派遣労働者受入れフロー（133頁）参照）。

2 派遣先等の就業規則の適用の有無

　ところで、承諾労働者にも派遣先等の就業規則は適用されるのでしょうか。

　この点については、就業規則の内容が労働契約の内容となり得ることを定めた労働契約法7条は、合意原則に基づいて、労働者および使用者が労働契約を締結する場面において適用されるところ、労働契約申込みみなし制度のように、あくまで派遣法という「法律の定め＝国家の意思」により実質的に労働契約の成立が擬制される場面では、同条が適用される余地は到底考えられないとして、その適用を否定する見解もあります。

　他方、労働契約申込みみなし制度は、派遣先等と派遣労働者等の間に当初から労働契約関係があることを擬制するのではなく、派遣先等が労働契約の「申込み」の意思表示をしたとみなし、それに対する派遣労働者等の「承諾」によって、労働契約に係る合意が成立することからすれば、労働契約法7条により、抽象的には派遣先等の就業規則の適用があるものと考える立場もあります。

　もっとも、通常、就業規則では、「この規則は、期限の定めなく雇用された○○社員に適用する」等として、当該就業規則の適用範囲を限定しています。そのため、具体的な就業規則の適用の有無は、派遣先等の就業規則の適用範囲の定め方によることになるでしょう。

　したがって、上記のように見解が分かれることも踏まえれば、もし、派遣先等の就業規

則の適用対象が承諾労働者を排除していないとみられるときには、派遣先等としては、同規則において、「この規則は、第○章の手続きにより採用された者に適用する」と定めるなどして、承諾労働者に当該就業規則が適用されるのを回避するのか、承諾労働者用の就業規則を策定して、服務規律や懲戒に関する規定など、同人らに適用したいと考える条項を列挙するのか、特段の対策はとらずに、派遣先等の就業規則の適用を認めるのかを決めておく必要があります（☞就業規則規定例（134頁）参照）。

3 派遣先等の就業規則が承諾労働者に適用される場合の留意点

派遣先等の就業規則の適用があるという立場に立つときは、承諾後労働契約の内容との相違をチェックする必要があります（☞派遣労働者受入れフロー（133頁）参照）。

もし、両者間に相違があり、就業規則で定める労働条件のほうが有利である場合は、最低基準効（労働契約法12条）により、就業規則の条件が適用されます。逆に、労働契約申込みみなし制度によって成立した労働契約のほうが労働者に有利である場合は、そちらが優先します。したがって、例えば、派遣労働者の派遣元での労働契約の内容が職務限定で、転勤不可等の条件であった場合、派遣先の就業規則で配置転換対象とされているとしても、承諾労働者の同意がない限り、当該就業規則の条項に基づいた異動を命ずることはできません。

労働契約申込みみなし制度により成立した労働契約と労働契約法18条および19条の関係

派遣元等で有期の派遣労働者等であった者が承諾労働者となった場合に、派遣元等との間での平成25年4月1日以降の労働契約期間と派遣先等での労働契約期間を通算して5年を超えることとなるときは、労働契約法18条により、派遣先等との間で無期の労働契約に転換されると主張することも認められるのでしょうか。

また、派遣元等との間ではすでに同法19条が適用される地位にあったとして、派遣先等が行った雇止めについて、同条により雇止めの効力を争うことはできるのでしょうか。

労働契約法18条の「通算期間」については、派遣元等における契約期間と派遣先等における契約期間は、原則として通算されず、両期間を通算して5年を超えることとなったとしても、無期転換申込権は認められません。

また、派遣元等において同法19条各号に該当する地位にあったとしても、直ちに、その関係が承継されるものではないでしょう。もっとも、派遣先等が雇止めをする際には、そのような事情も考慮される可能性があることには留意すべきでしょう。

解　説

1 労働契約申込みみなし制度によって成立する労働契約と労働契約法18条

　労働契約申込みみなし制度では、派遣元等との従前の労働契約が有期契約の場合には、承諾後労働契約も有期になることは、**3**のQ1で述べたとおりです。

　ところで、労働契約法18条が定める無期転換権の発生要件である、2つ以上の有期労働契約を通算して5年を超えることとなる場合に当たるかどうかを判定するに際しては、承諾後労働契約の期間と、当該派遣労働者等の派遣元等における契約期間が通算されることになるのかが問題となります。

　この点について、13号通達は、労働契約法18条に規定する通算契約期間は、「同一の使用者」について算定するものであるため、上記両期間は通算されないとする解釈を示しています。

　かかる解釈を前提とすれば、派遣元等との間での平成25年4月1日以降の労働契約期間と派遣先等との間の労働契約期間を通算して5年を超えることになったとしても、無期転換申込権は認められないものと解されます。

　仮に、派遣元等での労働契約期間が通算して5年を超える有期派遣労働者が、派遣元等に対して無期転換申込権を行使した後に承諾労働者となった場合は、特定違法行為が行われた時点の派遣元等と当該派遣労働者等との契約は、すでに有期労働契約満了後に無期に転換する労働契約となっているため、承諾後の労働契約も、同様に、有期労働契約期間満了日の翌日から無期となる労働契約が成立するものと解されます。

2 承諾後労働契約の雇止めの効力と労働契約法19条

　承諾後労働契約が有期契約であるならば、その雇止めの有効性は、労働契約法19条に基づいて個別具体的に判断されることになります（13号通達）。

　ここで問題となるのは、派遣元等における更新手続きが厳格なものではなかったとか、派遣元責任者が反復更新を期待させる言動をしていたといった事情がある場合、それらの事情は、承諾後労働契約との関係でも、派遣先等に承継されるのかという点です。

　この点については、それらの事情は過去の事情であって、従前の労働契約の労働条件ではないこと、労働契約申込みみなし制度は、派遣元等から使用者の地位を承継する制度ではないこと等からすれば、基本的には、かかる事情は承継されないものと解されます。そのため、仮に、派遣元等との間では、労働契約法19条1号または2号に当たる事情があるとしても、承諾後労働契約の雇止め時に、直ちに、同様の事情があると主張することはできないでしょう。

　もっとも、継続して就労することを派遣労働者等に期待させる派遣先等自身の言動は、承諾後労働契約の雇止めの場面でも考慮の対象となる可能性があり、派遣先等としては、派遣就業中から意を用いておく必要があります。もし、承諾後労働契約の更新を企図していないのであれば、その成立時に労働条件明示書を交付するなどし（筆者は、承諾後労働契約の成立は労基法15条の「労働契約の締結」には該当しないことから、労働条件明示書の交付が同条に基づき義務付けられるとは考えていませんが、紛争を防止するためにあえて

交付するという意味です)、そこに「更新はない」旨を付記しておくことも考えられます(☞派遣労働者受入れフロー(134頁)参照)。

3 国会における附帯決議との関係

9月法の審議の際に、参議院厚生労働委員会において、有期の労働契約が成立した後の更新に関し、「みなし制度の趣旨が違法派遣と知りながら派遣労働者を受け入れている派遣先への制裁及び派遣労働者の保護にあることに鑑み」、派遣先は、契約の更新については「派遣元事業主と締結されていた労働契約の状況等を考慮し真摯に検討すべきである旨を周知すること」とする附帯決議がなされました。

かかる附帯決議は裁判所を拘束するものではないものの、考慮要素の1つにされる可能性も否定できないことから、裁判例の動向を注視しておく必要があります。

労働契約申込みみなし制度と団交応諾義務の範囲

　従前は、派遣労働者が加入している労働組合が、派遣先に対し、派遣先との間で労働契約が成立していることを前提に、賃金等に関する事項を議題として団体交渉を申し入れてきたような場合であっても、派遣先は、直ちに団体交渉に応じる義務は負わないと解されていると聞いていましたが、労働契約申込みみなし制度が施行された後でも、このような対応で問題はないのでしょうか。
　ところで、今後は、派遣先の事業所の過半数労働組合が、派遣の受入期間の延長に関し意見を述べることができるようになったようですが、そのような組合が、3年近く継続して就労している派遣労働者を組合員化したうえで、「とてもいい人なので、直接雇用に切り替えてほしい」として団交を申し入れてきたような場合でも、派遣を継続するかどうかの意見さえ聞いておけば、「採用」の問題なので、団交自体は拒否しても差し支えないのでしょうか。

　派遣労働者が加入する労働組合が、労働契約申込みみなし制度に基づいて、派遣先等と当該派遣労働者との間に労働契約関係があることを前提に、承諾後労働契約に係る労働条件について団体交渉を求めてきた場合には、派遣先等は団体交渉に応じる義務があるものと解されます。
　他方、労働組合が同制度によらずに、派遣先等に対して、派遣労働者の雇入れを求めて団体交渉の申入れをしてきた場合には、採用に関する事項は義務的団交事項ではないことから、団交を拒否しても、直ちに不当労働行為になるものではないと解されます。

> 解　説

1 派遣先の団体交渉応諾義務

　労働者派遣関係では、派遣労働者と労働契約を締結しているのは派遣元であり、派遣先は、派遣労働者に対して指揮命令をする者として、労基法、安衛法等に係る一定の事項について使用者とみなされて（派遣法44条ないし47条の2）、一定の責任を負うことはあっても、派遣労働者の雇用主になることはありません。

　そのため、改正前派遣法下では、例外的に労働者派遣が原則的枠組みを越えて遂行され、「派遣先事業主が派遣労働者の基本的労働条件を現実的かつ具体的に支配・決定している場合」、および、派遣先事業主が同法44条ないし47条の2の規定により使用者とみなされる事項に関して団体交渉の申入れを受けた場合以外は、基本的には派遣先の労組法上の使用者性は否定され、派遣労働者の賃金等に関しては、団体交渉応諾義務を負うものではないと解されてきました（国・中労委（阪急交通社）事件、東京地裁平成25年12月5日判決、労判1091号14頁。詳細は、渡邊岳『労働者派遣をめぐる裁判例50』（労働調査会、2014）第7章参照）。

　しかし、労働契約申込みみなし制度による申込みを受けた派遣労働者等が、それを承諾したときは、当該派遣先等は雇用主になりますので、その時点以降、賃金等の労働条件に関する団交応諾義務を負うことになるのは当然です。したがって、正当な理由なくかかる団交を拒否すれば、不当労働行為となります（労組法7条2号）。

　問題は、派遣先等として、特定違法行為の存在自体を否認しており、労働契約申込制度による申込みは存在しないと認識している場合や、特定違法行為の後、いまだ派遣労働者等が承諾していない段階で、承諾後労働契約の条件につき団交が申し入れられたような場合です。筆者らは、それらの場合も、少なくとも「近い将来において雇用関係の成立する可能性が現実的かつ具体的に存する」と認められ、団交応諾義務が認定される可能性があると考えています。

2 採用の自由と義務的団交事項

　これに対し、例えば、9月法の30条1項、2項に基づく派遣元からの直接雇用の依頼を拒否した派遣先に対し、当該派遣労働者が所属する労働組合から、（労働契約申込みみなし制度によることなく）直接雇用を求めて団体交渉の申入れがなされたような場合はどうなるでしょうか。

　筆者らは、派遣労働者を直接雇用するか否かは、あくまでも派遣先の採用の自由の範囲内であり、義務的団交事項である「労働者の基本的な労働条件等」には含まれないものと解されることから、派遣先は、団交応諾義務を負うものではないと考えます。改正前派遣法40条の4の派遣先の直接雇用申込み義務があることを前提に、雇用に関する事項を議題として申し入れられた団体交渉を拒否した派遣先の対応の不当労働行為性が争われた事件において、派遣先の採用の自由を強調して、団交応諾義務を否定した裁判例が参考となります（兵庫県・兵庫県労委（川崎重工業）事件、神戸地裁平成25年5月14日判決、労判1076号5頁）。

　そのため、ご質問の事案でも、事業所単位

の派遣可能期間の延長については、派遣法40条の2第4項から6項に従い、過半数労働組合から、意見を聴取し、説明を尽くす必要がありますが、直接雇用の問題に関しては、団体交渉に応ずる義務を負うものではないと考えます。

労働契約申込みみなし制度に関わる行政指導等

 派遣労働者等から、労働契約申込みみなし制度に基づく承諾をするとの通知を受けたのですが、当社は、特定違法行為に当たるものはなかったと考えています。このままでは、当該派遣労働者等との間で訴訟になるかもしれないのですが、それとは別に行政指導等を受けることはあるのでしょうか。もし、その行政指導等に従わなかった場合、何か制裁はあるのでしょうか。また、その行政指導等を争う方法はありますか。

 労働局による派遣法40条の8に基づく助言、指導または勧告がなされ、勧告に従わないときは、公表の対象とされる可能性があります。行政手続法に基づいて、これらの中止を求めることはできませんが、理論上は、国家賠償請求の対象にはなり得ると解されます。

 解 説

1 労働契約申込みみなし制度に関する行政的救済と制裁措置

労働契約申込みみなし制度を定める派遣法40条の6は、民事的効力を有しています。そのため、派遣先等が、承諾後労働契約の成立を否定し、派遣労働者等の就労を認めない場合には、当該派遣労働者等は、司法による救済を求めることができます。

同時に、同法は、行政による履行確保措置も規定しており、厚生労働大臣は、①派遣先または派遣労働者からの求めに応じ、派遣先の行為が特定違法行為に該当するか否かについて必要な助言をすることができ、②申込みをしたとみなされた労働契約に係る派遣労働者が承諾をした場合に、派遣先が、当該派遣労働者を就労させない場合には、派遣先に対して、就労に関し、必要な助言、指導または勧告をすることができ、③②により就労させるべき旨の勧告を受けた派遣先が、これに従わなかったときは、その旨を公表することができることとされています（40条の8。このほかに、同法48条1項に基づく指導および助言もあり得ます。期間制限違反に関して同項に基づく指導・助言を受けた場合に、これに従わず必要な措置をとるように勧告を受け（同法49条の2第1項）、さらに勧告にも従わない場合は、原則1か月以内に公表することとされています（同法49条の2第2項、業取要領第8の7））。

このうち、①の助言は、派遣先等の行為が特定違法行為に該当するか否かについての助言であって、派遣先の主観（善意無過失か否か）についての判断を踏まえた助言ではあり

ません。そのため、特定違法行為に該当することを前提とした助言がなされたとしても、それだけで「みなし申込み」をしたと判断されるものではありませんが、かかる助言を受けながら、引き続き同様の形態で役務の提供を受けた場合には、善意無過失の抗弁を主張することは事実上できなくなるとみられます。

②の「必要な助言、指導又は勧告」は、選択的に規定されていますから、必ずしも、勧告に先立って助言、指導等がなされるとは限りません。いきなり「就労させるべき」とする勧告が発せられ、その勧告に従わない場合には、③の公表がなされるということもあり得ます。

2 行政指導を争う方法

行政手続法では、「法令に違反する行為の是正を求める行政指導（その根拠となる規定が法律に置かれているものに限る。）」の相手方は、「当該行政指導が当該法律に規定する要件に適合しないと思料するときは、」当該行政指導をした行政機関に対して、当該行政指導の中止等の求めをすることができるとされています（36条の2）。

しかし、派遣法40条の8第2項に基づく「就労させるべき」とする行政指導は、上記の「法令に違反する行為の是正」を求める行政指導には該当しません（派遣先等に対し、派遣労働者等を就労させる義務を課した法令はありません）。派遣先としては、承諾後労働契約の成立が認められない理由を付して、かかる勧告には従えない旨の意見書等を、速やかに提出して、社名公表がなされないよう上申するという対応をとることになります。

これに対し、派遣法48条1項に基づく指導および助言については、行政手続法36条の2による中止の求めをすることができますので、その中止を求めたいのであれば、同条2項所定の事項を記載した申出書（様式は任意）を、当該助言または指導をした労働局長に対し、提出して、それらの中止を求めることができます。

3 社名公表後に承諾後労働契約の成立を否定する司法判断が確定した場合

行政による社名公表がなされた後に、派遣先の主張が認められ、承諾後労働契約の成立を否定する司法判断が確定した場合に、派遣先が、公表の取消しを求めることはできるのでしょうか。

行政による「公表」は、「直接国民の権利義務を形成しまたはその範囲を確定する」行為ではないことから、行政事件訴訟法3条2項で規定される「処分の取消しの訴え」の対象には該当せず、取消訴訟で争うことはできないものと解されます。

これに対し、公表によって損害を被った派遣先等が、「公権力の行使に当る公務員が、故意又は過失によって違法に他人に損害を加えた」ことに該当するとして、国家賠償法1条に基づき損害の賠償を求めて提訴することは可能でしょう。ただ、当初から特定違法行為の不存在が明らかである等例外的な場合を除き、公務員に故意または過失があったと認定されるケースは少ないとみられ、請求が認められる可能性は高くはないように思われます。

特定違法行為となる偽装請負の内容

いわゆる「偽装請負」は「労働契約申込みみなし制度」の対象となると聞きましたが、少しでも発注者側が請負会社の労働者に対して指揮命令をしたことが疑われた場合には、同制度の対象となるのでしょうか。
また、多重請負の場合、発注者が下請会社の労働者に直接指揮命令をすれば、同制度に基づいて、その労働者と発注者との間に労働契約が成立する可能性があるのでしょうか。

発注者側が指揮命令をしたことが疑われる状態になったことのみでは、同制度の対象となるものではないと考えます。また、多重請負の形態で、発注者が下請負人の労働者に直接指揮命令をしたことのみで、直ちに、同制度によって、当該労働者と発注者との間に労働契約が成立するものではないと考えます。

解　説

1　いわゆる「偽装請負等」の場合の「法の適用を免れる目的」の意義

労働契約申込みみなし制度は、派遣先が、派遣先の行為が特定違法行為に該当することを知らず、また、知らないことにつき過失がない場合（以下「善意無過失」といいます。）に適用されます。ここでいう「善意」とは、当該事実の認識がないことを指し、法律を知らないことは含まれません。そのため、例えば禁止業務違反（1号）についても、派遣労働者に、指揮命令をして催事場での雑踏整理等を行わせた場合には、当該業務が派遣禁止業務である警備業務に該当すること（業取要領第2の2（4）イ（ロ）参照）を知らなくとも、「善意無過失」には該当しません。

ところで、特定違法行為の1つとして、派遣法等の適用を免れる目的で、請負等、労働者派遣以外の名目で契約を締結し必要とされる事項を定めずに労働者派遣の役務の提供を受けること（以下「偽装請負等」といいます。）が挙げられています（5号）。

ここでは、「偽装請負」の要件が曖昧であることに鑑み、同条項の他の類型と異なり「派遣法等の適用を免れる目的」（以下「偽装請負等の目的」といいます）という主観的要件が加重されています。したがって、発注者が請負人の労働者に対し、指揮命令をしただけで、偽装請負等に当たることにはなりません（同旨、13号通達）。

なお、13号通達では、請負契約等を締結した時点では派遣先等に「偽装請負等の目的」がなく、その後、偽装請負等に該当するとの認識が派遣先等に生じた場合であっても、認識した時点以降、指揮命令を行う等により、「改めて偽装請負の状態となった」と認められる時点において、「『偽装請負等の目的』で契約を締結し役務の提供を受けたのと同視しうる状態だと考えられ」るとして、同条項5号の適用を認める解釈を示しています。しかし、同号が、かかる目的で「契約を締結すること」を要件としていることから、上記行政解釈には疑問があります。

2 偽装請負等に該当する例

偽装請負等の目的を加味して、偽装請負等とみられる例を検討すると、以下のような事例が考えられます。

(1) 発注者側が指揮命令をしている実態があるものの、派遣法上禁止業務に該当するため、実態を変えずに契約のみを請負契約とする場合
(2) 届出のみで特定労働者派遣事業をしていた派遣元が経過措置期間内に許可を得ることができなかったため、実態を変えることなく契約のみを請負契約として、役務の提供を受け続ける場合
(3) 派遣労働者個人単位の期間制限が到来することに伴って、同じ派遣労働者を受け入れるために、実態を変えることなく、契約のみを請負として、当該派遣労働者に係る役務提供を受け続ける場合
(4) 事業所単位の派遣可能期間の始期を誤って把握していたことにより、派遣先事業所ごとの期間制限が到来していたことが分かり、実態を変えることなく、当該事業所の派遣契約を請負契約に変更したうえで、役務の提供を受け続ける場合

3 多重請負の形態で偽装請負等の状態となっている場合

発注者が、偽装請負等の目的を持って元請負人と契約し、元請負人が契約した下請負人の労働者に対し指揮命令をしたという場合は、偽装請負等に当たることになるのでしょうか。

この場合には、発注者が下請負人の労働者に対して指揮命令をしたとしても、当該労働者の雇用者である下請負人と発注者とが契約関係にはないこと、「労働契約申込みみなし制度」は、派遣法違反を対象とすることからすれば、直ちに、偽装請負等に該当することになるものではないと解されます。

もっとも、13号通達では、同制度により元請負人が下請負人の労働者に申込みをしたとみなされ、当該労働者が承諾をして元請負人の労働者となった後、当該元請負人と契約をしている発注者が偽装請負の目的をもって偽装請負等の状態で役務の提供を受けた場合には、本制度が適用され、発注者が当該労働者に申込みをしたとみなされるとする趣旨の解釈を示しています。

かかる解釈が妥当するかは疑問なしとしないところですが、多重請負においても、偽装請負等に当たると判断されて、発注者から下請負人の労働者に対し、労働契約申込みみなし制度に基づく申込みがなされたと判断される可能性があることにも留意する必要があります。

なお、以上は、派遣法40条の6第1項5号が想定する偽装請負等に当たるかどうかの議論であって、多重請負関係の中で、発注者から下請負人の労働者に対し、直接指揮命令がなされたような場合には、職安法違反として罰則の適用があり得ます（64条9号、44条）。

派遣労働者受入れフロー

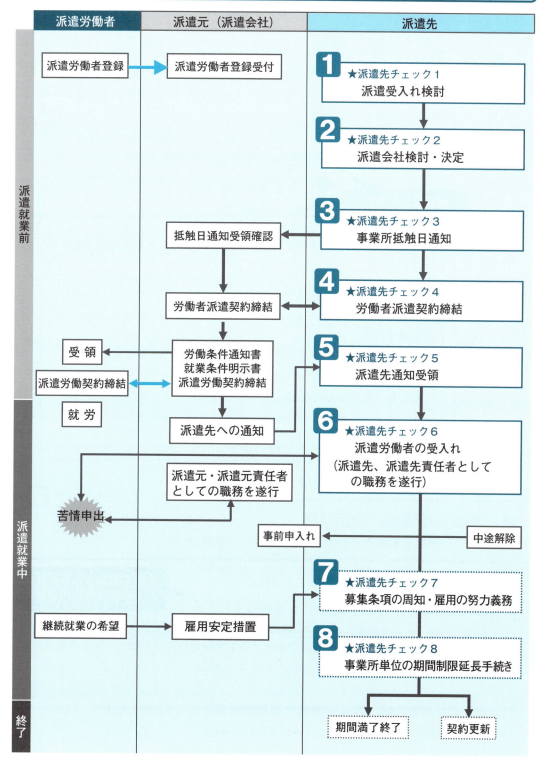

　　　　　　　　　　　　　　　　　　　　　　　　　派遣先チェック 1

1．派遣受入れ検討段階
　　～派遣労働者に仕事をお願いしたいと思ったら……

☐　業務内容の特定はできていますか？
　　☆派遣労働者は、派遣契約で定めた業務の範囲内でのみ就業することに留意。
　　☆指揮命令者から業務内容、必要な知識、技術または経験の水準等を確認して特定することに留意。

☐　依頼する業務内容は、<u>派遣禁止業務</u>に該当しませんか？

　　　　派遣禁止業務に
　　　　従事させた場合は
　　　　申込みみなし対象

　　　　＊港湾業務
　　　　＊警備業務
　　　　＊建設業務
　　　　＊病院、診療所等における医療関連業務

☐　<u>組織単位</u>の特定はできていますか？

　　〔組織単位の要件〕
　　■業務の関連性に基づいて派遣先が設定した組織の単位であること
　　■職務上業務の遂行を指揮命令する地位にある者が、
　　　●所属する労働者の業務の配分を直接決定できる権限があり、かつ
　　　●所属する労働者の労務管理に関して直接の権限を有すること
　　☆組織の最小単位より大きな単位を想定

　　　　　　　　　　　　　　　　　　　　　　　　　派遣先チェック 2

2．派遣会社検討・決定段階
　　～派遣労働者を派遣する派遣元会社を検討します。

　　　　　　　　　　　　　　　　　　無許可事業主からの受入
　　　　　　　　　　　　　　　　　　れは申込みみなし対象

☐　派遣元会社の、許可または届出＊を確認しましたか？
　　　　　　　　＊届出のみの特定労働者派遣事業主からの派遣受入れは平成30年9月29日まで。
　　☆派遣元会社が許可等を取得しているか否かは、厚生労働省HP（人材サービス総合サイト）で確認可。http://www.jinzai-sougou.go.jp/srv110.aspx

☐　派遣元会社決定の際、派遣労働者の事前面接等をしていませんか？
　　☆派遣労働者の特定を目的とする行為は派遣先指針が禁止。

派遣労働者受入れフロー

派遣先チェック 3

3．事業所抵触日の通知
～有期雇用派遣労働者の派遣の場合は、事業所等の抵触日を通知します。

派遣可能期間制限のある派遣労働者※の受入れ

☐ 事業所等単位の抵触日を、事業所等ごとに確認しましたか？

> ほとんどは36協定締結単位と同じ

事業所とは
- ■工場、事業所、店舗等、場所的に他の事業所から独立していること
- ■経営の単位として人事、経理、指導監督、労働の態様等においてある程度の独立性あること
- ■一定期間継続し、施設としての持続性有すること

初回事業所等単位の抵触日は
- ■平成27年９月30日以降に締結された労働者派遣契約に基づいて
- ■当該事業所で、最初に派遣の役務の提供※を受けた日から起算して
- ■３年を経過した日

＊無期雇用者の派遣、60歳以上の派遣、有期プロジェクト業務への派遣等、派遣可能期間制限の対象ではないものは、除外。

☆延長手続きを経た場合は、延長後の抵触日を確認のこと

> 派遣可能期間制限違反は、申込みみなし対象

☐ 事業所等単位の抵触日を、派遣元に書面等で通知しましたか？

※無期雇用者の派遣、60歳以上の派遣および有期プロジェクト業務への派遣等、派遣可能期間制限の対象ではない業務に係る派遣労働者の派遣は対象外。

派遣先チェック 4

4．労働者派遣契約（個別契約）締結
～派遣元と個別労働者派遣契約を締結します。

☐ 個別派遣契約書には、法定記載事項が網羅されていますか？

- ■従事業務の内容
- ■派遣先事業所名、所在地、就業場所、
- ■組織単位
- ■派遣先指揮命令者
- ■派遣期間および派遣就業する日
- ■派遣就業時間（開始および終了時刻等）
- ■就業時間外労働および就業日外労働の有無、範囲
- ■安全および衛生に関する事項
- ■苦情処理に関する事項（苦情処理窓口、苦情処理の方法、連携体制等）
- ■派遣契約解除にあたって講ずる派遣労働者の雇用安定措置に関する事項
- ■派遣先責任者、派遣元責任者
- ■派遣人数
- ■便宜供与
- ■派遣の役務の終了後、当該派遣労働者を派遣先が雇用する場合は、その雇用意思を事前に派遣元に示すこと、派遣元が職業紹介の許可等を有する場合は、手数料を支払うことその他紛争を防止するために講ずべき措置
- ■派遣労働者を無期雇用派遣労働者または60歳以上の者に限定するか否か

※ 色文字は、9月法により追加された事項

> ・業務内容は、詳細かつ具体的に記載のこと。
> ・単に、「正社員と同じ業務」はNG。
> ・業務取扱要領137頁の参考例のように令4条1項の号数を記載した場合には、当該号数の業務に限定されることに注意。

☐ 派遣料金額の決定に際し、派遣労働者の賃金水準が派遣先の同種業務従事労働者の賃金水準と均衡が図られたものとなるよう努めていますか？

派遣労働者受入れフロー

派遣先チェック 5

５．派遣先通知受領
～派遣元から通知を受領した場合は速やかにチェック。

☐ 通知された派遣労働者の労働・社会保険加入を、派遣元からの被保険者証等の提示等によって確認しましたか？

☐ 通知された派遣労働者が派遣先離職後１年以内ではないですか？

☐ 通知された派遣労働者が、有期雇用派遣労働者の場合（新たな受入れの場合）には、同一の組織単位の業務への従事事実の有無の確認は？

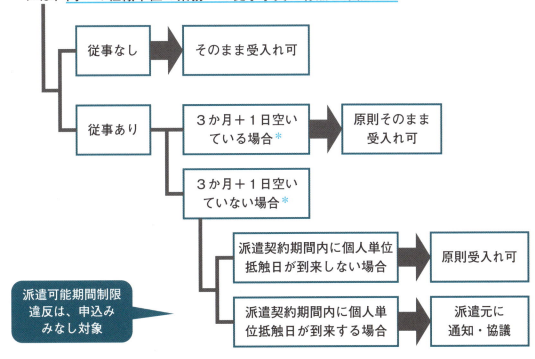

＊直前に受け入れていた派遣の終了との間の期間

6．派遣労働者の受入れ
〜派遣先として適切な派遣就業条件確保のために。

派遣先チェック **6**

（※色文字は、9月法で規定されたもの（修正を含む））

- [ ] 指揮命令者等に派遣労働者の就業条件を周知していますか？

- [ ] 派遣労働者を受け入れるに際し、苦情処理窓口等を説明しましたか？

- [ ] 当該派遣労働者に係る36協定を確認しましたか？

- [ ] 定期的に就業場所を巡回し、就業状況が契約違反ではないことを確認していますか？

- [ ] 派遣元の求めに応じ、派遣労働者に対し、派遣先同種業務従事者同様に、業務に関連する教育訓練をする配慮をしていますか？

- [ ] 派遣元の求めに応じ、派遣元の派遣労働者に対する段階的かつ体系的な教育訓練に協力していますか？

- [ ] 派遣労働者にも給食施設、休憩室、更衣室利用の配慮をしていますか？

- [ ] 派遣元の求めに応じ、派遣先同種業務従事者の賃金水準の情報提供の配慮をしていますか？

- [ ] 派遣元の求めに応じ、派遣労働者の業務遂行状況等の情報を提供するよう努めていますか？

- [ ] 苦情申立て（セクハラ・パワハラ含む）には、適切に対応し、苦情申出年月日、内容、処理状況について派遣先管理台帳に、都度、記載していますか？

派遣労働者受入れフロー

派遣先チェック

7．募集条項の周知
～派遣先が労働者を募集する際には、募集事項の周知が必要な場合があります。

☐ 派遣先事業所で正社員を募集する際の確認をしましたか？

要　件
- ■事業所で正社員の募集を行うとき、当該事業所に派遣労働者がいる
- ■当該派遣労働者が、当該事業所で1年以上継続して就業している

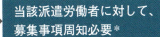
当該派遣労働者に対して、募集事項周知必要＊

＊応募条件を満たさないことが明らかな場合は、この限りではない。

☐ 派遣先事業所で労働者（パート、アルバイト含む）を募集の際の確認は？

要　件
- ■労働者を募集する事業所で
- ■同一の組織単位の業務に継続して3年間従事する見込みの派遣労働者がいる
- ■派遣元から当該派遣労働者に係る直接雇用の依頼＊を受けている

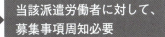
当該派遣労働者に対して、募集事項周知必要

＊派遣元の雇用安定措置としてなされたもの

☆同一の組織単位業務に1年以上従事する派遣労働者がいる場合、同一の業務従事の労働者雇入れの際は、当該派遣労働者雇入れ努力義務あり。

8．事業所単位の期間制限の延長手続き
～当初の派遣可能期間を超えた有期雇用派遣労働者受入れのために……

派遣先チェック 8

☐ 事業所単位の派遣可能期間延長手続きは実施しましたか？

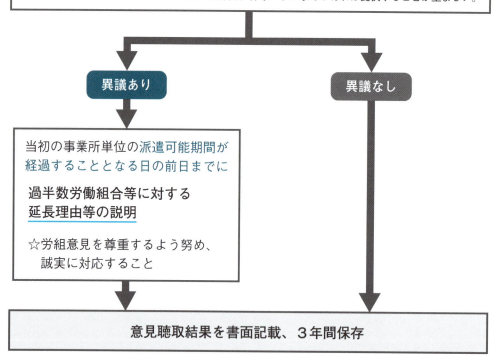

☐ 延長後の抵触日を、派遣元に通知しましたか？

労働契約申込みみなし制度により派遣労働者を受け入れる場合の留意点
～派遣労働者の就労を受け入れる際には、以下を確認しましょう。

承諾後労働契約の内容を労使で合意することなく、派遣法40条の６第１項によって成立した労働契約になる場合	派遣法40条の６第１項によることなく、承諾後労働契約の内容を労使合意で設定したい場合

承諾後労働契約の内容を労使で合意することなく、派遣法40条の６第１項によって成立した労働契約になる場合

- ☐ 派遣元等に、当該派遣労働者に係る労働条件を確認しましたか？
- ☐ 派遣先の就業規則と、承諾後労働契約の相違を確認しましたか？

派遣法40条の６第１項によることなく、承諾後労働契約の内容を労使合意で設定したい場合

- ☐ 派遣法40条の６第１項によることなく設定した承諾後労働契約の内容につき承諾労働者の合意を得ましたか？

＋

- ☐ 派遣先での労働条件明示書を交付しましたか？（※当該派遣労働者に係る労働契約が有期の場合で、更新を予定していない場合には、「更新しない」とする記載をしておく。）
- ☐ （必要に応じて）秘密保持や個人情報保護に関する誓約書を直接取得しましたか？
- ☐ （必要に応じて）身元保証契約も、直接取得しましたか？
- ☐ その他、会社が採用者に対して提出を求めるものの取得はしましたか？

就業規則規定例

<派遣元の就業規則において、労働契約申込みみなし制度により、派遣先等との間に労働契約が成立したことを解雇事由または退職事由として規定する例>

（解　雇）
第○条　派遣社員が、次の各号の一に該当するときは、解雇する。
　（1）……
　（2）……
　（○）　派遣社員が、会社との間の労働契約と同一の契約内容で、他社との間で労働契約を締結した場合。
　（○）□　……

（退　職）
第○条　派遣社員が、次の各号の一つに該当するときは、退職とする。
　（1）……
　（2）……
　（3）　派遣社員が、会社との間の労働契約と同一の契約内容で、他社との間で労働契約を締結した場合。
　（4）□……

<派遣先の就業規則の適用範囲を限定して、承諾労働者に当該就業規則が適用されないことを明確にする例>

（適用範囲）
第○条　この規則は、第△章で定める手続きにより採用された者に適用する。

第△章　採　用
第1条　会社が実施する採用試験の結果、入社を認められた者を社員とする。
第2条　新たに採用された社員は、会社の指定する日までに、以下の書類を提出しなければならない。
　（1）誓約書
　（2）身元保証書
　（3）卒業証明書
　（4）……

<承諾労働者用の就業規則を作成する場合例>

（目　的）
第１条　この規則は、労働者派遣事業の適正な運営の確保及び派遣労働者の保護等に関する法律第40条の６第１項により、会社との間に労働契約が成立した労働者（以下、本規則では「承諾労働者」という。）との間の労働条件、その他就業上の必要事項について定め、もって、業務の円滑な遂行を図ることを目的とする。

（適用範囲）
第２条　この規則は、承諾労働者に適用する。

（服務規律）
第３条　承諾労働者の服務規律については、○社員就業規則第○条ないし第○条を準用する。

（所定労働時間及び休憩時間）
第４条　承諾労働者の所定労働時間及び休憩時間は、○社員就業規則第○条ないし第○条を準用する。
　……
　……

（懲　戒）
第○条　承諾労働者の懲戒については、○社員就業規則第○条ないし第○条を準用する。

派遣可能期間の延長に係る意見聴取通知例

平成〇〇年〇月〇日[*1]

〇〇労働組合[*2]　御中

〇〇事業所
〇〇部　担当　〇〇

派遣可能期間延長に係る意見聴取通知

　〇〇事業所に係る事業所単位の派遣可能期間は、平成〇〇年〇月〇日まで[*3]となっています。
　については、派遣可能期間を延長することについて、貴組合の意見を聴取したく、以下のとおり通知します。

1　労働者派遣の役務の提供を受けようとする事業所：
　　〇〇事業所

2　延長しようとする派遣期間：
　　平成〇〇年〇月〇日から平成〇〇年〇月〇日まで

3　意見提出期限[*4]等：
　　平成〇〇年〇月〇日までに、上記派遣可能期間延長に係る貴組合の意見を書面にて、〇〇部担当〇〇まで提出してください。
　　なお、同日までに、意見の提出がない場合には、意見がないものとみなし、派遣期間は上記期間の終期まで延長されたものとして扱います。

添付参考資料：
①　〇〇事業所における労働者派遣の役務の提供を受けた時から現在までの、派遣労働者の数および正社員の数の推移。
②　貴組合から依頼のあった以下の資料[*5]
　・〇〇事業所における部署毎の派遣労働者の人数
　・各々の派遣労働者に係る労働者派遣の役務の提供を受けた期間

意見聴取通知のポイント解説

＊1　回答期限を付す場合には、組合側に十分な考慮期間を設けるためにも、回答期限の1か月前ぐらいまでには、通知することが望ましいでしょう。なお、業取要領では、意見聴取にあたっては、実際に意見の取りまとめに要する期間を組合等に確認する等十分な考慮期間を設けることとされていますので（第8の5（4）ヘ（ロ））、回答期限を設けない場合でも、考慮期間を勘案して通知をすべきでしょう。

＊2　過半数労働組合がない場合は、過半数代表者に通知することになります。

＊3　初回の派遣可能期間は、平成27年9月30日以降締結された労働者派遣契約に基づいて、最初に労働者派遣を受け入れた日から3年になります。

＊4　業取要領によれば、意見聴取期間内（抵触日の1か月前まで）であれば、意見の提出に際して期限を付することは可能とされ、この期間内に意見がない場合には意見がないものと扱って差し支えないとされています。ただし、この場合であっても、十分な考慮期間を設ける必要があります（第8の5（4）ヘ（ハ））。なお、派遣可能期間の延長の理由等の説明については、誠実に行うことが求められていますので（派遣先指針第2の15（4））、意見提出期限を経過した場合であっても法定の意見聴取期間内に異議が付された場合には、対応方針を説明することが望ましいでしょう。

＊5　派遣先指針では、添付参考資料①のような組合等が意見を述べるにあたり参考となる資料を提供することとし、添付参考資料②については、組合からの求めがあった場合に、提供することが望ましいとしています。（第2の15（1））。

派遣可能期間の延長手続きの記録例

平成○○年○月○日

派遣可能期間延長手続き記録

　派遣受入期間を設定するにあたり、以下のとおり、意見聴取を行った。

意見聴取をした過半数労働組合の名称 （または過半数代表者の氏名）	
過半数労働組合等に通知した事項 および通知した日	(1) 派遣を受けようとする事業所： (2) 派遣受入期間： (3) 通知した日：
過半数労働組合等から意見を聴いた日 および当該意見の内容	
過半数労働組合等に対し説明した内容	
意見を聴いて延長しようとする派遣可能期間を変更したときは、その変更した派遣可能期間	

＊本記録書は、延長する前の派遣可能期間に係る抵触日から３年間保存すること。
＊本記録書は、当該事業所の労働者に周知すること。

巻末資料

- ●労働者派遣法（抄）【法律】 140
  - 附帯決議 157
- ●参考法令【法律】
  - 改正前の労働者派遣法（抜粋） 163
  - 労働契約法（抜粋） 163
  - 待遇確保推進法 165
  - 附帯決議 166
- ●労働者派遣法施行令（抄）【政令】 168
  - 経過措置 170
- ●労働者派遣法施行規則（抄）【省令】 175
  - 経過措置 187
- ●派遣元指針【告示】 191
- ●派遣先指針【告示】 196
- ●キャリアアップ告示【告示】 202
- ●派遣元責任者講習告示【告示】 203
- ●労働契約申込みみなし制度通達【通達】 204
- ●労政審建議 208

労働者派遣事業の適正な運営の確保及び派遣労働者の保護等に関する法律（抄）
（昭和60年7月5日法律第88号、最終改正：平成27年9月18日法律第73号）

（傍線部分は改正部分）

目次
　第1章　総則（第1条—第3条）
　第2章　労働者派遣事業の適正な運営の確保に関する措置
　　第1節　業務の範囲（第4条）
　　第2節　事業の許可（第5条—第22条）
　　　〈第1款・第2款　削除〉
　　第3節　補則（第23条—第25条）
　第3章　派遣労働者の保護等に関する措置
　　第1節　労働者派遣契約（第26条—第29条の2）
　　第2節　派遣元事業主の講ずべき措置等（第30条—第38条）
　　第3節　派遣先の講ずべき措置等（第39条—第43条）
　　第4節　労働基準法等の適用に関する特例等（第44条—第47条の2）
　第4章　雑則（第47条の3—第57条）
　第5章　罰則（第58条—第62条）
　附則

第1章　総則

（目的）
第1条　この法律は、職業安定法（昭和22年法律第141号）と相まつて労働力の需給の適正な調整を図るため労働者派遣事業の適正な運営の確保に関する措置を講ずるとともに、派遣労働者の保護等を図り、もつて派遣労働者の雇用の安定その他福祉の増進に資することを目的とする。

（用語の意義）
第2条　この法律において、次の各号に掲げる用語の意義は、当該各号に定めるところによる。
　一　労働者派遣　自己の雇用する労働者を、当該雇用関係の下に、かつ、他人の指揮命令を受けて、当該他人のために労働に従事させることをいい、当該他人に対し当該労働者を当該他人に雇用させることを約してするものを含まないものとする。
　二　派遣労働者　事業主が雇用する労働者であつて、労働者派遣の対象となるものをいう。
　三　労働者派遣事業　労働者派遣を業として行うことをいう。
　〈旧四・五　削除〉
　四　紹介予定派遣　労働者派遣のうち、第5条第1項の許可を受けた者（以下「派遣元事業主」という。）が労働者派遣の役務の提供の開始前又は開始後に、当該労働者派遣に係る派遣労働者及び当該派遣労働者に係る労働者派遣の役務の提供を受ける者（第3章第4節を除き、以下「派遣先」という。）について、職業安定法その他の法律の規定による許可を受けて、又は届出をして、職業紹介を行い、又は行うことを予定してするものをいい、当該職業紹介により、当該派遣労働者が当該派遣先に雇用される旨が、当該労働者派遣の役務の提供の終了前に当該派遣労働者と当該派遣先との間で約されるものを含むものとする。

（船員に対する適用除外）
第3条　この法律は、船員職業安定法（昭和23年法律第130号）第6条第1項に規定する船員については、適用しない。

第2章　労働者派遣事業の適正な運営の確保に関する措置

第1節　業務の範囲

第4条　何人も、次の各号のいずれかに該当する業務について、労働者派遣事業を行つてはならない。
　一　港湾運送業務（港湾労働法（昭和63年法律第40号）第2条第2号に規定する港湾運送の業務及び同条第1号に規定する港湾以外の港湾において行われる当該業務に相当する業務として政令で定める業務をいう。）
　二　建設業務（土木、建築その他工作物の建設、改造、保存、修理、変更、破壊若しくは解体の作業又はこれ

らの作業の準備の作業に係る業務をいう。)
三 警備業法(昭和47年法律第117号)第2条第1項各号に掲げる業務その他その業務の実施の適正を確保するためには業として行う労働者派遣(次節並びに第23条第2項、第4項及び第5項において単に「労働者派遣」という。)により派遣労働者に従事させることが適当でないと認められる業務として政令で定める業務
2 厚生労働大臣は、前項第3号の政令の制定又は改正の立案をしようとするときは、あらかじめ、労働政策審議会の意見を聴かなければならない。
3 労働者派遣事業を行う事業主から労働者派遣の役務の提供を受ける者は、その指揮命令の下に当該労働者派遣に係る派遣労働者を第1項各号のいずれかに該当する業務に従事させてはならない。

第2節　事業の許可

(労働者派遣事業の許可)
第5条 労働者派遣事業を行おうとする者は、厚生労働大臣の許可を受けなければならない。
2 前項の許可を受けようとする者は、次に掲げる事項を記載した申請書を厚生労働大臣に提出しなければならない。
  一 氏名又は名称及び住所並びに法人にあつては、その代表者の氏名
  二 法人にあつては、その役員の氏名及び住所
  三 労働者派遣事業を行う事業所の名称及び所在地
  四 第36条の規定により選任する派遣元責任者の氏名及び住所
3 前項の申請書には、労働者派遣事業を行う事業所ごとの当該事業に係る事業計画書その他厚生労働省令で定める書類を添付しなければならない。
4 前項の事業計画書には、厚生労働省令で定めるところにより、労働者派遣事業を行う事業所ごとの当該事業に係る派遣労働者の数、労働者派遣に関する料金の額その他労働者派遣に関する事項を記載しなければならない。
5 厚生労働大臣は、第1項の許可をしようとするときは、あらかじめ、労働政策審議会の意見を聴かなければならない。

(許可の欠格事由)
第6条 次の各号のいずれかに該当する者は、前条第1項の許可を受けることができない。
  一 禁錮以上の刑に処せられ、又はこの法律の規定その他労働に関する法律の規定(次号に規定する規定を除く。)であつて政令で定めるもの若しくは暴力団員による不当な行為の防止等に関する法律(平成3年法律第77号)の規定(同法第50条(第2号に係る部分に限る。)及び第52条の規定を除く。)により、若しくは刑法(明治40年法律第45号)第204条、第206条、第208条、第208条の2、第222条若しくは第247条の罪、暴力行為等処罰に関する法律(大正15年法律第60号)の罪若しくは出入国管理及び難民認定法(昭和26年政令第319号)第73条の2第1項の罪を犯したことにより、罰金の刑に処せられ、その執行を終わり、又は執行を受けることがなくなつた日から起算して5年を経過しない者
  二 健康保険法(大正11年法律第70号)第208条、第213条の2若しくは第214条第1項、船員保険法(昭和14年法律第73号)第156条、第159条若しくは第160条第1項、労働者災害補償保険法(昭和22年法律第50号)第51条前段若しくは第54条第1項(同法第51条前段の規定に係る部分に限る。)、厚生年金保険法(昭和29年法律第115号)第102条、第103条の2若しくは第104条第1項(同法第102条又は第103条の2の規定に係る部分に限る。)、労働保険の保険料の徴収等に関する法律(昭和44年法律第84号)第46条前段若しくは第48条第1項(同法第46条前段の規定に係る部分に限る。)又は雇用保険法(昭和49年法律第116号)第83条若しくは第86条(同法第83条の規定に係る部分に限る。)の規定により罰金の刑に処せられ、その執行を終わり、又は執行を受けることがなくなつた日から起算して5年を経過しない者
  三 成年被後見人若しくは被保佐人又は破産者で復権を得ないもの
  四 第14条第1項(第1号を除く。)の規定により労働者派遣事業の許可を取り消され、当該取消しの日から起算して5年を経過しない者
  五 第14条第1項の規定により労働者派遣事業の許可を取り消された者が法人である場合(同項第1号の規定により許可を取り消された場合については、当該法人が第1号又は第2号に規定する者に該当することとなつたことによる場合に限る。)において、当該取消しの処分を受ける原因となつた事項が発生した当時現に当該法人の役員(業務を執行する社員、取締役、執行役又はこれらに準ずる者をいい、相談役、顧問その他いかなる名称を有する者であるかを問わず、法人に対し業務を執行する社員、取締役、執行役又はこれらに準ずる者と同等以上の支配力を有するものと認められる者を含む。以下この条において同じ。)であつた者で、当該取消しの日から起算して5年を経過しないもの
  六 第14条第1項の規定による労働者派遣事業の許可の取消しの処分に係る行政手続法(平成5年法律第88号)第15条の規定による通知があつた日から当該処分をする日又は処分をしないことを決定する日までの間に第13条第1項の規定による労働者派遣事業の廃止の届出をした者(当該事業の廃止について相当の理由が

ある者を除く。）で、当該届出の日から起算して5年を経過しないもの
　七　前号に規定する期間内に第13条第1項の規定による労働者派遣事業の廃止の届出をした者が法人である場合において、同号の通知の日前60日以内に当該法人（当該事業の廃止について相当の理由がある法人を除く。）の役員であつた者で、当該届出の日から起算して5年を経過しないもの
　八　暴力団員による不当な行為の防止等に関する法律第2条第6号に規定する暴力団員（以下この号において「暴力団員」という。）又は暴力団員でなくなつた日から5年を経過しない者（以下この条において「暴力団員等」という。）
　九　営業に関し成年者と同一の行為能力を有しない未成年者であつて、その法定代理人が前各号又は次号のいずれかに該当するもの
　十　法人であつて、その役員のうちに前各号のいずれかに該当する者があるもの
　十一　暴力団員等がその事業活動を支配する者
　十二　暴力団員等をその業務に従事させ、又はその業務の補助者として使用するおそれのある者

（許可の基準等）
第7条　厚生労働大臣は、第5条第1項の許可の申請が次に掲げる基準に適合していると認めるときでなければ、許可をしてはならない。
　一　当該事業が専ら労働者派遣の役務を特定の者に提供することを目的として行われるもの（雇用の機会の確保が特に困難であると認められる労働者の雇用の継続等を図るために必要であると認められる場合として厚生労働省令で定める場合において行われるものを除く。）でないこと。
　二　申請者が、当該事業の派遣労働者に係る雇用管理を適正に行うに足りる能力を有するものとして厚生労働省令で定める基準に適合するものであること。
　三　個人情報（個人に関する情報であつて、特定の個人を識別することができるもの（他の情報と照合することにより特定の個人を識別することができることとなるものを含む。）をいう。以下同じ。）を適正に管理し、及び派遣労働者等の秘密を守るために必要な措置が講じられていること。
　四　前2号に掲げるもののほか、申請者が、当該事業を的確に遂行するに足りる能力を有するものであること。
2　厚生労働大臣は、第5条第1項の許可をしないときは、遅滞なく、理由を示してその旨を当該申請者に通知しなければならない。

（許可証）
第8条　厚生労働大臣は、第5条第1項の許可をしたときは、厚生労働省令で定めるところにより、労働者派遣事業を行う事業所の数に応じ、許可証を交付しなければならない。
2　許可証の交付を受けた者は、当該許可証を、労働者派遣事業を行う事業所ごとに備え付けるとともに、関係者から請求があつたときは提示しなければならない。
3　許可証の交付を受けた者は、当該許可証を亡失し、又は当該許可証が滅失したときは、速やかにその旨を厚生労働大臣に届け出て、許可証の再交付を受けなければならない。

（許可の条件）
第9条　第5条第1項の許可には、条件を付し、及びこれを変更することができる。
2　前項の条件は、当該許可の趣旨に照らして、又は当該許可に係る事項の確実な実施を図るために必要な最小限度のものに限り、かつ、当該許可を受ける者に不当な義務を課することとなるものであつてはならない。

（許可の有効期間等）
第10条　第5条第1項の許可の有効期間は、当該許可の日から起算して3年とする。
2　前項に規定する許可の有効期間（当該許可の有効期間についてこの項の規定により更新を受けたときにあつては、当該更新を受けた許可の有効期間）の満了後引き続き当該許可に係る労働者派遣事業を行おうとする者は、厚生労働省令で定めるところにより、許可の有効期間の更新を受けなければならない。
3　厚生労働大臣は、前項に規定する許可の有効期間の更新の申請があつた場合において、当該申請が第7条第1項各号に掲げる基準に適合していないと認めるときは、当該許可の有効期間の更新をしてはならない。
4　第2項の規定によりその更新を受けた場合における第5条第1項の許可の有効期間は、当該更新前の許可の有効期間が満了する日の翌日から起算して5年とする。
5　第5条第2項から第4項まで、第6条（第4号から第7号までを除く。）及び第7条第2項の規定は、第2項に規定する許可の有効期間の更新について準用する。

（変更の届出）
第11条　派遣元事業主は、第5条第2項各号に掲げる事項に変更があつたときは、遅滞なく、その旨を厚生労働大臣に届け出なければならない。この場合において、当該変更に係る事項が労働者派遣事業を行う事業所の新設に係るものであるときは、当該事業所に係る事業計画書その他厚生労働省令で定める書類を添付しなければならない。
2　第5条第4項の規定は、前項の事業計画書について準用する。
3　厚生労働大臣は、第1項の規定により労働者派遣事業を行う事業所の新設に係る変更の届出があつたとき

は、厚生労働省令で定めるところにより、当該新設に係る事業所の数に応じ、許可証を交付しなければならない。
4　派遣元事業主は、第１項の規定による届出をする場合において、当該届出に係る事項が許可証の記載事項に該当するときは、厚生労働省令で定めるところにより、その書換えを受けなければならない。

第12条　削除

（事業の廃止）
第13条　派遣元事業主は、当該労働者派遣事業を廃止したときは、遅滞なく、厚生労働省令で定めるところにより、その旨を厚生労働大臣に届け出なければならない。
2　前項の規定による届出があつたときは、第５条第１項の許可は、その効力を失う。

（許可の取消し等）
第14条　厚生労働大臣は、派遣元事業主が次の各号のいずれかに該当するときは、第５条第１項の許可を取り消すことができる。
　一　第６条各号（第４号から第７号までを除く。）のいずれかに該当しているとき。
　二　この法律（第23条第３項、第23条の２、第30条第２項の規定により読み替えて適用する同条第１項及び次章第４節の規定を除く。）若しくは職業安定法の規定又はこれらの規定に基づく命令若しくは処分に違反したとき。
　三　第９条第１項の規定により付された許可の条件に違反したとき。
　四　第48条第３項の規定による指示を受けたにもかかわらず、なお第23条第３項、第23条の２又は第30条第２項の規定により読み替えて適用する同条第１項の規定に違反したとき。
2　厚生労働大臣は、派遣元事業主が前項第２号又は第３号に該当するときは、期間を定めて当該労働者派遣事業の全部又は一部の停止を命ずることができる。

（名義貸しの禁止）
第15条　派遣元事業主は、自己の名義をもつて、他人に労働者派遣事業を行わせてはならない。

〈第２款　特定労働者派遣事業（旧第16条～第22条まで）　削除〉

第３節　補則

（事業報告等）
第23条　派遣元事業主は、厚生労働省令で定めるところにより、労働者派遣事業を行う事業所ごとの当該事業に係る事業報告書及び収支決算書を作成し、厚生労働大臣に提出しなければならない。
2　前項の事業報告書には、厚生労働省令で定めるところにより、労働者派遣事業を行う事業所ごとの当該事業に係る派遣労働者の数、労働者派遣の役務の提供を受けた者の数、労働者派遣に関する料金の額その他労働者派遣に関する事項を記載しなければならない。
3　派遣元事業主は、厚生労働省令で定めるところにより、次条に規定する関係派遣先への派遣割合を厚生労働大臣に報告しなければならない。
4　派遣元事業主は、派遣労働者をこの法律の施行地外の地域に所在する事業所その他の施設において就業させるための労働者派遣（以下「海外派遣」という。）をしようとするときは、厚生労働省令で定めるところにより、あらかじめ、その旨を厚生労働大臣に届け出なければならない。
5　派遣元事業主は、厚生労働省令で定めるところにより、労働者派遣事業を行う事業所ごとの当該事業に係る派遣労働者の数、労働者派遣の役務の提供を受けた者の数、労働者派遣に関する料金の額の平均額から派遣労働者の賃金の額の平均額を控除した額を当該労働者派遣に関する料金の額の平均額で除して得た割合として厚生労働省令で定めるところにより算定した割合、教育訓練に関する事項その他当該労働者派遣事業の業務に関しあらかじめ関係者に対して知らせることが適当であるものとして厚生労働省令で定める事項に関し情報の提供を行わなければならない。

（派遣元事業主の関係派遣先に対する労働者派遣の制限）
第23条の２　派遣元事業主は、当該派遣事業主の経営を実質的に支配することが可能となる関係にある者その他の当該派遣元事業主と特殊の関係のある者として厚生労働省令で定める者（以下この条において「関係派遣先」という。）に労働者派遣をするときは、関係派遣先への派遣割合（１の事業年度における当該派遣元事業主が雇用する派遣労働者の関係派遣先に係る派遣就業（労働者派遣に係る派遣労働者の就業をいう。以下同じ。）に係る総労働時間を、その事業年度における当該派遣元事業主が雇用する派遣労働者のすべての派遣就業に係る総労働時間で除して得た割合として厚生労働省令で定めるところにより算定した割合をいう。）が100分の80以下となるようにしなければならない。

（職業安定法第20条の準用）
第24条　職業安定法第20条の規定は、労働者派遣事業について準用する。この場合において、同条第１項中「公共職業安定所」とあるのは「労働者派遣事業の適正な運営の確保及び派遣労働者の保護等に関する法律第２条

第4号に規定する派遣元事業主（以下単に「派遣元事業主」という。）」と、「事業所に、求職者を紹介してはならない」とあるのは「事業所に関し、同条第1号に規定する労働者派遣（以下単に「労働者派遣」という。）（当該同盟罷業又は作業所閉鎖の行われる際現に当該事業所に関し労働者派遣をしている場合にあつては、当該労働者派遣及びこれに相当するものを除く。）をしてはならない」と、同条第2項中「求職者を無制限に紹介する」とあるのは「無制限に労働者派遣がされる」と、「公共職業安定所は当該事業所に対し、求職者を紹介してはならない」とあるのは「公共職業安定所は、その旨を派遣元事業主に通報するものとし、当該通報を受けた派遣元事業主は、当該事業所に関し、労働者派遣（当該通報の際現に当該事業所に関し労働者派遣をしている場合にあつては、当該労働者派遣及びこれに相当するものを除く。）をしてはならない」と、「使用されていた労働者」とあるのは「使用されていた労働者（労働者派遣に係る労働に従事していた労働者を含む。）」と、「労働者を紹介する」とあるのは「労働者派遣をする」と読み替えるものとする。

（派遣元事業主以外の労働者派遣事業を行う事業主からの労働者派遣の受入れの禁止）
第24条の2 労働者派遣の役務の提供を受ける者は、派遣元事業主以外の労働者派遣事業を行う事業主から、労働者派遣の役務の提供を受けてはならない。

（個人情報の取扱い）
第24条の3 派遣元事業主は、労働者派遣に関し、労働者の個人情報を収集し、保管し、又は使用するに当たつては、その業務（紹介予定派遣をする場合における職業紹介を含む。次条において同じ。）の目的の達成に必要な範囲内で労働者の個人情報を収集し、並びに当該収集の目的の範囲内でこれを保管し、及び使用しなければならない。ただし、本人の同意がある場合その他正当な事由がある場合は、この限りでない。
2　派遣元事業主は、労働者の個人情報を適正に管理するために必要な措置を講じなければならない。

（秘密を守る義務）
第24条の4 派遣元事業主及びその代理人、使用人その他の従業者は、正当な理由がある場合でなければ、その業務上取り扱つたことについて知り得た秘密を他に漏らしてはならない。派遣元事業主及びその代理人、使用人その他の従業者でなくなつた後においても、同様とする。

（運用上の配慮）
第25条 厚生労働大臣は、労働者派遣事業に係るこの法律の規定の運用に当たつては、労働者の職業生活の全期間にわたるその能力の有効な発揮及びその雇用の安定に資すると認められる雇用慣行並びに派遣就業は臨時的かつ一時的なものであることを原則とするとの考え方を考慮するとともに、労働者派遣事業による労働力の需給の調整が職業安定法に定める他の労働力の需給の調整に関する制度に基づくものとの調和の下に行われるように配慮しなければならない。

第3章　派遣労働者の保護等に関する措置

第1節　労働者派遣契約

（契約の内容等）
第26条 労働者派遣契約（当事者の一方が相手方に対し労働者派遣をすることを約する契約をいう。以下同じ。）の当事者は、厚生労働省令で定めるところにより、当該労働者派遣契約の締結に際し、次に掲げる事項を定めるとともに、その内容の差異に応じて派遣労働者の人数を定めなければならない。
一　派遣労働者が従事する業務の内容
二　派遣労働者が労働者派遣に係る労働に従事する事業所の名称及び所在地その他派遣就業の場所並びに組織単位（労働者の配置の区分であつて、配置された労働者の業務の遂行を指揮命令する職務上の地位にある者が当該労働者の業務の配分に関して直接の権限を有するものとして厚生労働省令で定めるものをいう。以下同じ。）
三　労働者派遣の役務の提供を受ける者のために、就業中の派遣労働者を直接指揮命令する者に関する事項
四　労働者派遣の期間及び派遣就業をする日
五　派遣就業の開始及び終了の時刻並びに休憩時間
六　安全及び衛生に関する事項
七　派遣労働者から苦情の申出を受けた場合における当該申出を受けた苦情の処理に関する事項
八　派遣労働者の新たな就業の機会の確保、派遣労働者に対する休業手当（労働基準法（昭和22年法律第49号）第26条の規定により使用者が支払うべき手当をいう。第29条の2において同じ。）等の支払に要する費用を確保するための当該費用の負担に関する措置その他の労働者派遣契約の解除に当たつて講ずる派遣労働者の雇用の安定を図るために必要な措置に関する事項
九　労働者派遣契約が紹介予定派遣に係るものである場合にあつては、当該職業紹介により従事すべき業務の内容及び労働条件その他の当該紹介予定派遣に関する事項
十　前各号に掲げるもののほか、厚生労働省令で定める事項

〈旧第2項　削除〉

2 前項に定めるもののほか、派遣元事業主は、労働者派遣契約であつて海外派遣に係るものの締結に際しては、厚生労働省令で定めるところにより、当該海外派遣に係る役務の提供を受ける者が次に掲げる措置を講ずべき旨を定めなければならない。
　一　第41条の派遣先責任者の選任
　二　第42条第１項の派遣先管理台帳の作成、同項各号に掲げる事項の当該台帳への記載及び同条第３項の厚生労働省令で定める条件に従つた通知
　三　その他厚生労働省令で定める当該派遣就業が適正に行われるため必要な措置
3 派遣元事業主は、第１項の規定により労働者派遣契約を締結するに当たつては、あらかじめ、当該契約の相手方に対し、第５条第１項の許可を受けている旨を明示しなければならない。
4 派遣元事業主から新たな労働者派遣契約に基づく労働者派遣（第40条の２第１項各号のいずれかに該当するものを除く。次項において同じ。）の役務の提供を受けようとする者は、第１項の規定により当該労働者派遣契約を締結するに当たり、あらかじめ、当該派遣元事業主に対し、当該労働者派遣の役務の提供が開始される日以後当該労働者派遣の役務の提供を受けようとする者の事業所その他派遣就業の場所の業務について同条第１項の規定に抵触することとなる最初の日を通知しなければならない。
5 派遣元事業主は、新たな労働者派遣契約に基づく労働者派遣の役務の提供を受けようとする者から前項の規定による通知がないときは、当該者との間で、当該者の事業所その他派遣就業の場所の業務に係る労働者派遣契約を締結してはならない。
6 労働者派遣（紹介予定派遣を除く。）の役務の提供を受けようとする者は、労働者派遣契約の締結に際し、当該労働者派遣契約に基づく労働者派遣に係る派遣労働者を特定することを目的とする行為をしないように努めなければならない。
（契約の解除等）
第27条　労働者派遣の役務の提供を受ける者は、派遣労働者の国籍、信条、性別、社会的身分、派遣労働者が労働組合の正当な行為をしたこと等を理由として、労働者派遣契約を解除してはならない。
第28条　労働者派遣をする事業主は、当該労働者派遣の役務の提供を受ける者が、当該派遣就業に関し、この法律又は第４節の規定により適用される法律の規定（これらの規定に基づく命令の規定を含む。第31条及び第40条の６第１項第５号において同じ。）に違反した場合においては、当該労働者派遣を停止し、又は当該労働者派遣契約を解除することができる。
第29条　労働者派遣契約の解除は、将来に向かつてのみその効力を生ずる。
（労働者派遣契約の解除に当たつて講ずべき措置）
第29条の２　労働者派遣の役務の提供を受ける者は、その者の都合による労働者派遣契約の解除に当たつては、当該労働者派遣に係る派遣労働者の新たな就業の機会の確保、労働者派遣をする事業主による当該派遣労働者に対する休業手当等の支払に要する費用を確保するための当該費用の負担その他の当該派遣労働者の雇用の安定を図るために必要な措置を講じなければならない。

　　　　第２節　派遣元事業主の講ずべき措置等
（特定有期雇用派遣労働者等の雇用の安定等）
第30条　派遣元事業主は、その雇用する有期雇用派遣労働者（期間を定めて雇用される派遣労働者をいう。以下同じ。）であつて派遣先の事業所その他派遣就業の場所における同一の組織単位の業務について継続して１年以上の期間当該労働者派遣に係る労働に従事する見込みがあるものとして厚生労働省令で定めるもの（以下「特定有期雇用派遣労働者」という。）その他雇用の安定を図る必要性が高いと認められる者として厚生労働省令で定めるもの又は派遣労働者として期間を定めて雇用しようとする労働者であつて雇用の安定を図る必要性が高いと認められるものとして厚生労働省令で定めるもの（以下この項において「特定有期雇用派遣労働者等」という。）に対し、厚生労働省令で定めるところにより、次の各号の措置を講ずるように努めなければならない。
　一　派遣先に対し、特定有期雇用派遣労働者に対して労働契約の申込みをすることを求めること。
　二　派遣労働者として就業させることができるように就業（その条件が、特定有期雇用派遣労働者等の能力、経験その他厚生労働省令で定める事項に照らして合理的なものに限る。）の機会を確保するとともに、その機会を特定有期雇用派遣労働者等に提供すること。
　三　派遣労働者以外の労働者として期間を定めないで雇用することができるように雇用の機会を確保するとともに、その機会を特定有期雇用派遣労働者等に提供すること。
　四　前３号に掲げるもののほか、特定有期雇用派遣労働者等を対象とした教育訓練であつて雇用の安定に特に資すると認められるものとして厚生労働省令で定めるものその他の雇用の安定を図るために必要な措置として厚生労働省令で定めるものを講ずること。
2 派遣先の事業所その他派遣就業の場所における同一の組織単位の業務について継続して３年間当該労働者派遣に係る労働に従事する見込みがある特定有期雇用派遣労働者に係る前項の規定の適用については、同項中

「講ずるように努めなければ」とあるのは、「講じなければ」とする。〈新設〉
(段階的かつ体系的な教育訓練等)　〈新設〉
第30条の2　派遣元事業主は、その雇用する派遣労働者が段階的かつ体系的に派遣就業に必要な技能及び知識を習得することができるように教育訓練を実施しなければならない。この場合において、当該派遣労働者が無期雇用派遣労働者(期間を定めないで雇用される派遣労働者をいう。以下同じ。)であるときは、当該無期雇用派遣労働者がその職業生活の全期間を通じてその有する能力を有効に発揮できるように配慮しなければならない。
2　派遣元事業主は、その雇用する派遣労働者の求めに応じ、当該派遣労働者の職業生活の設計に関し、相談の機会の確保その他の援助を行わなければならない。
(均衡を考慮した待遇の確保)
第30条の3　派遣元事業主は、その雇用する派遣労働者の従事する業務と同種の業務に従事する派遣先に雇用される労働者の賃金水準との均衡を考慮しつつ、当該派遣労働者の従事する業務と同種の業務に従事する一般の労働者の賃金水準又は当該派遣労働者の職務の内容、職務の成果、意欲、能力若しくは経験等を勘案し、当該派遣労働者の賃金を決定するように配慮しなければならない。
2　派遣元事業主は、その雇用する派遣労働者の従事する業務と同種の業務に従事する派遣先に雇用される労働者との均衡を考慮しつつ、当該派遣労働者について、教育訓練及び福利厚生の実施その他当該派遣労働者の円滑な派遣就業の確保のために必要な措置を講ずるように配慮しなければならない。
(派遣労働者等の福祉の増進)
第30条の4　前3条に規定するもののほか、派遣元事業主は、その雇用する派遣労働者又は派遣労働者として雇用しようとする労働者について、各人の希望、能力及び経験に応じた就業の機会(派遣労働者以外の労働者としての就業の機会を含む。)及び教育訓練の機会の確保、労働条件の向上その他雇用の安定を図るために必要な措置を講ずることにより、これらの者の福祉の増進を図るように努めなければならない。
(適正な派遣就業の確保)
第31条　派遣元事業主は、派遣先がその指揮命令の下に派遣労働者に労働させるに当たつて当該派遣就業に関しこの法律又は第4節の規定により適用される法律の規定に違反することがないようにその他当該派遣就業が適正に行われるように、必要な措置を講ずる等適切な配慮をしなければならない。
(待遇に関する事項等の説明)
第31条の2　派遣元事業主は、派遣労働者として雇用しようとする労働者に対し、厚生労働省令で定めるところにより、当該労働者を派遣労働者として雇用した場合における当該労働者の賃金の額の見込みその他の当該労働者の待遇に関する事項その他の厚生労働省令で定める事項を説明しなければならない。
2　派遣元事業主は、その雇用する派遣労働者から求めがあつたときは、第30条の3の規定により配慮すべきこととされている事項に関する決定をするに当たつて考慮した事項について、当該派遣労働者に説明しなければならない。〈新設〉
(派遣労働者であることの明示等)
第32条　派遣元事業主は、労働者を派遣労働者として雇い入れようとするときは、あらかじめ、当該労働者にその旨(紹介予定派遣に係る派遣労働者として雇い入れようとする場合にあつては、その旨を含む。)を明示しなければならない。
2　派遣元事業主は、その雇用する労働者であつて、派遣労働者として雇い入れた労働者以外のものを新たに労働者派遣の対象としようとするときは、あらかじめ、当該労働者にその旨(新たに紹介予定派遣の対象としようとする場合にあつては、その旨を含む。)を明示し、その同意を得なければならない。
(派遣労働者に係る雇用制限の禁止)
第33条　派遣元事業主は、その雇用する派遣労働者又は派遣労働者として雇用しようとする労働者との間で、正当な理由がなく、その者に係る派遣先である者(派遣先であつた者を含む。次項において同じ。)又は派遣先となることとなる者に当該派遣元事業主との雇用関係の終了後雇用されることを禁ずる旨の契約を締結してはならない。
2　派遣元事業主は、その雇用する派遣労働者に係る派遣先である者又は派遣先となろうとする者との間で、正当な理由がなく、その者が当該派遣労働者を当該派遣元事業主との雇用関係の終了後雇用することを禁ずる旨の契約を締結してはならない。
(就業条件等の明示)
第34条　派遣元事業主は、労働者派遣をしようとするときは、あらかじめ、当該労働者派遣に係る派遣労働者に対し、厚生労働省令で定めるところにより、次に掲げる事項(当該労働者派遣が第40条の2第1項各号のいずれかに該当する場合にあつては、第3号及び第4号に掲げる事項を除く。)を明示しなければならない。
一　当該労働者派遣をしようとする旨
二　第26条第1項各号に掲げる事項その他厚生労働省令で定める事項であつて当該派遣労働者に係るもの
三　当該派遣労働者が労働者派遣に係る労働に従事する事業所その他派遣就業の場所における組織単位の業務

について派遣元事業主が第35条の3の規定に抵触することとなる最初の日　〈新設〉
四　当該派遣労働者が労働者派遣に係る労働に従事する事業所その他派遣就業の場所の業務について派遣先が第40条の2第1項の規定に抵触することとなる最初の日
2　派遣元事業主は、派遣先から第40条の2第7項の規定による通知を受けたときは、遅滞なく、当該通知に係る事業所その他派遣就業の場所の業務に従事する派遣労働者に対し、厚生労働省令で定めるところにより、当該事業所その他派遣就業の場所の業務について派遣先が同条第1項の規定に抵触することとなる最初の日を明示しなければならない。
3　派遣元事業主は、前2項の規定による明示をするに当たつては、派遣先が第40条の6第1項第3号又は第4号に該当する行為を行つた場合には同項の規定により労働契約の申込みをしたものとみなされることとなる旨を併せて明示しなければならない。　〈新設〉

（労働者派遣に関する料金の額の明示）
第34条の2　派遣元事業主は、次の各号に掲げる場合には、当該各号に定める労働者に対し、厚生労働省令で定めるところにより、当該労働者に係る労働者派遣に関する料金の額として厚生労働省令で定める額を明示しなければならない。
一　労働者を派遣労働者として雇い入れようとする場合　当該労働者
二　労働者派遣をしようとする場合及び労働者派遣に関する料金の額を変更する場合　当該労働者派遣に係る派遣労働者

（派遣先への通知）
第35条　派遣元事業主は、労働者派遣をするときは、厚生労働省令で定めるところにより、次に掲げる事項を派遣先に通知しなければならない。
一　当該労働者派遣に係る派遣労働者の氏名
二　当該労働者派遣に係る派遣労働者が無期雇用派遣労働者であるか有期雇用派遣労働者であるかの別
三　当該労働者派遣に係る派遣労働者が第40条の2第1項第2号の厚生労働省令で定める者であるか否かの別　〈新設〉
四　当該労働者派遣に係る派遣労働者に関する健康保険法第39条第1項の規定による被保険者の資格の取得の確認、厚生年金保険法第18条第1項の規定による被保険者の資格の取得の確認及び雇用保険法第9条第1項の規定による被保険者となつたことの確認の有無に関する事項であつて厚生労働省令で定めるもの
五　その他厚生労働省令で定める事項
2　派遣元事業主は、前項の規定による通知をした後に同項第2号から第4号までに掲げる事項に変更があつたときは、遅滞なく、その旨を当該派遣先に通知しなければならない。

（労働者派遣の期間）
第35条の2　派遣元事業主は、派遣先が当該派遣元事業主から労働者派遣の役務の提供を受けたならば第40条の2第1項の規定に抵触することとなる場合には、当該抵触することとなる最初の日以降継続して労働者派遣を行つてはならない。
〈旧第2項　削除〉
第35条の3　派遣元事業主は、派遣先の事業所その他派遣就業の場所における組織単位ごとの業務について、3年を超える期間継続して同一の派遣労働者に係る労働者派遣（第40条の2第1項各号のいずれかに該当するものを除く。）を行つてはならない。　〈新設〉

（日雇労働者についての労働者派遣の禁止）
第35条の4　派遣元事業主は、その業務を迅速かつ的確に遂行するために専門的な知識、技術又は経験を必要とする業務のうち、労働者派遣により日雇労働者（日々又は30日以内の期間を定めて雇用する労働者をいう。以下この項において同じ。）を従事させても当該日雇労働者の適正な雇用管理に支障を及ぼすおそれがないと認められる業務として政令で定める業務について労働者派遣をする場合又は雇用の機会の確保が特に困難であると認められる労働者の雇用の継続等を図るために必要であると認められる場合その他の場合で政令で定める場合を除き、その雇用する日雇労働者について労働者派遣を行つてはならない。
2　厚生労働大臣は、前項の政令の制定又は改正の立案をしようとするときは、あらかじめ、労働政策審議会の意見を聴かなければならない。

（離職した労働者についての労働者派遣の禁止）
第35条の5　派遣元事業主は、労働者派遣をしようとする場合において、派遣先が当該労働者派遣の役務の提供を受けたならば第40条の9第1項の規定に抵触することとなるときは、当該労働者派遣を行つてはならない。

（派遣元責任者）
第36条　派遣元事業主は、派遣就業に関し次に掲げる事項を行わせるため、厚生労働省令で定めるところにより、第6条第1号から第8号までに該当しない者（未成年者を除き、派遣労働者に係る雇用管理を適正に行うに足りる能力を有する者として、厚生労働省令で定める基準に適合するものに限る。）のうちから派遣元責任

者を選任しなければならない。
一　第32条、第34条、第35条及び次条に定める事項に関すること。
二　当該派遣労働者に対し、必要な助言及び指導を行うこと。
三　当該派遣労働者から申出を受けた苦情の処理に当たること。
四　当該派遣労働者等の個人情報の管理に関すること。
五　<u>当該派遣労働者についての教育訓練の実施及び職業生活の設計に関する相談の機会の確保に関すること。</u>〈新設〉
六　当該派遣労働者の安全及び衛生に関し、当該事業所の労働者の安全及び衛生に関する業務を統括管理する者及び当該派遣先との連絡調整を行うこと。
七　前号に掲げるもののほか、当該派遣先との連絡調整に関すること。

（派遣元管理台帳）
第37条　派遣元事業主は、厚生労働省令で定めるところにより、派遣就業に関し、派遣元管理台帳を作成し、当該台帳に派遣労働者ごとに次に掲げる事項を記載しなければならない。
一　<u>無期雇用派遣労働者であるか有期雇用派遣労働者であるかの別（当該派遣労働者が有期雇用派遣労働者である場合にあつては、当該有期雇用派遣労働者に係る労働契約の期間）</u>〈新設〉
二　<u>第40条の2第1項第2号の厚生労働省令で定める者であるか否かの別</u>〈新設〉
三　派遣先の氏名又は名称
四　事業所の所在地その他派遣就業の場所<u>及び組織単位</u>
五　労働者派遣の期間及び派遣就業をする日
六　始業及び終業の時刻
七　従事する業務の種類
八　<u>第30条第1項（同条第2項の規定により読み替えて適用する場合を含む。）の規定により講じた措置</u>〈新設〉
九　教育訓練（<u>厚生労働省令で定めるものに限る。</u>）を行つた日時及び内容　〈新設〉
十　派遣労働者から申出を受けた苦情の処理に関する事項
十一　紹介予定派遣に係る派遣労働者については、当該紹介予定派遣に関する事項
十二　その他厚生労働省令で定める事項
2　派遣元事業主は、前項の派遣元管理台帳を3年間保存しなければならない。

（準用）
第38条　第33条及び第34条第1項（第3号<u>及び第4号</u>を除く。）の規定は、派遣元事業主以外の労働者派遣をする事業主について準用する。この場合において、第33条中「派遣先」とあるのは、「労働者派遣の役務の提供を受ける者」と読み替えるものとする。

第3節　派遣先の講ずべき措置等

（労働者派遣契約に関する措置）
第39条　派遣先は、第26条第1項各号に掲げる事項その他厚生労働省令で定める事項に関する労働者派遣契約の定めに反することのないように適切な措置を講じなければならない。

（適正な派遣就業の確保等）
第40条　派遣先は、その指揮命令の下に労働させる派遣労働者から当該派遣就業に関し、苦情の申出を受けたときは、当該苦情の内容を当該派遣元事業主に通知するとともに、当該派遣元事業主との密接な連携の下に、誠意をもつて、遅滞なく、当該苦情の適切かつ迅速な処理を図らなければならない。
2　<u>派遣先は、その指揮命令の下に労働させる派遣労働者について、当該派遣労働者を雇用する派遣元事業主からの求めに応じ、当該派遣労働者が従事する業務と同種の業務に従事するその雇用する労働者が従事する業務の遂行に必要な能力を付与するための教育訓練については、当該派遣労働者が既に当該業務に必要な能力を有している場合その他厚生労働省令で定める場合を除き、派遣労働者に対しても、これを実施するよう配慮しなければならない。</u>　〈新設〉
3　<u>派遣先は、当該派遣先に雇用される労働者に対して利用の機会を与える福利厚生施設であつて、業務の円滑な遂行に資するものとして厚生労働省令で定めるものについては、その指揮命令の下に労働させる派遣労働者に対しても、利用の機会を与えるように配慮しなければならない。</u>　〈新設〉
4　前3項に定めるもののほか、派遣先は、その指揮命令の下に労働させる派遣労働者について、当該派遣就業が適正かつ円滑に行われるようにするため、適切な就業環境の維持、診療所等の施設であつて現に当該派遣先に雇用される労働者が通常利用しているもの<u>（前項に規定する厚生労働省令で定める福利厚生施設を除く。）</u>の利用に関する便宜の供与等必要な措置を講ずるように努めなければならない。
5　派遣先は、第30条の3第1項の規定により賃金が適切に決定されるようにするため、派遣元事業主の求めに応じ、その指揮命令の下に労働させる派遣労働者が従事する業務と同種の業務に従事する当該派遣先に雇用さ

れる労働者の賃金水準に関する情報又は当該業務に従事する労働者の募集に係る事項を提供することその他の厚生労働省令で定める措置を講ずるように配慮しなければならない。〈新設〉
6　前項に定めるもののほか、派遣先は、第30条の２及び第30条の３の規定による措置が適切に講じられるようにするため、派遣元事業主の求めに応じ、その指揮命令の下に労働させる派遣労働者が従事する業務と同種の業務に従事する当該派遣先に雇用される労働者に関する情報、当該派遣労働者の業務の遂行の状況その他の情報であつて当該措置に必要なものを提供する等必要な協力をするように努めなければならない。

（労働者派遣の役務の提供を受ける期間）
第40条の２　派遣先は、当該派遣先の事業所その他派遣就業の場所ごとの業務について、派遣元事業主から派遣可能期間を超える期間継続して労働者派遣の役務の提供を受けてはならない。ただし、当該労働者派遣が次の各号のいずれかに該当するものであるときは、この限りでない。
一　無期雇用派遣労働者に係る労働者派遣
二　雇用の機会の確保が特に困難である派遣労働者であつてその雇用の継続等を図る必要があると認められるものとして厚生労働省令で定める者に係る労働者派遣　〈新設〉
三　次のイ又はロに該当する業務に係る労働者派遣
　イ　事業の開始、転換、拡大、縮小又は廃止のための業務であつて一定の期間内に完了することが予定されているもの
　ロ　その業務が１箇月間に行われる日数が、当該派遣就業に係る派遣先に雇用される通常の労働者の１箇月間の所定労働日数に比し相当程度少なく、かつ、厚生労働大臣の定める日数以下である業務
四　当該派遣先に雇用される労働者が労働基準法第65条第１項及び第２項の規定により休業し、並びに育児休業、介護休業等育児又は家族介護を行う労働者の福祉に関する法律（平成３年法律第76号）第２条第１号に規定する育児休業をする場合における当該労働者の業務その他これに準ずる場合として厚生労働省令で定める場合における当該労働者の業務に係る労働者派遣
五　当該派遣先に雇用される労働者が育児休業、介護休業等育児又は家族介護を行う労働者の福祉に関する法律第２条第２号に規定する介護休業をし、及びこれに準ずる休業として厚生労働省令で定める休業をする場合における当該労働者の業務に係る労働者派遣
2　前項の派遣可能期間（以下「派遣可能期間」という。）は、３年とする。
3　派遣先は、当該派遣先の事業所その他派遣就業の場所ごとの業務について、派遣元事業主から３年を超える期間継続して労働者派遣（第１項各号のいずれかに該当するものを除く。以下この項において同じ。）の役務の提供を受けようとするときは、当該派遣先の事業所その他派遣就業の場所ごとの業務に係る労働者派遣の役務の提供が開始された日（この項の規定により派遣可能期間を延長した場合にあつては、当該延長前の派遣可能期間が経過した日）以後当該事業所その他派遣就業の場所ごとの業務について第１項の規定に抵触することとなる最初の日の１月前の日までの間（次項において「意見聴取期間」という。）に、厚生労働省令で定めるところにより、３年を限り、派遣可能期間を延長することができる。当該延長に係る期間が経過した場合において、これを更に延長しようとするときも、同様とする。
4　派遣先は、派遣可能期間を延長しようとするときは、意見聴取期間に、厚生労働省令で定めるところにより、過半数労働組合等（当該派遣先の事業所に、労働者の過半数で組織する労働組合がある場合においてはその労働組合、労働者の過半数で組織する労働組合がない場合においては労働者の過半数を代表する者をいう。次項において同じ。）の意見を聴かなければならない。
5　派遣先は、前項の規定により意見を聴かれた過半数労働組合等が異議を述べたときは、当該事業所その他派遣就業の場所ごとの業務について、延長前の派遣可能期間が経過することとなる日の前日までに、当該過半数労働組合等に対し、派遣可能期間の延長の理由その他の厚生労働省令で定める事項について説明しなければならない。〈新設〉
6　派遣先は、第４項の規定による意見の聴取及び前項の規定による説明を行うに当たつては、この法律の趣旨にのつとり、誠実にこれらを行うように努めなければならない。〈新設〉
7　派遣先は、第３項の規定により派遣可能期間を延長したときは、速やかに、当該労働者派遣をする派遣元事業主に対し、当該事業所その他派遣就業の場所ごとの業務について第１項の規定に抵触することとなる最初の日を通知しなければならない。
8　厚生労働大臣は、第１項第２号、第４号若しくは第５号の厚生労働省令の制定又は改正をしようとするときは、あらかじめ、労働政策審議会の意見を聴かなければならない。
第40条の３　派遣先は、前条第３項の規定により派遣可能期間が延長された場合において、当該派遣先の事業所その他派遣就業の場所における組織単位ごとの業務について、派遣元事業主から３年を超える期間継続して同一の派遣労働者に係る労働者派遣（同条第１項各号のいずれかに該当するものを除く。）の役務の提供を受けてはならない。〈新設〉

（特定有期雇用派遣労働者の雇用）
第40条の４　派遣先は、当該派遣先の事業所その他派遣就業の場所における組織単位ごとの同一の業務につい

て派遣元事業主から継続して１年以上の期間同一の特定有期雇用派遣労働者に係る労働者派遣（第40条の２第１項各号のいずれかに該当するものを除く。）の役務の提供を受けた場合において、引き続き当該同一の業務に労働者を従事させるため、当該労働者派遣の役務の提供を受けた期間（以下この条において「派遣実施期間」という。）が経過した日以後労働者を雇い入れようとするときは、当該同一の業務に派遣実施期間継続して従事した特定有期雇用派遣労働者（継続して就業することを希望する者として厚生労働省令で定めるものに限る。）を、遅滞なく、雇い入れるように努めなければならない。

（派遣先に雇用される労働者の募集に係る事項の周知）
第40条の５ 派遣先は、当該派遣先の同一の事業所その他派遣就業の場所において派遣元事業主から１年以上の期間継続して同一の派遣労働者に係る労働者派遣の役務の提供を受けている場合において、当該事業所その他派遣就業の場所において労働に従事する通常の労働者の募集を行うときは、当該募集に係る事業所その他派遣就業の場所に掲示することその他の措置を講ずることにより、その者が従事すべき業務の内容、賃金、労働時間その他の当該募集に係る事項を当該派遣労働者に周知しなければならない。

２ 派遣先の事業所その他派遣就業の場所における同一の組織単位の業務について継続して３年間当該労働者派遣に係る労働に従事する見込みがある特定有期雇用派遣労働者（継続して就業することを希望する者として厚生労働省令で定めるものに限る。）に係る前項の規定の適用については、同項中「労働者派遣」とあるのは「労働者派遣（第40条の２第１項各号のいずれかに該当するものを除く。）」と、「通常の労働者」とあるのは「労働者」とする。

〈第40条の６～40条の８、平24改正で追加、平成27年10月１日施行〉

第40条の６ 労働者派遣の役務の提供を受ける者（国（行政執行法人（独立行政法人通則法（平成11年法律第103号）第２条第４項に規定する行政執行法人をいう。）次条において同じ。）及び地方公共団体（特定地方独立行政法人（地方独立行政法人法（平成15年法律第118号）第２条第２項に規定する特定地方独立行政法人をいう。）次条において同じ。）の機関を除く。以下この条において同じ。）が次の各号のいずれかに該当する行為を行つた場合には、その時点において、当該労働者派遣の役務の提供を受ける者から当該労働者派遣に係る派遣労働者に対し、その時点における当該派遣労働者に係る労働条件と同一の労働条件を内容とする労働契約の申込みをしたものとみなす。ただし、労働者派遣の役務の提供を受ける者が、その行つた行為が次の各号のいずれかの行為に該当することを知らず、かつ、知らなかつたことにつき過失がなかつたときは、この限りでない。
一 第４条第３項の規定に違反して派遣労働者を同条第１項各号のいずれかに該当する業務に従事させること。
二 第24条の２の規定に違反して労働者派遣の役務の提供を受けること。
三 第40条の２第１項の規定に違反して労働者派遣の役務の提供を受けること（同条第４項に規定する意見の聴取の手続のうち厚生労働省令で定めるものが行われないことにより同条第１項の規定に違反することとなつたときを除く。）。
四 第40条の３の規定に違反して労働者派遣の役務の提供を受けること。 〈新設〉
五 この法律又は次節の規定により適用される法律の規定の適用を免れる目的で、請負その他労働者派遣以外の名目で契約を締結し、第26条第１項各号に掲げる事項を定めずに労働者派遣の役務の提供を受けること。

２ 前項の規定により労働契約の申込みをしたものとみなされた労働者派遣の役務の提供を受ける者は、当該労働契約の申込みに係る同項に規定する行為が終了した日から１年を経過する日までの間は、当該申込みを撤回することができない。

３ 第１項の規定により労働契約の申込みをしたものとみなされた労働者派遣の役務の提供を受ける者が、当該申込みに対して前項に規定する期間内に承諾する旨又は承諾しない旨の意思表示を受けなかつたときは、当該申込みは、その効力を失う。

４ 第１項の規定により申し込まれたものとみなされた労働契約に係る派遣労働者に係る労働者派遣をする事業主は、当該労働者派遣の役務の提供を受ける者から求めがあつた場合においては、当該労働者派遣の役務の提供を受ける者に対し、速やかに、同項の規定により労働契約の申込みをしたものとみなされた時点における当該派遣労働者に係る労働条件の内容を通知しなければならない。

第40条の７ 労働者派遣の役務の提供を受ける者が国又は地方公共団体の機関である場合であつて、前条第１項各号のいずれかに該当する行為を行つた場合（同項ただし書に規定する場合を除く。）においては、当該行為が終了した日から１年を経過する日までの間に、当該労働者派遣に係る派遣労働者が、当該国又は地方公共団体の機関において当該労働者派遣に係る業務と同一の業務に従事することを求めるときは、当該国又は地方公共団体の機関は、同項の規定の趣旨を踏まえ、当該派遣労働者の雇用の安定を図る観点から、国家公務員法（昭和22年法律第120号。裁判所職員臨時措置法（昭和26年法律第299号）において準用する場合を含む。）、国会職員法（昭和22年法律第85号）、自衛隊法（昭和29年法律第165号）又は地方公務員法（昭和25年法律第261号）その他関係法令の規定に基づく採用その他の適切な措置を講じなければならない。

２ 前項に規定する求めを行つた派遣労働者に係る労働者派遣をする事業主は、当該労働者派遣に係る国又は地

方公共団体の機関から求めがあつた場合においては、当該国又は地方公共団体の機関に対し、速やかに、当該国又は地方公共団体の機関が前条第1項各号のいずれかに該当する行為を行つた時点における当該派遣労働者に係る労働条件の内容を通知しなければならない。

第40条の8　厚生労働大臣は、労働者派遣の役務の提供を受ける者又は派遣労働者からの求めに応じて、労働者派遣の役務の提供を受ける者の行為が、第40条の6第1項各号のいずれかに該当するかどうかについて必要な助言をすることができる。

2　厚生労働大臣は、第40条の6第1項の規定により申し込まれたものとみなされた労働契約に係る派遣労働者が当該申込みを承諾した場合において、同項の規定により当該労働契約の申込みをしたものとみなされた労働者派遣の役務の提供を受ける者が当該派遣労働者を就労させない場合には、当該労働者派遣の役務の提供を受ける者に対し、当該派遣労働者の就労に関し必要な助言、指導又は勧告をすることができる。

3　厚生労働大臣は、前項の規定により、当該派遣労働者を就労させるべき旨の勧告をした場合において、その勧告を受けた第40条の6第1項の規定により労働契約の申込みをしたものとみなされた労働者派遣の役務の提供を受ける者がこれに従わなかつたときは、その旨を公表することができる。

（離職した労働者についての労働者派遣の役務の提供の受入れの禁止）

第40条の9　派遣先は、労働者派遣の役務の提供を受けようとする場合において、当該労働者派遣に係る派遣労働者が当該派遣先を離職した者であるときは、当該離職の日から起算して1年を経過する日までの間は、当該派遣労働者（雇用の機会の確保が特に困難であり、その雇用の継続等を図る必要があると認められる者として厚生労働省令で定める者を除く。）に係る労働者派遣の役務の提供を受けてはならない。

2　派遣先は、第35条第1項の規定による通知を受けた場合において、当該労働者派遣の役務の提供を受けたならば前項の規定に抵触することとなるときは、速やかに、その旨を当該労働者派遣をしようとする派遣元事業主に通知しなければならない。

（派遣先責任者）

第41条　派遣先は、派遣就業に関し次に掲げる事項を行わせるため、厚生労働省令で定めるところにより、派遣先責任者を選任しなければならない。

一　次に掲げる事項の内容を、当該派遣労働者の業務の遂行を指揮命令する職務上の地位にある者その他の関係者に周知すること。
　イ　この法律及び次節の規定により適用される法律の規定（これらの規定に基づく命令の規定を含む。）
　ロ　当該派遣労働者に係る第39条に規定する労働者派遣契約の定め
　ハ　当該派遣労働者に係る第35条の規定による通知
二　第40条の2第7項及び次条に定める事項に関すること。
三　当該派遣労働者から申出を受けた苦情の処理に当たること。
四　当該派遣労働者の安全及び衛生に関し、当該事業所の労働者の安全及び衛生に関する業務を統括管理する者及び当該派遣元事業主との連絡調整を行うこと。
五　前号に掲げるもののほか、当該派遣元事業主との連絡調整に関すること。

（派遣先管理台帳）

第42条　派遣先は、厚生労働省令で定めるところにより、派遣就業に関し、派遣先管理台帳を作成し、当該台帳に派遣労働者ごとに次に掲げる事項を記載しなければならない。
一　無期雇用派遣労働者であるか有期雇用派遣労働者であるかの別　〈新設〉
二　第40条の2第1項第2号の厚生労働省令で定める者であるか否かの別　〈新設〉
三　派遣元事業主の氏名又は名称
四　派遣就業をした日
五　派遣就業をした日ごとの始業し、及び終業した時刻並びに休憩した時間
六　従事した業務の種類
七　派遣労働者から申出を受けた苦情の処理に関する事項
八　紹介予定派遣に係る派遣労働者については、当該紹介予定派遣に関する事項
九　教育訓練（厚生労働省令で定めるものに限る。）を行つた日時及び内容　〈新設〉
十　その他厚生労働省令で定める事項

2　派遣先は、前項の派遣先管理台帳を3年間保存しなければならない。

3　派遣先は、厚生労働省令で定めるところにより、第1項各号（第3号を除く。）に掲げる事項を派遣元事業主に通知しなければならない。

（準用）

第43条　第39条の規定は、労働者派遣の役務の提供を受ける者であつて派遣先以外のものについて準用する。

第4節　労働基準法等の適用に関する特例等

（労働基準法の適用に関する特例）

第44条　（略）

2〜4　（略）

5　前各項の規定による労働基準法の特例については、同法第38条の2第2項中「当該事業場」とあるのは「当該事業場（労働者派遣事業の適正な運営の確保及び派遣労働者の保護等に関する法律（昭和60年法律第88号。以下「労働者派遣法」という。）第23条の2に規定する派遣就業にあつては、労働者派遣法第44条第3項に規定する派遣元の事業の事業場）」と、同法第38条の3第1項中「就かせたとき」とあるのは「就かせたとき（派遣先の使用者（労働者派遣法第44条第1項又は第2項の規定により同条第1項に規定する派遣先の事業の第10条に規定する使用者とみなされる者をいう。以下同じ。）が就かせたときを含む。）」と、同法第99条第1項から第3項まで、第100条第1項及び第3項並びに第104条の2中「この法律」とあるのは「この法律及び労働者派遣法第44条の規定」と、同法第101条第1項、第104条第2項、第104条の2、第105条の2、第106条第1項及び第109条中「使用者」とあるのは「使用者（派遣先の使用者を含む。）」と、同法第102条中「この法律違反の罪」とあるのは「この法律（労働者派遣法第44条の規定により適用される場合を含む。）の違反の罪（同条第4項の規定による第118条、第119条及び第121条の罪を含む。）」と、同法第104条第1項中「この法律又はこの法律に基いて発する命令」とあるのは「この法律若しくはこの法律に基づいて発する命令の規定（労働者派遣法第44条の規定により適用される場合を含む。）又は同条第3項の規定」と、同法第106条第1項中「この法律」とあるのは「この法律（労働者派遣法第44条の規定を含む。以下この項において同じ。）」と、「協定並びに第38条の4第1項及び第5項に規定する決議」とあるのは「協定並びに第38条の4第1項及び第5項に規定する決議（派遣先の使用者にあつては、この法律及びこれに基づく命令の要旨）」と、同法第112条中「この法律及びこの法律に基いて発する命令」とあるのは「この法律及びこの法律に基づいて発する命令の規定（労働者派遣法第44条の規定により適用される場合を含む。）並びに同条第3項の規定」として、これらの規定（これらの規定に係る罰則の規定を含む。）を適用する。

6　（略）

第4章　雑則

（事業主団体等の責務）〈新設〉

第47条の3　派遣元事業主を直接又は間接の構成員（以下この項において「構成員」という。）とする団体（次項において「事業主団体」という。）は、労働者派遣事業の適正な運営の確保及び派遣労働者の保護等が図られるよう、構成員に対し、必要な助言、協力その他の援助を行うように努めなければならない。

2　国は、事業主団体に対し、派遣元事業主の労働者派遣事業の適正な運営の確保及び派遣労働者の保護等に関し必要な助言及び協力を行うように努めるものとする。

（指針）

第47条の4　厚生労働大臣は、第24条の3及び前章第1節から第3節までの規定により派遣元事業主及び派遣先が講ずべき措置に関して、その適切かつ有効な実施を図るため必要な指針を公表するものとする。

（指導及び助言等）

第48条　厚生労働大臣は、この法律（前章第4節の規定を除く。第49条の3第1項、第50条及び第51条第1項において同じ。）の施行に関し必要があると認めるときは、労働者派遣をする事業主及び労働者派遣の役務の提供を受ける者に対し、労働者派遣事業の適正な運営又は適正な派遣就業を確保するために必要な指導及び助言をすることができる。

2　厚生労働大臣は、労働力需給の適正な調整を図るため、労働者派遣事業が専ら労働者派遣の役務を特定の者に提供することを目的として行われている場合（第7条第1項第1号の厚生労働省令で定める場合を除く。）において必要があると認めるときは、当該派遣元事業主に対し、当該労働者派遣事業の目的及び内容を変更するように勧告することができる。

3　厚生労働大臣は、第23条第3項、第23条の2又は第30条第2項の規定により読み替えて適用する同条第1項の規定に違反した派遣元事業主に対し、第1項の規定による指導又は助言をした場合において、当該派遣元事業主がなお第23条第3項、第23条の2又は第30条第2項の規定により読み替えて適用する同条第1項の規定に違反したときは、当該派遣元事業主に対し、必要な措置をとるべきことを指示することができる。

（改善命令等）

第49条　厚生労働大臣は、派遣元事業主が当該労働者派遣事業に関しこの法律（第23条第3項、第23条の2及び第30条第2項の規定により読み替えて適用する同条第1項の規定を除く。）その他労働に関する法律の規定（これらの規定に基づく命令の規定を含む。）に違反した場合において、適正な派遣就業を確保するため必要があると認めるときは、当該派遣元事業主に対し、派遣労働者に係る雇用管理の方法の改善その他当該労働者派遣事業の運営を改善するために必要な措置を講ずべきことを命ずることができる。

2　厚生労働大臣は、派遣先が第4条第3項の規定に違反している場合において、同項の規定に違反している派遣就業を継続させることが著しく不適当であると認めるときは、当該派遣先に労働者派遣をする派遣元事業主に対し、当該派遣就業に係る労働者派遣契約による労働者派遣の停止を命ずることができる。
　（公表等）
第49条の2　厚生労働大臣は、労働者派遣の役務の提供を受ける者が、第4条第3項、第24条の2、第40条の2第1項、第4項若しくは第5項、第40条の3若しくは第40条の9第1項の規定に違反しているとき、又はこれらの規定に違反して第48条第1項の規定による指導若しくは助言を受けたにもかかわらずなおこれらの規定に違反するおそれがあると認めるときは、当該労働者派遣の役務の提供を受ける者に対し、第4条第3項、第24条の2、第40条の2第1項、第4項若しくは第5項、第40条の3若しくは第40条の9第1項の規定に違反する派遣就業を是正するために必要な措置又は当該派遣就業が行われることを防止するために必要な措置をとるべきことを勧告することができる。
〈旧第2項　削除〉
2　厚生労働大臣は、前項の規定による勧告をした場合において、その勧告を受けた者がこれに従わなかったときは、その旨を公表することができる。
　（厚生労働大臣に対する申告）
第49条の3　労働者派遣をする事業主又は労働者派遣の役務の提供を受ける者がこの法律又はこれに基づく命令の規定に違反する事実がある場合においては、派遣労働者は、その事実を厚生労働大臣に申告することができる。
2　労働者派遣をする事業主及び労働者派遣の役務の提供を受ける者は、前項の申告をしたことを理由として、派遣労働者に対して解雇その他不利益な取扱いをしてはならない。
　（報告）
第50条　厚生労働大臣は、この法律を施行するために必要な限度において、厚生労働省令で定めるところにより、労働者派遣事業を行う事業主及び当該事業主から労働者派遣の役務の提供を受ける者に対し、必要な事項を報告させることができる。
　（立入検査）
第51条　厚生労働大臣は、この法律を施行するために必要な限度において、所属の職員に、労働者派遣事業を行う事業主及び当該事業主から労働者派遣の役務の提供を受ける者の事業所その他の施設に立ち入り、関係者に質問させ、又は帳簿、書類その他の物件を検査させることができる。
2　前項の規定により立入検査をする職員は、その身分を示す証明書を携帯し、関係者に提示しなければならない。
3　第1項の規定による立入検査の権限は、犯罪捜査のために認められたものと解釈してはならない。
　（相談及び援助）
第52条　公共職業安定所は、派遣就業に関する事項について、労働者等の相談に応じ、及び必要な助言その他の援助を行うことができる。
　（労働者派遣事業適正運営協力員）
第53条　厚生労働大臣は、社会的信望があり、かつ、労働者派遣事業の運営及び派遣就業について専門的な知識経験を有する者のうちから、労働者派遣事業適正運営協力員を委嘱することができる。
2　労働者派遣事業適正運営協力員は、労働者派遣事業の適正な運営及び適正な派遣就業の確保に関する施策に協力して、労働者派遣をする事業主、労働者派遣の役務の提供を受ける者、労働者等の相談に応じ、及びこれらの者に対する専門的な助言を行う。
3　労働者派遣事業適正運営協力員は、正当な理由がある場合でなければ、その職務に関して知り得た秘密を他に漏らしてはならない。労働者派遣事業適正運営協力員でなくなつた後においても、同様とする。
4　労働者派遣事業適正運営協力員は、その職務に関して、国から報酬を受けない。
5　労働者派遣事業適正運営協力員は、予算の範囲内において、その職務を遂行するために要する費用の支給を受けることができる。
　（手数料）
第54条　次に掲げる者は、実費を勘案して政令で定める額の手数料を納付しなければならない。
　一　第5条第1項の許可を受けようとする者
　二　第8条第3項の規定による許可証の再交付を受けようとする者
　三　第1条第2項の規定による許可の有効期間の更新を受けようとする者
　四　第11条第4項の規定による許可証の書換えを受けようとする者
　（経過措置の命令への委任）
第55条　この法律の規定に基づき政令又は厚生労働省令を制定し、又は改廃する場合においては、それぞれ政令又は厚生労働省令で、その制定又は改廃に伴い合理的に必要と判断される範囲内において、所要の経過措置（罰則に関する経過措置を含む。）を定めることができる。

（権限の委任）
第56条　この法律に定める厚生労働大臣の権限は、厚生労働省令で定めるところにより、その一部を都道府県労働局長に委任することができる。
2　前項の規定により都道府県労働局長に委任された権限は、厚生労働省令で定めるところにより、公共職業安定所長に委任することができる。
（厚生労働省令への委任）
第57条　この法律に定めるもののほか、この法律の実施のために必要な手続その他の事項は、厚生労働省令で定める。

第5章　罰則

第58条　公衆衛生又は公衆道徳上有害な業務に就かせる目的で労働者派遣をした者は、1年以上10年以下の懲役又は20万円以上300万円以下の罰金に処する。
第59条　次の各号のいずれかに該当する者は、1年以下の懲役又は100万円以下の罰金に処する。
　一　第4条第1項又は第15条の規定に違反した者
　二　第5条第1項の許可を受けないで労働者派遣事業を行つた者
　三　偽りその他不正の行為により第5条第1項の許可又は第1条第2項の規定による許可の有効期間の更新を受けた者
　四　第14条第2項の規定による処分に違反した者
第60条　次の各号のいずれかに該当する者は、6月以下の懲役又は30万円以下の罰金に処する。
〈旧第1号、第2号　削除〉
　二　第49条の規定による処分に違反した者
　二　第49条の3第2項の規定に違反した者　〈新設〉
第61条　次の各号のいずれかに該当する者は、30万円以下の罰金に処する。
　一　第5条第2項（第1条第5項において準用する場合を含む。）に規定する申請書又は第5条第3項（第10条第5項において準用する場合を含む。）に規定する書類に虚偽の記載をして提出した者
　二　第11条第1項、第13条第1項若しくは第23条第4項の規定による届出をせず、若しくは虚偽の届出をし、又は第11条第1項に規定する書類に虚偽の記載をして提出した者
　三　第34条、第35条の2、第35条の3、第36条、第37条、第41条又は第42条の規定に違反した者
　四　第35条の規定による通知をせず、又は虚偽の通知をした者
　五　第50条の規定による報告をせず、又は虚偽の報告をした者
　六　第51条第1項の規定による立入り若しくは検査を拒み、妨げ、若しくは忌避し、又は質問に対して答弁をせず、若しくは虚偽の陳述をした者
第62条　法人の代表者又は法人若しくは人の代理人、使用人その他の従業者が、その法人又は人の業務に関して、第58条から前条までの違反行為をしたときは、行為者を罰するほか、その法人又は人に対しても、各本条の罰金刑を科する。

附　則

1　この法律は、公布の日から起算して1年を超えない範囲内において政令で定める日から施行する。
2　次項に定めるもののほか、この法律の施行に関して必要な経過措置は、政令で定める。
3　この法律の施行前にした行為に対する罰則の適用については、なお従前の例による。
4　第5条第2項の規定の適用については、当分の間、同項第3号中「所在地」とあるのは、「所在地並びに当該事業所において物の製造の業務（物の溶融、鋳造、加工、組立て、洗浄、塗装、運搬等を製造する工程における作業に係る業務をいう。）であつて、その業務に従事する労働者の就業の実情並びに当該業務に係る派遣労働者の就業条件の確保及び労働力の需給の適正な調整に与える影響を勘案して厚生労働省令で定めるものについて労働者派遣事業を行う場合にはその旨」とする。
〈旧第5項　削除〉

附　則　（平成27年9月18日法律第73号）抄

（施行期日）
第1条　この法律は、平成27年9月30日から施行する。ただし、附則第11条の規定は、公布の日から施行する。
（検討）
第2条　政府は、この法律の施行後3年を目途として、この法律による改正後の労働者派遣事業の適正な運営の確保及び派遣労働者の保護等に関する法律（以下「新法」という。）の施行の状況を勘案し、新法の規定につ

いて検討を加え、必要があると認めるときは、その結果に基づいて所要の措置を講ずるものとする。
2　政府は、前項の規定にかかわらず、通常の労働者及び派遣労働者の数の動向等の労働市場の状況を踏まえ、この法律の施行により労働者の職業生活の全期間にわたるその能力の有効な発揮及びその雇用の安定に資すると認められる雇用慣行が損なわれるおそれがあると認められるときは、新法の規定について速やかに検討を行うものとする。
3　政府は、派遣労働者と派遣労働者の従事する業務と同種の業務に従事する派遣先に雇用される労働者との均等な待遇及び均衡のとれた待遇の確保の在り方について検討するため、調査研究その他の必要な措置を講ずるものとする。

（一般労働者派遣事業の許可等に関する経過措置）
第3条　この法律の施行の際現にこの法律による改正前の労働者派遣事業の適正な運営の確保及び派遣労働者の保護等に関する法律（以下「旧法」という。）第5条第1項の許可を受けている者は、この法律の施行の日（以下「施行日」という。）に新法第5条第1項の許可を受けたものとみなす。この場合において、当該許可を受けたものとみなされる者に係る同項の許可の有効期間は、施行日におけるその者に係る旧法第10条の規定による許可の有効期間の残存期間と同一の期間とする。
2　この法律の施行の際現にされている旧法第5条第2項の規定によりされた許可の申請は、新法第5条第2項の規定によりされた許可の申請とみなす。
3　この法律の施行の際現に旧法第8条第1項の規定により交付を受けている許可証は、新法第8条第1項の規定により交付を受けた許可証とみなす。

（欠格事由に関する経過措置）
第4条　新法第6条第4号から第7号までの規定は、施行日以後に同条第4号に規定する許可の取消しの処分を受けた者（当該者が法人である場合にあっては、同条第5号に規定する当該法人の役員であった者）又は同条第6号に規定する届出をした者（当該者が法人である場合にあっては、同条第7号に規定する当該法人の役員であった者）について適用し、施行日前に旧法第6条第4号に規定する許可の取消し若しくは命令の処分を受けた者（当該者が法人である場合にあっては、同条第5号に規定する当該法人の役員であった者）又は同条第6号に規定する届出をした者（当該者が法人である場合にあっては、同条第7号に規定する当該法人の役員であった者）の当該許可の取消し若しくは命令の処分又は届出に係る欠格事由については、なお従前の例による。

（一般労働者派遣事業の許可の取消し等に関する経過措置）
第5条　附則第3条第1項の規定により新法第5条第1項の許可を受けたものとみなされた者に対する新法第14条第1項の規定による当該許可の取消し又は同条第2項の規定による労働者派遣事業の全部若しくは一部の停止の命令に関しては、施行日前に生じた事由については、なお従前の例による。

（特定労働者派遣事業に関する経過措置）
第6条　この法律の施行の際現に旧法第16条第1項の規定により届出書を提出して特定労働者派遣事業（旧法第2条第5号に規定する特定労働者派遣事業をいう。）を行っている者は、施行日から起算して3年を経過する日までの間（当該期間内に第4項の規定により労働者派遣事業の廃止を命じられたとき、又は新法第13条第1項の規定により労働者派遣事業を廃止した旨の届出をしたときは、当該廃止を命じられた日又は当該届出をした日までの間）は、新法第5条第1項の規定にかかわらず、引き続きその事業の派遣労働者（業として行われる労働者派遣の対象となるものに限る。）が常時雇用される労働者のみである労働者派遣事業を行うことができる。その者がその期間内に同項の許可の申請をした場合において、その期間を経過したときは、その申請について許可又は不許可の処分がある日までの間も、同様とする。
2　前項の規定による労働者派遣事業に関しては、新法第5条、第7条から第10条まで、第11条第1項後段及び第2項から第4項まで、第13条第2項、第14条並びに第54条の規定は適用しないものとし、新法の他の規定の適用については、当該労働者派遣事業を行う者を新法第2条第4号に規定する派遣元事業主とみなす。この場合において、新法第11条第1項中「第5条第2項各号に掲げる」とあるのは「労働者派遣事業の適正な運営の確保及び派遣労働者の保護等に関する法律等の一部を改正する法律（平成27年法律第73号）第1条の規定による改正前の労働者派遣事業の適正な運営の確保及び派遣労働者の保護等に関する法律（以下「平成27年改正前法」という。）第16条第1項の届出書に記載すべきこととされた」と、新法第26条第3項中「第5条第1項の許可を受けている」とあるのは「平成27年改正前法第16条第1項の規定により届出書を提出している」とするほか、必要な読替えは、政令で定める。
3　第1項の規定による労働者派遣事業を行う者は、旧法第16条第1項の届出書を提出した旨その他厚生労働省令で定める事項を記載した書類を、労働者派遣事業を行う事業所ごとに備え付けるとともに、関係者から請求があったときは提示しなければならない。
4　厚生労働大臣は、第1項の規定による労働者派遣事業を行う者が新法第6条各号（第4号から第7号までを除く。）のいずれかに該当するとき、又は施行日前に旧法第48条第3項の規定による指示を受け、若しくは施行日以後に新法第48条第3項の規定による指示を受けたにもかかわらず、なお新法第23条第3項若しくは第23条の2の規定に違反したときは当該労働者派遣事業の廃止を、当該労働者派遣事業（2以上の事業所を設け

て当該労働者派遣事業を行う場合にあっては、各事業所ごとの当該労働者派遣事業。以下この項において同じ。）の開始の当時旧法第6条第4号から第7号までのいずれかに該当するときは当該労働者派遣事業の廃止を、命ずることができる。
5　厚生労働大臣は、第1項の規定による労働者派遣事業を行う者が施行日前に旧法（第3章第4節の規定を除く。）の規定若しくは当該規定に基づく命令若しくは処分に違反したとき、若しくは施行日以後に新法（第3章第4節の規定を除く。）の規定若しくは当該規定に基づく命令若しくは処分に違反したとき、又は職業安定法（昭和22年法律第141号）の規定若しくは当該規定に基づく命令若しくは処分に違反したときは、期間を定めて当該労働者派遣事業の全部又は一部の停止を命ずることができる。
6　前2項の規定による処分に違反した者は、1年以下の懲役又は100万円以下の罰金に処する。
7　法人の代表者又は法人若しくは人の代理人、使用人その他の従業者が、その法人又は人の業務に関して、前項の違反行為をしたときは、行為者を罰するほか、その法人又は人に対しても、同項の罰金刑を科する。
（労働者派遣の期間に係る経過措置）
第7条　新法第35条の3の規定は、施行日以後に締結される労働者派遣契約に基づき行われる労働者派遣について適用する。
（派遣元管理台帳及び派遣先管理台帳に関する経過措置）
第8条　新法第37条第1項第8号の規定は、施行日以後に新法第30条第1項（同条第2項の規定により読み替えて適用する場合を含む。）の規定により講じられる措置について適用する。
2　新法第37条第1項第9号及び第42条第1項第9号の規定は、施行日以後に行われる教育訓練について適用する。
（労働者派遣の役務の提供を受ける期間に関する経過措置）
第9条　新法第40条の2の規定は、施行日以後に締結される労働者派遣契約に基づき行われる労働者派遣について適用し、施行日前に締結された労働者派遣契約に基づき行われる労働者派遣については、なお従前の例による。
2　新法第40条の3の規定は、施行日以後に締結される労働者派遣契約に基づき行われる労働者派遣について適用する。
（罰則に関する経過措置）
第10条　施行日前にした行為並びに附則第5条及び前条第1項の規定によりなお従前の例によることとされる場合における施行日以後にした行為に対する罰則の適用については、なお従前の例による。
（政令への委任）
第11条　この附則に規定するもののほか、この法律の施行に関し必要な経過措置は、政令で定める。
（以下　略）

巻末資料

● 労働者派遣事業の適正な運営の確保及び派遣労働者の保護等に関する法律等の一部を改正する法律案に対する附帯決議 ●

(平成27年9月8日　参議院厚生労働委員会)

政府は、本法の施行に当たり、次の事項について適切な措置を講ずるべきである。
一、労働者派遣法の原則について
  1　派遣就業は臨時的・一時的なものであるべきとの基本原則については本法施行後も変わらないことに十分留意し、かつ、派遣労働が企業にとって単純な労働コストの削減や雇用責任の回避のために利用されてはならないことを再確認し、労働者派遣法の規定の運用に当たること。また、労働者派遣法の根本原則である常用代替の防止は、派遣労働者が現に派遣先で就労している常用雇用労働者を代替することを防止するだけでなく、派遣先の常用雇用労働者の雇用の機会が不当に狭められることを防止することを含むものであり、このことに十分留意し、労働者派遣法の規定の運用に当たること。特に、派遣先が派遣労働者を受け入れたことによりその雇用する労働者を解雇することは常用代替そのものであり、派遣労働の利用の在り方として適当でない旨を周知すること。
  2　直接雇用が労働政策上の原則であることに鑑み、正社員として働くことを希望している派遣労働者に正社員化の機会が与えられるよう、派遣元事業主と派遣先のそれぞれに派遣労働者の正社員化に向けた取組を講じさせることや、国として派遣労働者の正社員化を促進する取組を支援する具体的措置を実施することなどを含め最大限努力すること。その際、派遣労働者からの転換を目指すべき正社員とは、労働契約の期間の定めがなく、所定労働時間がフルタイムであり、直接雇用の労働者であることが原則であること、加えて、長期的な雇用に基づく処遇体系の下にある労働者であることが求められることに留意すること。また、短時間労働者、有期雇用労働者等の非正規雇用労働者についても、労働者の意向に沿って、正社員化の機会が与えられるよう最大限努力すること。
二、労働者派遣事業について
  1　特定労働者派遣事業と一般労働者派遣事業との区分を撤廃し、全ての労働者派遣事業を許可制とするに当たっては、派遣業界全体の健全化、派遣労働者の実効性ある保護につながるような許可基準に見直すこと。派遣労働者の基本的権利や労働者としての尊厳、更には正当な労働の対価の支払や雇用の安定を無視して利益確保に走るような派遣元事業主が業界から排除されるよう許可制を適切かつ確実に運用すること。また、全面許可制への移行に伴い増大する許可・更新手続、相談・申告対応、指導監督等を適切に実施する体制の確保が必要であることから、都道府県労働局の需給調整業務に係る組織体制の拡充、需給調整指導官の必要な人員増及びその専門スキルの向上を図るための研修の実施等に努めること。
  2　労働者派遣事業の許可に当たっては、事業運営の実績等がない中で書面による審査にならざるを得ないこと等に鑑み、最初の許可更新の際に、当該更新を受けようとする派遣元事業主が許可基準を満たしていることを労働政策審議会に報告することとし、その効果を検証した上で、初回の許可の有効期間である3年を短縮することについても検討すること。
  3　現在、届出のみで特定労働者派遣事業を営んでいる小規模派遣事業主への暫定的な配慮措置を検討するに当たっては、労働政策審議会における議論を踏まえ、優良な小規模派遣事業主が不当に排除されることがないよう配慮しつつ、許可基準が派遣元事業主の雇用責任を担保するために果たしている役割に十分留意するとともに、当該配慮措置の期間が必要以上とならないよう留意すること。また、派遣元事業主として派遣労働者保護の責任等を適正に履行することができる優良な小規模派遣元事業主が新制度に移行できるよう、事業主からの技術的かつ財政的な面での相談に応じるなどの必要な支援を行うこと。その上で、本法施行後に事業の許可を受けずに廃業する派遣元事業主に雇用されている派遣労働者については、その生活及び雇用の安定を図るための方策を講ずるよう努めること。
  4　派遣労働者の保護等を適正に実施する派遣元事業主を優遇し、優良な派遣元事業主を育成するため、認定制度の活用促進策について具体的な検討を行い、早急に実施すること。あわせて、法令違反を繰り返す派遣元事業主に対しては、厳正なる指導監督の強化、許可の取消しを含めた処分の徹底を行うとともに、企業名の公表についても検討すること。
  5　マージン率については、派遣労働者保護の観点から社会通念上適切な範囲があると考えられることに鑑み、その規制の在り方について検討すること。また、マージン率の関係者への情報提供に当たっては、平成24年改正法の立法趣旨を踏まえ、常時インターネットにより広く関係者とりわけ派遣労働者に必要な情報が提供される方法で情報提供を行うことを原則とする旨を派遣元指針に規定すること。
  6　無許可で労働者派遣事業を行う事業主に対しては、許可の取消し等の措置を採ることができないことに鑑み、行政による刑事告発を行うことも視野に、指導監督に万全を期すこと。また、企業名の公表等について検討すること。

三、期間制限について
1 新たに期間制限が掛かることとなる26業務に現に従事する派遣労働者について、本法の施行を理由とした労働契約の更新拒絶の動きがあることに鑑み、労働契約法第18条及び第19条の趣旨の派遣元事業主への周知、不当な更新拒絶を行わないための関係団体への要請、無期雇用派遣労働者への転換支援、当該派遣労働者への相談支援及び就業継続支援体制の整備等、当該派遣労働者の雇用の安定化のための措置を早急に講ずること。さらに、施行日前に締結された労働者派遣契約に基づき行われる労働者派遣については、派遣労働者の保護に欠けることのないよう、本法施行前の第40条の4の規定等に基づく指導・助言を徹底するとともに、それに従わない派遣先に対しては勧告や公表も含め、厳しく対処すること。
2 無期雇用派遣労働者を派遣契約の終了のみを理由として解雇してはならない旨を派遣元指針及び許可基準に規定し、事業の許可及びその更新の審査段階等において必要な指導等を行うことができるようにすること。さらに、その旨を許可の条件とし、これに違反した派遣元事業主の許可の取消しを行うことができるようにすること。また、有期雇用派遣労働者についても、派遣契約終了時に労働契約が存続している派遣労働者については、派遣契約の終了のみを理由として解雇してはならない旨を派遣元指針に明記すること。
3 クーリング期間経過後、派遣労働者の意向に反し、再び同一の組織単位の業務に派遣することは派遣労働者のキャリアアップの観点から望ましくない旨を派遣元指針に規定すること。また、派遣労働の利用は臨時的・一時的なものが原則であることから、その利用は3年以内が原則であることを明らかにすること。特に、派遣先が派遣可能期間の延長の是非を判断するに当たっては、必ず過半数労働組合等からの意見聴取を実施し、この原則を尊重すべきであることを周知徹底すること。また、派遣先による対応方針の説明等は労使自治の考え方に基づく実質的な話合いができる仕組みの構築が目的であることを併せて周知すること。なお、過半数労働組合等からの意見聴取手続の適正かつ効果的な運用が常用代替防止のために重要な役割を果たすことに鑑み、過半数労働組合等が的確な意見を述べられるよう、事業所全体で受け入れた派遣労働者数の推移のほか、過半数労働組合等からの求めに応じ、部署ごとの派遣労働者数及び派遣受入れ期間等の情報が派遣先から提供されることが望ましい旨を派遣先指針に規定し、周知徹底を図ること。さらに、国として過半数労働組合のある事業所の割合、意見聴取において過半数労働組合等から反対意見が出された割合及びその内容等の実態を把握するための調査及び分析を行うこと。なお、最初の派遣労働者の受入れに当たっては、過半数労働組合等にその受入れの考え方について説明することが望ましいことを周知すること。
4 改正後の第40条の2第4項の規定に基づき、過半数代表者から意見聴取を行うときには、過半数代表者が管理監督者である場合、投票、挙手等の民主的な方法によらず使用者の指名等の非民主的・恣意的方法により選出されたものである場合等については、意見聴取手続が適正でないと判断されることに鑑み、過半数代表者の適正かつ民主的な選出について、厳正な確認、必要な指導等を行うこと。また、労働者が過半数代表者であること若しくは過半数代表者になろうとしたこと又は過半数代表者として正当な行為をしたことを理由として不利益な取扱いをしてはならないことを省令で定め、その違反に対しては厳正に対処すること。その状況によっては、不利益取扱いに関する規制の在り方について検討すること。さらに、意見を聴取した過半数代表者が民主的な方法により選出されたものではない場合については、事実上意見聴取が行われていないものと同視して、労働契約申込みみなし制度の対象とすること。なお、派遣先が意見聴取の過程及び結果並びに対応方針等の説明の内容について故意に記録せず又は記録を破棄した場合、意見聴取に当たり合理的な意見表明が可能となるような資料が派遣先から提供されない場合等については、法の趣旨に照らして不適当であることから、厳正に対処すること。
5 意見聴取手続において過半数労働組合等から反対意見が述べられた場合、派遣先は十分その意見を尊重するよう努めるべきであり、当該意見への対応方針を説明するに際しては、当該意見を勘案して労働者派遣の役務の提供の受入れについて再検討を加えること等により、過半数労働組合等の意見を十分に尊重するよう努めるべき旨を派遣先指針に規定すること。さらに、2回目以降の延長に係る意見聴取において、再度反対意見が述べられた場合については、当該意見を十分に尊重し、受入れ人数の削減等の対応方針を採ることを検討し、その結論をより一層丁寧に説明しなければならない旨を派遣先指針に明記すること。
6 派遣可能期間の延長手続を回避することを目的として、クーリング期間を置いて再度派遣労働の受入れを再開するような、実質的に派遣労働の受入れを継続する行為は、過半数労働組合等からの意見を聴取しなければ3年を超えて派遣労働を受け入れてはならないとした立法趣旨に反する旨を派遣先指針に規定すること。

四、雇用安定措置について
1 雇用安定措置として講ずる内容について記載した労働契約のひな形を作成し周知すること。また、雇用安定措置のうちいずれの措置を講ずるかについては派遣労働者の意向を尊重することが重要である旨、特に派遣労働者が派遣先への直接雇用を望んでいる場合には直接雇用につながる措置を採ることが望ましい旨、及びキャリア・コンサルティングや労働契約の更新の際の面談等の機会を通じてあらかじめ派遣労働者の意向を確認し、早期に雇用安定措置の履行に着手すべきである旨を派遣元指針に規定すること。また、派遣元事業主が行う派遣先に対する直接雇用の申込みの依頼は書面の交付等により行うことが望ましいことを周知す

ること。さらに、改正後の第30条第2項の雇用安定措置の対象となる派遣労働者については、派遣元事業主によって当該義務が適切に履行されるか、当該派遣労働者が希望しなくなるまでその効力が失われないことを周知徹底するとともに、義務を履行せずに労働契約が終了した場合であっても、同条第1項第4号の規定により、労働契約を継続して有給で雇用の安定を図るために必要な措置を講ずること等を通じて、その義務を履行しなければならないことについて、確実に周知徹底すること。

2　派遣元事業主と通算して1年以上の労働契約を結んでいた派遣労働者については、派遣契約の期間にかかわらず、雇用安定措置の対象となることを派遣元事業主及び派遣労働者に周知徹底し、雇用安定措置の適正かつ効果的な運用を担保すること。さらに、雇用安定措置については、派遣労働者の年齢や業務等によってその雇用の継続が困難な場合も含め、派遣元事業主の履行を確保するよう厳正な指導等を行うこと。

3　雇用安定措置の実効性ある実施が派遣労働者の保護の観点から最も重要であることに鑑み、派遣元事業主が個々の派遣労働者に対して実施した雇用安定措置については、その内容を派遣元管理台帳に記載することで、派遣労働者に対するキャリア・コンサルティングや雇用安定措置に係る派遣労働者の意向の確認等にも積極的に活用するよう、派遣元事業主に対して指導すること。なお、派遣先に対して行った直接雇用の依頼については、派遣先からの受入れの可否についても併せて派遣元管理台帳に記載させること。

4　雇用安定措置の真に実効性ある実施により労働契約法第18条の無期転換申込権を得ることのできる派遣労働者を拡大することが、派遣労働の中では比較的安定的な無期雇用派遣労働者への転換を望む派遣労働者の希望をかなえることにつながることから、改めて同法第18条の立法趣旨を派遣元事業主に周知徹底するとともに、その適用を意図的・恣意的に逃れる行為は同法第18条の観点から脱法行為である旨を派遣元指針に規定すること。また、派遣元事業主が繰り返し派遣期間3年直前で派遣就業を終了させ、又は意図的に3年見込みに達しないように派遣契約を調整することにより雇用安定措置の義務逃れをすることは、雇用安定措置の立法趣旨に反する旨を派遣元指針に規定すること。さらに、そのような雇用安定措置の義務逃れをする派遣元事業主について繰り返し指導を行っても改善しない場合、事業許可の更新を認めない旨を許可基準に盛り込み、派遣元事業主の事業許可の更新を認めないこと。

5　雇用安定措置のうち、派遣先への直接雇用の依頼については、直接雇用の依頼を受けた件数に対して派遣先が直接雇用した人数が著しく少ない場合については、派遣先に対してその理由を聴取し直接雇用化の推進に向けた助言・指導を行うものとすること。また、新たな派遣先の提供については、業務の内容や福利厚生等に係る就業の条件について、特に賃金、就業場所、通勤時間等に関して合理的と認められる目安を定め周知すること。

五、派遣労働者の待遇について

1　均衡を考慮した待遇を確保するため、派遣元事業主が派遣労働者の賞与や退職金等を含む賃金を決定するに当たって考慮し、勘案すべき内容について明確化するとともに、その周知を図ること。また、派遣元事業主は、派遣先との派遣料金の交渉が派遣労働者の待遇改善にとって極めて重要であることを踏まえ、交渉に当たるべきである旨を派遣元指針に規定し、その周知徹底を図ること。さらに、派遣先も、派遣料金を設定する際に就業の実態や労働市場の状況等を勘案し、派遣される労働者の賃金水準が派遣先の同種の業務に従事する労働者の賃金水準と均衡が図られたものになるよう努める旨を派遣先指針に規定すること。派遣労働者が待遇に関する事項等の説明を求めたことを理由として不利益な取扱いをしないようにしなければならない旨を派遣元指針に規定し、派遣元事業主に対し厳正な指導監督等を行うこと。また、不利益な取扱いを受けた派遣労働者への救済措置の在り方について検討を行うこと。

2　均等・均衡待遇の在り方について検討するための調査研究その他の措置の結果を踏まえ、速やかに労働政策審議会において、派遣労働者と派遣先に雇用される労働者との均等・均衡待遇の実現のため、法改正を含めた必要な措置の在り方について議論を開始すること。その際、パートタイム労働法や労働契約法の関係規定も参酌して行うこと。

3　派遣元事業主に雇用される通常の労働者と有期雇用派遣労働者との間における、通勤手当の支給に関する労働条件の相違は労働契約法第20条に基づき、働き方の実態その他の事情を考慮して不合理と認められるものであってはならない旨を派遣元指針に規定すること。

4　派遣労働者が安心して働くことができる環境を整備するため、派遣先が派遣労働者の労働・社会保険への加入状況を確認できる仕組みを強化するほか、派遣労働者を労働・社会保険に加入させることなく事業を行う派遣元事業主に対して指導監督等を強化するなど、派遣労働者に対する労働・社会保険適用の促進を図ること。また、派遣労働者を労働・社会保険に加入させることを許可基準に加えることについて検討すること。

5　派遣労働者の育児休業の取得については、恣意的な判断や、誤解に基づく運用により派遣労働者の権利が不当に制限されることがないよう、育児休業、介護休業等育児又は家族介護を行う労働者の福祉に関する法律の内容を周知し、適切な指導等を行うこと。また、派遣労働者の育児休業の取得に向けた取組等が優良な派遣元事業主等に対する優良認定の仕組みを推進し、派遣労働者の育児休業の取得率が著しく低い派遣元事業主についての対策を検討すること。さらに、派遣労働者を始め非正規雇用労働者の育児休業の取得を促進するため、その取得状況や不利益取扱い等に係る実態を早急に把握するとともに、法制上の措置を含む取得

促進のための実効性ある措置を講ずることを検討すること。その際、派遣労働者の育児休業については、育児休業からの復帰時の派遣先の確保など派遣労働者固有の課題があることを踏まえ、検討を行うこと。

六、キャリアアップ措置について

1　段階的かつ体系的な教育訓練等のキャリアアップ支援については、派遣労働者の正社員化や賃金等の待遇改善という成果につながるものとなるよう、派遣元事業主に対して助言等を行うこと。また、派遣元事業主が、個々の派遣労働者について適切なキャリアアップ計画を当該派遣労働者との相談に基づいて策定し、派遣労働者の意向に沿った実効性ある教育訓練等が実施されること、また、キャリアアップの成果は賃金表に反映することが望ましいことを周知すること。派遣元事業主に義務付けられる教育訓練については、その義務の具体的な内容を明確化するなどして周知するとともに、その履行が徹底されるよう適切な指導等を行うこと。さらに、派遣元事業主に義務付けられる教育訓練の内容について、派遣元事業主は、派遣労働者に周知するよう努めるべきである旨を周知し、インターネット等により関係者に対して情報提供することが望ましい旨を派遣元指針に規定すること。

2　派遣元事業主に義務付けられる教育訓練の実施状況については、事業報告、派遣元管理台帳等によって確認し、その実施について適切な指導監督等を行うとともに、事業許可の更新の際には重要なチェック項目としてその適正かつ誠実な実施を確認し、基準を満たさない場合には更新をしないことも含め厳正に対処すること。

3　派遣元事業主に義務付けられる教育訓練の実施に当たっては、必ず有給かつ無償で行わなければならない旨を許可基準に盛り込むこと。また、その費用をマージン率の引上げによる派遣労働者の賃金の削減で補うことは望ましくないことを周知徹底すること。その義務違反に対しては、許可の取消しや更新をしないことを含め厳正に対処すること。また、派遣元事業主に義務付けられる教育訓練を受けるために掛かる交通費については、派遣先との間の交通費よりも高くなる場合は派遣元事業主において負担すべきである旨を周知すること。さらに、派遣元事業主に義務付けられる教育訓練以外の教育訓練については、派遣労働者のキャリアアップのために自主的に実施すること、また、派遣労働者の負担は実費程度とし受講しやすくすることが望ましい旨を派遣元指針に規定すること。派遣労働者の参加が強制される場合、派遣労働者が当該教育訓練に参加した時間は労働時間であり有給とする必要があることを周知すること。

4　派遣労働者のキャリアアップのためには、キャリア・コンサルティングが効果的であることに鑑み、派遣労働者の意向に沿ったキャリア・コンサルティングが実施されるよう、派遣元事業主に対し指導等を行うこと。また、短期細切れ派遣が繰り返されるような登録型派遣や日雇派遣等の派遣労働者についても、派遣元事業主に義務付けられる教育訓練の実施及びキャリア・コンサルティングの提供は必須であること、その実施は労働契約が締結された状況で行われなければならないこと、そのため必要に応じて労働契約の締結・延長等の措置を講ずる必要があることを周知徹底すること。

5　派遣先に雇用される労働者の募集に係る事項の周知については、周知した事項の内容を記録し保存することが望ましい旨を周知すること。また、派遣労働者の直接雇用化を推進するため、派遣先が派遣契約の終了後に派遣労働者を直接雇用する場合の紛争が起こらないよう派遣元事業主に支払う紹介手数料の取扱い等については、派遣契約の記載事項として省令で定めること。さらに、派遣先が派遣労働者を正社員として採用するなど直接雇用しようとする際、それを派遣元事業主が禁止したり妨害したりすることは労働者派遣法の趣旨に反するものであることを明確化し、そのような派遣元事業主に対しては、厳正な指導を行うこと。

七、派遣先の責任について

1　派遣先の使用者性を認めた中労委命令及び裁判例について周知を図り、派遣先が苦情処理を行う際しては、それらに留意する旨を派遣先指針に規定すること。また、派遣先において適切かつ迅速な処理を図らなければならない苦情の内容として、派遣先におけるセクハラ・パワハラ等について派遣先指針に例示すること。さらに、派遣先の団体交渉応諾義務の在り方について、法制化も含めた検討を行うこととし、その際、労働時間管理、安全衛生、福利厚生、職場におけるハラスメント、労働契約申込みみなし制度の適用等に関する事項に係る団体交渉における派遣先の応諾義務についても検討すること。

2　派遣元事業主の責めに帰すべき事由によって派遣労働者の労働義務が履行不能になった場合においては、民法第536条第2項の規定による反対給付や労働基準法第26条の規定による休業手当が確実に支払われるべきであることを、当事者を含む関係者に周知徹底すること。また、これらの場合における派遣労働者への賃金等の支払に関する実態の調査を行うこと。

3　派遣先による派遣労働者を特定することを目的とする行為は、労働者派遣法の趣旨に照らし不適当な行為であることに鑑み、その禁止の義務化について検討すること。

4　労働契約申込みみなし制度の実効性を担保するため、派遣労働者に対してみなし制度の内容の周知を図るとともに、派遣労働者がみなし制度を利用できる状態にあることを認識できる仕組みを設けること。また、みなし制度の趣旨が違法派遣と知りながら派遣労働者を受け入れている派遣先への制裁及び派遣労働者の保護にあることに鑑み、派遣先は、労働者の意向を踏まえつつ、みなし制度の下で有期の労働契約が成立した後に当該契約を更新することについては、派遣元事業主と締結されていた労働契約の状況等を考慮し真摯に

検討すべきである旨を周知すること。さらに、離職した労働者を離職後１年以内に派遣労働者として受け入れてはならないとの禁止規定に違反した場合、事前面接を始めとする派遣労働者を特定することを目的とする行為を行った場合、グループ企業内派遣の８割規制に違反した場合等の派遣先の責任を強化するため、みなし制度の対象を拡大することについて検討すること。

八、その他
1 今後、労働者派遣法改正について、施行後の状況を踏まえ、その見直しについての検討を行う際には、今回の改正により新設された個人単位及び事業所単位の期間制限、雇用安定措置等の改正規定について、常用代替防止、派遣労働者の保護、雇用の安定等の観点から検討を行うものとすること。
2 派遣労働者の安全衛生については、雇用関係のある派遣元事業主と、就業上の指揮命令や労働時間の管理を行っている派遣先の連携が不十分であることから、派遣労働者の安全衛生上のリスクに対して就業上の配慮が十分になされていない可能性があるため、派遣労働者の安全衛生について派遣元事業主と派遣先が密接に連携する旨を派遣元指針及び派遣先指針双方に規定すること。また、安全衛生教育の実施は事業者の法的義務であるが、その実施率は低く、特に派遣労働者に対する実施率は全労働者より低くなっていること、及び労働災害発生率の高い派遣労働者にこそ十分な安全衛生教育が実施される必要があることに鑑み、派遣元事業主及び派遣先による安全衛生教育の実施の徹底を図ること。
3 派遣労働者の労働関係法令に関する知識の修得の必要性を踏まえ、派遣元事業主から派遣労働者にその機会が与えられるよう指導等を行うこと。また、派遣先に対して、派遣先責任者講習等の機会を活用し、労働関係法令の遵守に必要な知識の付与を図ること。
4 個々の派遣労働者についての派遣元管理台帳の保管については、派遣労働者のための雇用安定措置、キャリアアップ措置等の着実かつ適正な実施を確保する観点から適切に行わせること。なお、キャリアアップ措置については、長期的・継続的に行う必要があるため、派遣元事業主が派遣労働者に関する情報を中長期的に管理する体制を整備することを求めること。
5 無期雇用派遣労働者の募集に当たっては、正社員の募集と誤認させることがないよう指導等を徹底すること。
6 平成24年改正法の見直しの検討に当たっては、派遣労働者の保護や待遇が後退することとならないようにすること。また、雇用仲介事業の在り方の検討は、求職者及び労働者の保護や待遇が後退することとならないようにすること。また、職業安定法第44条に定める労働者供給事業の禁止については、行政による刑事告発を行うなど、指導監督に万全を期すこと。

右決議する。

平成24年労働者派遣法改正時の附帯決議

労働者派遣事業の適正な運営の確保及び派遣労働者の就業条件の整備等に関する法律等の一部を改正する法律案に対する附帯決議

(平成23年12月7日　衆議院厚生労働委員会)

政府は、本法の施行に当たり、次の事項について適切な措置を講ずるべきである。
一 登録型派遣の在り方、製造業務派遣の在り方及び特定労働者派遣事業の在り方については、本法施行後１年経過後をめどに、東日本大震災による雇用状況、デフレ・円高等の産業に与える影響及び派遣労働者の就労機会の確保等も勘案して論点を整理し、労働政策審議会での議論を開始すること。
二 いわゆる専門26業務に該当するかどうかによって派遣期間の取扱いが大きく変わる現行制度について、派遣労働者や派遣元・派遣先企業に分かりやすい制度となるよう、速やかに見直しの検討を開始すること。検討の結果が出るまでの間、期間制限違反の指導監督については、労働契約申込みみなし制度が創設されること等も踏まえ、丁寧・適切に、必要な限度においてのみ実施するよう改めること。
　労働契約申込みみなし規定の適用に当たっては、事業者及び労働者に対し、期間制限違反に該当するかどうか等の助言を丁寧に行うこと。
三 いわゆる偽装請負の指導監督については、労働契約申込みみなし制度が創設されること等も踏まえ、丁寧・適切に実施するよう改めること。
　労働契約申込みみなし規定が適用される「偽装する意図を持っているケース」を、具体的に明確化すること。併せて、事業者及び労働者に対し、偽装請負に該当するかどうかの助言を丁寧に行うとともに、労働者派遣と請負の区分基準を更に明確化すること。
四 労働契約申込みみなし制度の創設に当たり、派遣労働者の就業機会が縮小することのないよう、周知と意見

- 五　派遣労働者に対する労働・社会保険適用を一層促進するため、現行の派遣元指針及び派遣先指針に記載されている労働・社会保険適用の促進策の法定化を含む抜本強化について検討すること。
- 六　優良な派遣元事業主が育成されるよう、法令遵守の一層の徹底、派遣労働者の労働条件の改善等、労働者派遣事業適正運営協力員制度の活用も含めた適切な指導、助言等を行うこと。
- 七　派遣労働者の職業能力の開発を図るため、派遣元事業主は派遣労働者に対し教育訓練の機会を確保し、労働者派遣業界が派遣労働者の雇用の安定等に必要な職業能力開発に取り組む恒久的な仕組みを検討すること。

労働者派遣事業の適正な運営の確保及び派遣労働者の就業条件の整備等に関する法律等の一部を改正する法律案に対する附帯決議

(平成24年3月27日　参議院厚生労働委員会)

政府は、本法の施行に当たり、次の事項について適切な措置を講ずるべきである。

- 一、登録型派遣の在り方、製造業務派遣の在り方及び特定労働者派遣事業の在り方については、本法の施行後一年を目途として、東日本大震災による雇用状況、デフレ・円高等の産業に与える影響及び派遣労働者の就労機会の確保等も勘案して論点を整理し、労働政策審議会での議論を開始すること。
- 二、いわゆる専門26業務に該当するかどうかによって派遣期間の取扱いが大きく変わる現行制度について、派遣労働者や派遣元・派遣先事業主に分かりやすい制度となるよう、速やかに見直しの検討を開始すること。検討の結論が出るまでの間、期間制限違反の指導監督については、労働契約申込みみなし制度が創設されること等も踏まえ、丁寧・適切に、必要な限度においてのみ実施するよう徹底すること。また、労働契約申込みみなし規定の適用に当たっては、事業主及び労働者に対し、期間制限違反に該当するかどうか等の助言を丁寧に行うこと。
- 三、いわゆる偽装請負の指導監督については、労働契約申込みみなし制度が創設されること等も踏まえ、丁寧・適切に実施するよう徹底すること。また、労働契約申込みみなし規定が適用される「偽装する意図を持っているケース」を、具体的に明確化すること。併せて、事業主及び労働者に対し、偽装請負に該当するかどうかの助言を丁寧に行うとともに、労働者派遣と請負の区分基準を更に明確化すること。
- 四、労働契約申込みみなし制度の創設に当たり、派遣労働者の就業機会が縮小することのないよう、周知と意見聴取を徹底するよう努めること。
- 五、派遣労働者に対する労働・社会保険適用を一層促進するため、現行の派遣元指針及び派遣先指針に記載されている労働・社会保険適用の促進策の法定化を含む抜本強化について検討すること。
- 六、優良な派遣元事業主が育成されるよう、法令遵守の一層の徹底、派遣労働者の労働条件の改善等、労働者派遣事業適正運営協力員制度の活用も含めた適切な指導、助言等を行うこと。
- 七、派遣労働者の職業能力の開発を図るため、派遣元事業主は派遣労働者に対し教育訓練の機会を確保し、労働者派遣業界が派遣労働者の雇用の安定等に必要な職業能力開発に取り組む恒久的な仕組みを検討すること。
- 八、本法施行に当たっては、あらかじめ、派遣労働者、派遣元・派遣先事業主等に対し、日雇派遣の原則禁止、派遣労働者の無期雇用への転換推進、均衡待遇の確保、「マージン率」の情報公開など今回の改正内容について、十分な広報・情報提供を行い、周知徹底するよう万全を期すこと。

　　右決議する。

参考法令　改正前の労働者派遣法（抜粋）

第40条の４　派遣先は、第35条の２第２項の規定による通知を受けた場合において、当該労働者派遣の役務の提供を受けたならば第40条の２第１項の規定に抵触することとなる最初の日以降継続して第35条の２第２項の規定による通知を受けた派遣労働者を使用しようとするときは、当該抵触することとなる最初の日の前日までに、当該派遣労働者であつて当該派遣先に雇用されることを希望するものに対し、労働契約の申込みをしなければならない。

第40条の５　派遣先は、当該派遣先の事業所その他派遣就業の場所ごとの同一の業務（第40条の２第１項各号に掲げる業務に限る。）について、派遣元事業主から３年を超える期間継続して同一の派遣労働者に係る労働者派遣の役務の提供を受けている場合において、当該同一の業務に労働者を従事させるため、当該３年が経過した日以後労働者を雇い入れようとするときは、当該同一の派遣労働者に対し、労働契約の申込みをしなければならない。ただし、当該同一の派遣労働者について第35条の規定による期間を定めないで雇用する労働者である旨の通知を受けている場合は、この限りでない。

参考法令　労働契約法（抜粋） （平成19年法律第128号）

（有期労働契約の期間の定めのない労働契約への転換）

第18条　同一の使用者との間で締結された二以上の有期労働契約（契約期間の始期の到来前のものを除く。以下この条において同じ。）の契約期間を通算した期間（次項において「通算契約期間」という。）が５年を超える労働者が、当該使用者に対し、現に締結している有期労働契約の契約期間が満了する日までの間に、当該満了する日の翌日から労務が提供される期間の定めのない労働契約の締結の申込みをしたときは、使用者は当該申込みを承諾したものとみなす。この場合において、当該申込みに係る期間の定めのない労働契約の内容である労働条件は、現に締結している有期労働契約の内容である労働条件（契約期間を除く。）と同一の労働条件（当該労働条件（契約期間を除く。）について別段の定めがある部分を除く。）とする。

２　当該使用者との間で締結された一の有期労働契約の契約期間が満了した日と当該使用者との間で締結されたその次の有期労働契約の契約期間の初日との間にこれらの契約期間のいずれにも含まれない期間（これらの契約期間が連続すると認められるものとして厚生労働省令で定める基準に該当する場合の当該いずれにも含まれない期間を除く。以下この項において「空白期間」という。）があり、当該空白期間が６月（当該空白期間の直前に満了した一の有期労働契約の契約期間（当該一の有期労働契約を含む二以上の有期労働契約の契約期間の間に空白期間がないときは、当該二以上の有期労働契約の契約期間を通算した期間。以下この項において同じ。）が１年に満たない場合にあっては、当該一の有期労働契約の契約期間に２分の１を乗じて得た期間を基礎として厚生労働省令で定める期間）以上であるときは、当該空白期間前に満了した有期労働契約の契約期間は、通算契約期間に算入しない。

（有期労働契約の更新等）

第19条　有期労働契約であって次の各号のいずれかに該当するものの契約期間が満了する日までの間に労働者が当該有期労働契約の更新の申込みをした場合又は当該契約期間の満了後遅滞なく有期労働契約の締結の申込みをした場合であって、使用者が当該申込みを拒絶することが、客観的に合理的な理由を欠き、社会通念上相当であると認められないときは、使用者は、従前の有期労働契約の内容である労働条件と同一の労働条件で当該申込みを承諾したものとみなす。

一　当該有期労働契約が過去に反復して更新されたことがあるものであって、その契約期間の満了時に当該有期労働契約を更新しないことにより当該有期労働契約を終了させることが、期間の定めのない労働契約を締結している労働者に解雇の意思表示をすることにより当該期間の定めのない労働契約を終了させることと社会通念上同視できると認められること。

二　当該労働者において当該有期労働契約の契約期間の満了時に当該有期労働契約が更新されるものと期待す

ることについて合理的な理由があるものであると認められること。
（期間の定めがあることによる不合理な労働条件の禁止）
第20条　有期労働契約を締結している労働者の労働契約の内容である労働条件が、期間の定めがあることにより同一の使用者と期間の定めのない労働契約を締結している労働者の労働契約の内容である労働条件と相違する場合においては、当該労働条件の相違は、労働者の業務の内容及び当該業務に伴う責任の程度（以下この条において「職務の内容」という。）、当該職務の内容及び配置の変更の範囲その他の事情を考慮して、不合理と認められるものであってはならない。

参考法令　労働者の職務に応じた待遇の確保等のための施策の推進に関する法律
（平成 27 年 9 月 16 日法律第 69 号）

（目的）
第1条　この法律は、近年、雇用形態が多様化する中で、雇用形態により労働者の待遇や雇用の安定性について格差が存在し、それが社会における格差の固定化につながることが懸念されていることに鑑み、それらの状況を是正するため、労働者の職務に応じた待遇の確保等のための施策に関し、基本理念を定め、国の責務等を明らかにするとともに、労働者の雇用形態による職務及び待遇の相違の実態、雇用形態の転換の状況等に関する調査研究等について定めることにより、労働者の職務に応じた待遇の確保等のための施策を重点的に推進し、もって労働者がその雇用形態にかかわらず充実した職業生活を営むことができる社会の実現に資することを目的とする。

（基本理念）
第2条　労働者の職務に応じた待遇の確保等のための施策は、次に掲げる事項を旨として行われなければならない。
　一　労働者が、その雇用形態にかかわらずその従事する職務に応じた待遇を受けることができるようにすること。
　二　通常の労働者以外の労働者が通常の労働者となることを含め、労働者がその意欲及び能力に応じて自らの希望する雇用形態により就労する機会が与えられるようにすること。
　三　労働者が主体的に職業生活設計（職業能力開発促進法（昭和44年法律第64号）第2条第4項に規定する職業生活設計をいう。次条第3項及び第8条において同じ。）を行い、自らの選択に応じ充実した職業生活を営むことができるようにすること。

（国の責務等）
第3条　国は、前条の基本理念にのっとり、労働者の職務に応じた待遇の確保等のための施策を策定し、及び実施する責務を有する。
2　事業主は、国が実施する労働者の職務に応じた待遇の確保等のための施策に協力するよう努めるものとする。
3　労働者は、職業生活設計を行うことの重要性について理解を深めるとともに、主体的にこれを行うよう努めるものとする。

（法制上の措置等）
第4条　政府は、労働者の職務に応じた待遇の確保等のための施策を実施するため、必要な法制上、財政上又は税制上の措置その他の措置を講ずるものとする。

（調査研究）
第5条　国は、次に掲げる事項について調査研究を行うものとする。
　一　労働者の雇用形態の実態
　二　労働者の雇用形態による職務の相違及び賃金、教育訓練、福利厚生その他の待遇の相違の実態
　三　労働者の雇用形態の転換の状況
　四　職場における雇用形態による職務の分担及び管理的地位への登用の状況
2　国は、前項第3号に掲げる事項について調査研究を行うに当たっては、通常の労働者以外の労働者が通常の労働者への転換を希望する場合における処遇その他の取扱いの実態、当該転換を妨げている要因等について重点的にこれを行うものとする。

（職務に応じた待遇の確保）
第6条　国は、雇用形態の異なる労働者についてもその待遇の相違が不合理なものとならないようにするため、事業主が行う通常の労働者及び通常の労働者以外の労働者の待遇に係る制度の共通化の推進その他の必要な施策を講ずるものとする。
2　政府は、派遣労働者（労働者派遣事業の適正な運営の確保及び派遣労働者の保護等に関する法律（昭和60年法律第88号）第2条第2号に規定する派遣労働者をいう。以下この項において同じ。）の置かれている状況に鑑み、派遣労働者について、派遣元事業主（同条第4号に規定する派遣元事業主をいう。）及び派遣先（同号に規定する派遣先をいう。以下この項において同じ。）に対し、派遣労働者の賃金の決定、教育訓練の実施、福利厚生施設の利用その他の待遇についての規制等の措置を講ずることにより、派遣先に雇用される労働者との間においてその業務の内容及び当該業務に伴う責任の程度その他の事情に応じた均等な待遇及び均衡のとれた待遇の実現を図るものとし、この法律の施行後、3年以内に法制上の措置を含む必要な措置を講ずるとともに、当該措置の実施状況を勘案し、必要があると認めるときは、所要の措置を講ずるものとする。

（雇用環境の整備）
第7条　国は、労働者がその意欲及び能力に応じて自らの希望する雇用形態により就労することが不当に妨げら

れることのないよう、労働者の就業形態の設定、採用及び管理的地位への登用等の雇用管理の方法の多様化の推進その他雇用環境の整備のために必要な施策を講ずるものとする。
2　国は、前項の施策を講ずるに当たっては、雇用形態により労働者の待遇や雇用の安定性について格差が存在する現状を踏まえ、通常の労働者以外の労働者の雇用管理の改善及び通常の労働者以外の労働者から通常の労働者への転換が促進されるよう、必要な配慮を行うものとする。

（教育の推進）
第8条　国は、国民が職業生活設計の重要性について理解を深めるとともに、労働者が主体的に職業生活設計を行い、自らの選択に応じ充実した職業生活を営むことができるよう、職業生活設計についての教育の推進その他必要な施策を講ずるものとする。

　　　附　則
（施行期日）
1　この法律は、公布の日から施行する。ただし、次項の規定は、労働者派遣事業の適正な運営の確保及び派遣労働者の保護等に関する法律等の一部を改正する法律（平成27年法律第73号）の施行の日から施行する。
（労働者派遣事業の適正な運営の確保及び派遣労働者の保護等に関する法律等の一部を改正する法律の一部改正）
2　労働者派遣事業の適正な運営の確保及び派遣労働者の保護等に関する法律等の一部を改正する法律の一部を次のように改正する。
　　附則に次の1条を加える。
　（労働者の職務に応じた待遇の確保等のための施策の推進に関する法律の一部改正）
第18条　労働者の職務に応じた待遇の確保等のための施策の推進に関する法律（平成27年法律第69号）の一部を次のように改正する。
　　第6条第2項中「同法第23条第1項」を「同条第4号」に、「同法第30条の2第1項」を「同号」に改める。
（調整規定）
3　労働者派遣事業の適正な運営の確保及び派遣労働者の保護等に関する法律等の一部を改正する法律の施行の日が国家戦略特別区域法及び構造改革特別区域法の一部を改正する法律（平成27年法律第56号）の施行の日以後である場合には、前項のうち労働者派遣事業の適正な運営の確保及び派遣労働者の保護等に関する法律等の一部を改正する法律附則に1条を加える改正規定中第18条を第19条とする。

労働者の職務に応じた待遇の確保等のための施策の推進に関する法律案に対する附帯決議

平成27年9月8日　参議院厚生労働委員会

政府は、本法の施行に当たり、次の事項について適切な措置を講ずるべきである。
一、雇用形態の相違による待遇格差を解消するに当たっては、民事的効力のある均等・均衡待遇規定の整備について調査し、必要な検討を行うこと。加えて、訴訟による解決が非正規雇用労働者にとって負担が重いことに鑑み、行政指導の根拠となる均等・均衡待遇規定の整備、訴訟よりも迅速な解決を図ることができる仕組みの整備、職務分析・職務評価の普及による労使の取組の支援等の訴訟によらない格差解消の方策等についても調査し、必要な検討を行うこと。
二、雇用形態の相違による待遇格差に関する訴訟においては、格差が不合理なものであること等の立証について、労働者側にとって過度な負担とならないことが望まれるため、立証責任の在り方について調査研究を行うとともに、裁判例の動向等を踏まえ、必要があると認められるときは、法律上の規定について検討を行うこと。
三、欧州において普及している協約賃金が雇用形態間で基本給格差を生じにくくさせている機能を果たしていることに鑑み、我が国においても特定最低賃金の活用について検討を行うこと。
四、派遣労働者について、派遣先に雇用される労働者との間においてその業務の内容及び当該業務に伴う責任の程度その他の事情に応じた均等な待遇及び均衡のとれた待遇の実現を図るとは、長期的な雇用に基づく処遇体系により様々な要素を広く評価して待遇を決定する我が国の雇用慣行を踏まえた諸事情を含むものであるところ、職務その他の事情の差がなければ均等待遇を図るべきであることに留意すること。
五、派遣労働者に関する法制上の措置を含む必要な措置を講ずるとは、派遣先に雇用される労働者との均等・均衡待遇の実現のために必要となる法制上の措置を講ずることが原則であることに留意すること。
六、派遣労働者に関する均等な待遇及び均衡のとれた待遇の確保の在り方について法制上の措置を含む必要な措

置を講ずるに当たっては、短時間労働者及び有期雇用労働者に係る措置を参酌して検討を行い、実効性のあるものとすること。また、派遣労働者の置かれている状況に鑑み、できる限り早期に必要な措置を講ずるよう努めること。

七、派遣労働者について派遣先に雇用される労働者との均等・均衡待遇の実現を図るために、派遣料金及びマージン率に対する国の関与の在り方について検討を行うこと。また、マージン率の関係者への情報提供について、インターネットによる提供を原則とするなど、より多くの者が見ることができる方策について検討すること。

八、派遣労働者であることによって特段の理由なく通勤手当が支給されないことは不合理であると考えられることから、派遣労働者への通勤手当の支給を促進するための対策について検討すること。

九、雇用形態による待遇の相違に係る調査研究の対象となる賃金とは、通勤手当、住居手当等の各種手当、賞与、退職金その他の使用者が労働者に支払う全てのものをいうことに留意すること。また、派遣労働者のキャリアと賃金体系との関係についての調査を行うこと。

十、非正規雇用労働者に係る均等・均衡待遇規定が雇用形態に対応した各法律に個別に規定されていることに鑑み、それぞれの規定の存在や内容について周知の徹底を図ること。

十一、1994年に採択された「パートタイム労働に関する条約（ＩＬＯ第175号条約）」の批准に向けて、我が国における短時間労働法制の見直しを進めるなど、精力的に努力するとともに、必要な検討を行うこと。

　右決議する。

労働者派遣事業の適正な運営の確保及び派遣労働者の保護等に関する法律施行令（抄）
（昭和61年4月3日政令第95号、最終改正：平成27年9月29日政令第340号）

（傍線部分は改正部分）

（法第4条第1項第3号の政令で定める業務）
第2条　法第4条第1項第3号の政令で定める業務は、次に掲げる業務（当該業務について紹介予定派遣をする場合、当該業務に係る労働者派遣が法第40条の2第1項第4号又は第5号に該当する場合及び第1号に掲げる業務に係る派遣労働者の就業の場所がへき地にあり、又は地域における医療の確保のためには同号に掲げる業務に業として行う労働者派遣により派遣労働者を従事させる必要があると認められるものとして厚生労働省令で定める場所（へき地にあるものを除く。）である場合を除く。）とする。
一　医師法（昭和23年法律第201号）第17条に規定する医業（医療法（昭和23年法律第205号）第1条の5第1項に規定する病院若しくは同条第2項に規定する診療所（厚生労働省令で定めるものを除く。以下この条において「病院等」という。）、同法第2条第1項に規定する助産所（以下この条において「助産所」という。）、介護保険法（平成9年法律第123号）第八条第27項に規定する介護老人保健施設（以下この条において「介護老人保健施設」という。）又は医療を受ける者の居宅（以下この条において「居宅」という。）において行われるものに限る。）
二　歯科医師法（昭和23年法律第202号）第17条に規定する歯科医業（病院等、介護老人保健施設又は居宅において行われるものに限る。）
三　薬剤師法（昭和35年法律第146号）第19条に規定する調剤の業務（病院等において行われるものに限る。）
四　保健師助産師看護師法（昭和23年法律第203号）第2条、第3条、第5条、第6条及び第31条第2項に規定する業務（他の法令の規定により、同条第1項及び第32条の規定にかかわらず、診療の補助として行うことができることとされている業務を含み、病院等、助産所、介護老人保健施設又は居宅において行われるもの（介護保険法第8条第3項に規定する訪問入浴介護及び同法第8条の2第2項に規定する介護予防訪問入浴介護に係るものを除く。）に限る。）
五　栄養士法（昭和22年法律第245号）第1条第2項に規定する業務（傷病者に対する療養のため必要な栄養の指導に係るものであつて、病院等、介護老人保健施設又は居宅において行われるものに限る。）
六　歯科衛生士法（昭和23年法律第204号）第2条第1項に規定する業務（病院等、介護老人保健施設又は居宅において行われるものに限る。）
七　診療放射線技師法（昭和26年法律第226号）第2条第2項に規定する業務（病院等、介護老人保健施設又は居宅において行われるものに限る。）
八　歯科技工士法（昭和30年法律第168号）第2条第1項に規定する業務（病院等において行われるものに限る。）

2　（略）

（法第35条の4第1項の政令で定める業務等）
第4条　法第35条の4第1項の政令で定める業務は、次のとおりとする。
一　電子計算機を使用することにより機能するシステムの設計若しくは保守（これらに先行し、後続し、その他これらに関連して行う分析を含む。）又はプログラム（電子計算機に対する指令であつて、一の結果を得ることができるように組み合わされたものをいう。第17号及び第18号において同じ。）の設計、作成若しくは保守の業務
二　機械、装置若しくは器具（これらの部品を含む。以下この号及び第18号において「機械等」という。）又は機械等により構成される設備の設計又は製図（現図製作を含む。）の業務
三　電子計算機、タイプライター又はこれらに準ずる事務用機器（第17号において「事務用機器」という。）の操作の業務
四　通訳、翻訳又は速記の業務
五　法人の代表者その他の事業運営上の重要な決定を行い、又はその決定に参画する管理的地位にある者の秘書の業務
六　文書、磁気テープ等のファイリング（能率的な事務処理を図るために総合的かつ系統的な分類に従つてする文書、磁気テープ等の整理（保管を含む。）をいう。以下この号において同じ。）に係る分類の作成又はファイリング（高度の専門的な知識、技術又は経験を必要とするものに限る。）の業務
七　新商品の開発、販売計画の作成等に必要な基礎資料を得るためにする市場等に関する調査又は当該調査の結果の整理若しくは分析の業務

八　貸借対照表、損益計算書等の財務に関する書類の作成その他財務の処理の業務
九　外国貿易その他の対外取引に関する文書又は商品の売買その他の国内取引に係る契約書、貨物引換証、船荷証券若しくはこれらに準ずる国内取引に関する文書の作成（港湾運送事業法第2条第1項第1号に掲げる行為に附帯して行うもの及び通関業法（昭和42年法律第122号）第2条第1号に規定する通関業務として行われる同号ロに規定する通関書類の作成を除く。）の業務
十　電子計算機、自動車その他その用途に応じて的確な操作をするためには高度の専門的な知識、技術又は経験を必要とする機械の性能、操作方法等に関する紹介及び説明の業務
十一　旅行業法（昭和27年法律第239号）第12条の11第1項に規定する旅程管理業務（旅行者に同行して行うものに限る。）若しくは同法第4条第1項第4号に規定する企画旅行以外の旅行の旅行者に同行して行う旅程管理業務に相当する業務（以下この号において「旅程管理業務等」という。）、旅程管理業務等に付随して行う旅行者の便宜となるサービスの提供の業務（車両、船舶又は航空機内において行う案内の業務を除く。）又は車両の停車場若しくは船舶若しくは航空機の発着場に設けられた旅客の乗降若しくは待合いの用に供する建築物内において行う旅行者に対する送迎サービスの提供の業務
十二　建築物又は博覧会場における来訪者の受付又は案内の業務
十三　科学に関する研究又は科学に関する知識若しくは科学を応用した技術を用いて製造する新製品若しくは科学に関する知識若しくは科学を応用した技術を用いて製造する製品の新たな製造方法の開発の業務（第1号及び第2号に掲げる業務を除く。）
十四　企業等がその事業を実施するために必要な体制又はその運営方法の整備に関する調査、企画又は立案の業務（労働条件その他の労働に関する事項の設定又は変更を目的として行う業務を除く。）
十五　書籍、雑誌その他の文章、写真、図表等により構成される作品の制作における編集の業務
十六　商品若しくはその包装のデザイン、商品の陳列又は商品若しくは企業等の広告のために使用することを目的として作成するデザインの考案、設計又は表現の業務（建築物内における照明器具、家具等のデザイン又は配置に関する相談又は考案若しくは表現の業務（法第4条第1項第2号に規定する建設業務を除く。）を除く。）
十七　事務用機器の操作方法、電子計算機を使用することにより機能するシステムの使用方法又はプログラムの使用方法を習得させるための教授又は指導の業務
十八　顧客の要求に応じて設計（構造を変更する設計を含む。）を行う機械等若しくは機械等により構成される設備若しくはプログラム又は顧客に対して専門的知識に基づく助言を行うことが必要である金融商品（金融商品の販売等に関する法律（平成12年法律第101号）第2条第1項に規定する金融商品の販売の対象となるものをいう。）に係る当該顧客に対して行う説明若しくは相談又は売買契約（これに類する契約で同項に規定する金融商品の販売に係るものを含む。以下この号において同じ。）についての申込み、申込みの受付若しくは締結若しくは売買契約の申込み若しくは締結の勧誘の業務

2　法第35条の4第1項の政令で定める場合は、法第2条第4号に規定する派遣元事業主が労働者派遣に係る法第35条の4第1項に規定する日雇労働者（以下この項において「日雇労働者」という。）の安全又は衛生を確保するため必要な措置その他の雇用管理上必要な措置を講じている場合であつて次の各号のいずれかに該当するときとする。
　一　当該日雇労働者が60歳以上の者である場合
　二　当該日雇労働者が学校教育法（昭和22年法律第26号）第1条、第124条又は第134条第1項の学校の学生又は生徒（同法第4条第1項に規定する定時制の課程に在学する者その他厚生労働省令で定める者を除く。）である場合
　三　当該日雇労働者及びその属する世帯の他の世帯員について厚生労働省令で定めるところにより算定した収入の額が厚生労働省令で定める額以上である場合

〈旧第5条　削除〉（以下、1条ずつ繰り上げ）

（手数料の額）
第9条　法第54条の政令で定める額は、次の各号に掲げる者の区分に応じ、当該各号に定める額とする。
　一　法第54条第1号に掲げる者　12万円（労働者派遣事業を行う事業所の数が2以上の場合にあつては、5万5,000円に当該事業所数から1を減じた数を乗じて得た額に12万円を加えた額）
　二　法第54条第2号に掲げる者　再交付を受けようとする許可証1枚につき1,500円
　三　法第54条第3号に掲げる者　5万5,000円に労働者派遣事業を行う事業所の数を乗じて得た額
　四　法第54条第4号に掲げる者　書換えを受けようとする許可証1枚につき3,000円

労働者派遣事業の適正な運営の確保及び派遣労働者の保護等に関する法律等の一部を改正する法律の施行に伴う関係政令の整備及び経過措置に関する政令（抄）

（平成27年9月29日政令第340号）

第2章　経過措置

（特定労働者派遣事業に関する経過措置についての読替え）

第3条　労働者派遣事業の適正な運営の確保及び派遣労働者の保護等に関する法律等の一部を改正する法律（以下「改正法」という。）附則第6条第1項の規定による労働者派遣事業に関する労働者派遣事業の適正な運営の確保及び派遣労働者の保護等に関する法律（昭和60年法律第88号。以下「労働者派遣法」という。）第49条の3第1項、第50条、第51条第1項及び第56条第1項並びに改正法第1条の規定による改正後の労働者派遣法（以下「新法」という。）第59条及び第61条の規定の適用については、次の表の上欄〔編注：本書では左欄〕に掲げる規定中同表の中欄に掲げる字句は、同表の下欄〔編注：本書では右欄〕に掲げる字句とする。

労働者派遣法第49条の3第1項	又はこれに基づく命令の規定	若しくはこれに基づく命令の規定又は労働者派遣事業の適正な運営の確保及び派遣労働者の保護等に関する法律等の一部を改正する法律（平成27年法律第73号。以下「平成27年改正法」という。）附則第6条第3項の規定
労働者派遣法第50条及び第51条第1項	この法律	この法律又は平成27年改正法附則第6条第3項から第5項までの規定
労働者派遣法第56条第1項	この法律	この法律並びに平成27年改正法附則第6条第4項及び第5項
新法第59条	次の各号のいずれか	第1号
新法第61条各号列記以外の部分	次の各号	次の各号（第1号を除く。）
新法第61条第2号	第11条第1項	第11条第1項前段
	届出をし、又は第11条第1項に規定する書類に虚偽の記載をして提出した者	届出をした者

労働者派遣法　〈経過措置第3条による読替え後の規定〉　　　　　　　　　　　　　　　　※下線は読替え箇所

（厚生労働大臣に対する申告）

第49条の3　労働者派遣をする事業主又は労働者派遣の役務の提供を受ける者がこの法律若しくはこれに基づく命令の規定<u>又は労働者派遣事業の適正な運営の確保及び派遣労働者の保護等に関する法律等の一部を改正する法律（平成27年法律第73号。以下「平成27年改正法」という。）附則第6条第3項</u>の規定に違反する事実がある場合においては、派遣労働者は、その事実を厚生労働大臣に申告することができる。

2　略

（報告）

第50条　厚生労働大臣は、<u>この法律又は平成27年改正法附則第6条第3項から第5項までの規定</u>を施行するために必要な限度において、厚生労働省令で定めるところにより、労働者派遣事業を行う事業主及び当該事業主から労働者派遣の役務の提供を受ける者に対し、必要な事項を報告させることができる。

（立入検査）

第51条　厚生労働大臣は、<u>この法律又は平成27年改正法附則第6条第3項から第5項までの規定</u>を施行するために必要な限度において、所属の職員に、労働者派遣事業を行う事業主及び当該事業主から労働者派遣の役務の提供を受ける者の事業所その他の施設に立ち入り、関係者に質問させ、又は帳簿、書類その他の物件を検査させることができる。

2、3　略

（権限の委任）

第56条　<u>この法律並びに平成27年改正法附則第6条第4項及び第5項</u>に定める厚生労働大臣の権限は、厚生労働省令で定めるところにより、その一部を都道府県労働局長に委任することができる。

> **第59条** 第1号に該当する者は、1年以下の懲役又は100万円以下の罰金に処する。
> 一 第4条第1項又は第15条の規定に違反した者
> 二 第5条第1項の許可を受けないで労働者派遣事業を行つた者
> 三 偽りその他不正の行為により第5条第1項の許可又は第10条第2項の規定による許可の有効期間の更新を受けた者
> 四 第14条第2項の規定による処分に違反した者
> **第61条** 次の各号（第1号を除く。）のいずれかに該当する者は、30万円以下の罰金に処する。
> 一 第5条第2項（第10条第5項において準用する場合を含む。）に規定する申請書又は第5条第3項（第10条第5項において準用する場合を含む。）に規定する書類に虚偽の記載をして提出した者
> 二 第11条第1項前段、第13条第1項若しくは第23条第4項の規定による届出をせず、若しくは虚偽の届出をした者
> 三～六 略

（労働者派遣事業の許可に関する経過措置）
第4条 改正法附則第3条第2項の申請に係る許可の基準については、なお従前の例による。

（欠格事由等に関する経過措置）
第5条 当分の間、次の表の上欄〔編注：本書では左欄〕に掲げる法令の規定を適用する場合においては、これらの規定中同表の中欄に掲げる字句は、それぞれ同表の下欄〔編注：本書では右欄〕に掲げる字句とする。

労働者派遣法第6条第1号	この法律	この法律若しくは労働者派遣事業の適正な運営の確保及び派遣労働者の保護等に関する法律等の一部を改正する法律（平成27年法律第73号。以下「平成27年改正法」という。）附則第6条第6項若しくは第7項
新法第6条第4号	当該取消し	又は平成27年改正法附則第6条第4項の規定により同条第1項の規定による労働者派遣事業の廃止を命じられ、当該取消し又は命令
新法第6条第5号	において、	又は平成27年改正法附則第6条第4項の規定により同条第1項の規定による労働者派遣事業の廃止を命じられた者が法人である場合（当該法人が第1号又は第2号に規定する者に該当することとなつたことによる場合に限る。）において、
	取消し	取消し又は命令
新法第6条第6号	取消し	取消し又は平成27年改正法附則第6条第4項の規定による同条第1項の規定による労働者派遣事業の廃止の命令
新法第14条第1項第2号	を除く。）	を除く。）、平成27年改正法附則第6条第3項から第5項まで
職業安定法（昭和22年法律第141号）第32条の9第1項第2号	若しくは労働者派遣法	、労働者派遣法
	を除く。）	を除く。）若しくは労働者派遣事業の適正な運営の確保及び派遣労働者の保護等に関する法律等の一部を改正する法律（平成27年法律第73号。以下「平成27年労働者派遣法改正法」という。）附則第6条第3項から第5項まで

職業安定法第41条第1項	若しくは労働者派遣法	、労働者派遣法
	同じ。)	同じ。) 若しくは平成27年労働者派遣法改正法附則第6条第3項から第5項まで
	、同項	、第36条第1項
職業安定法第41条第2項	若しくは労働者派遣法	、労働者派遣法若しくは平成27年労働者派遣法改正法附則第6条第3項から第5項まで
建設労働者の雇用の改善等に関する法律（昭和51年法律第33号）第27条第1項第2号	若しくは労働者派遣法	、労働者派遣法
	を除く。)の規定	を除く。) 若しくは労働者派遣事業の適正な運営の確保及び派遣労働者の保護等に関する法律等の一部を改正する法律（平成27年法律第73号）附則第6条第3項から第5項までの規定
建設労働者の雇用の改善等に関する法律第40条第1項第4号	若しくは労働者派遣法	、労働者派遣法
	を除く。)の規定	を除く。) 若しくは労働者派遣事業の適正な運営の確保及び派遣労働者の保護等に関する法律等の一部を改正する法律附則第6条第3項から第5項までの規定
暴力団員による不当な行為の防止等に関する法律（平成3年法律第77号）別表第39号	第5章	第5章及び労働者派遣事業の適正な運営の確保及び派遣労働者の保護等に関する法律等の一部を改正する法律（平成27年法律第73号）附則
職業安定法施行令（昭和28年政令第242号）第2条第2号	規定	規定並びに労働者派遣事業の適正な運営の確保及び派遣労働者の保護等に関する法律等の一部を改正する法律（平成27年法律第73号）附則第6条第6項及び第7項の規定
障害者の雇用の促進等に関する法律施行令（昭和35年政令第292号）第25条第1項第6号	規定	規定及び労働者派遣事業の適正な運営の確保及び派遣労働者の保護等に関する法律等の一部を改正する法律（平成27年法律第73号）附則第6条第7項の規定
障害者の雇用の促進等に関する法律施行令第25条第2項第6号	規定	規定並びに労働者派遣事業の適正な運営の確保及び派遣労働者の保護等に関する法律等の一部を改正する法律附則第6条第6項及び第7項の規定
船員職業安定法施行令（平成16年政令第369号）第1条第8号	第62条	第62条の規定並びに労働者派遣事業の適正な運営の確保及び派遣労働者の保護等に関する法律等の一部を改正する法律（平成27年法律第73号）附則第6条第6項の規定及び当該規定に係る同条第7項
公益通報者保護法別表第8号の法律を定める政令（平成17年政令第146号）第281号	昭和60年法律第88号	昭和60年法律第88号）及び労働者派遣事業の適正な運営の確保及び派遣労働者の保護等に関する法律等の一部を改正する法律（平成27年法律第73号

建設労働者の雇用の改善等に関する法律施行令（平成17年政令第314号）第1条第1項第3号	規定	規定及び労働者派遣事業の適正な運営の確保及び派遣労働者の保護等に関する法律等の一部を改正する法律（平成27年法律第73号）附則第6条第7項の規定
建設労働者の雇用の改善等に関する法律施行令第1条第2項第3号	規定	規定並びに労働者派遣事業の適正な運営の確保及び派遣労働者の保護等に関する法律等の一部を改正する法律附則第6条第6項及び第7項の規定

労働者派遣法〈経過措置第5条による読替え後の規定〉　　　　　　　　　　　※下線は読替え箇所
（許可の欠格事由）
第6条　次の各号のいずれかに該当する者は、前条第1項の許可を受けることができない。
　一　禁錮以上の刑に処せられ、又は<u>この法律若しくは労働者派遣事業の適正な運営の確保及び派遣労働者の保護等に関する法律等の一部を改正する法律（平成27年法律第73号。以下「平成27年改正法」という。）附則第6条第6項若しくは第7項の規定</u>その他労働に関する法律の規定（次号に規定する規定を除く。）であつて政令で定めるもの若しくは暴力団員による不当な行為の防止等に関する法律（平成3年法律第77号）の規定（同法第50条（第2号に係る部分に限る。）及び第52条の規定を除く。）により、若しくは刑法（明治40年法律第45号）第204条、第206条、第208条、第208条の2、第222条若しくは第247条の罪、暴力行為等処罰に関する法律（大正15年法律第60号）の罪若しくは出入国管理及び難民認定法（昭和26年政令第319号）第73条の2第1項の罪を犯したことにより、罰金の刑に処せられ、その執行を終わり、又は執行を受けることがなくなつた日から起算して5年を経過しない者
　二、三　略
　四　第14条第1項（第1号を除く。）の規定により労働者派遣事業の許可を取り消され、又は<u>平成27年改正法附則第6条第4項の規定により同条第1項の規定による労働者派遣事業の廃止を命じられ、当該取消し又は命令</u>の日から起算して5年を経過しない者
　五　第14条第1項の規定により労働者派遣事業の許可を取り消された者が法人である場合（同項第1号の規定により許可を取り消された場合については、当該法人が第1号又は第2号に規定する者に該当することとなつたことによる場合に限る。）<u>又は平成27年改正法附則第6条第4項の規定により同条第1項の規定による労働者派遣事業の廃止を命じられた者が法人である場合（当該法人が第1号又は第2号に規定する者に該当することとなつたことによる場合に限る。）</u>において、当該取消し又は命令の処分を受ける原因となつた事項が発生した当時現に当該法人の役員（業務を執行する社員、取締役、執行役又はこれらに準ずる者をいい、相談役、顧問その他いかなる名称を有する者であるかを問わず、法人に対し業務を執行する社員、取締役、執行役又はこれらに準ずる者と同等以上の支配力を有するものと認められる者を含む。以下この条において同じ。）であつた者で、当該<u>取消し又は命令</u>の日から起算して5年を経過しないもの
　六　第14条第1項の規定による労働者派遣事業の許可の<u>取消し又は平成27年改正法附則第6条第4項の規定による同条第1項の規定による労働者派遣事業の廃止</u>の命令の処分に係る行政手続法（平成5年法律第88号）第15条の規定による通知があつた日から当該処分をする又は処分をしないことを決定する日までの間に第13条第1項の規定による労働者派遣事業の廃止の届出をした者（当該事業の廃止について相当の理由がある者を除く。）で、当該届出の日から起算して5年を経過しないもの
　七～十二　略
（許可の取消し等）
第14条　厚生労働大臣は、派遣元事業主が次の各号のいずれかに該当するときは、第5条第1項の許可を取り消すことができる。
　一　略
　二　この法律（第23条第3項、第23条の2、第30条第2項の規定により読み替えて適用する同条第1項及び次章第4節の<u>規定を除く。）、平成27年改正法附則第6条第3項から第5項まで</u>若しくは職業安定法の規定又はこれらの規定に基づく命令若しくは処分に違反したとき。
　三、四　略

> **職業安定法**〈経過措置第5条による読替え後の規定〉　　　　　　　　　　　　　　　※下線は読替え箇所
> （許可の取消し等）
> **第32条の9**　厚生労働大臣は、有料職業紹介事業者が次の各号のいずれかに該当するときは、第30条第1項の許可を取り消すことができる。
> 　一　略
> 　二　この法律、<u>労働者派遣法（第3章第4節の規定を除く。）若しくは労働者派遣事業の適正な運営の確保及び派遣労働者の保護等に関する法律等の一部を改正する法律（平成27年法律第73号。以下「平成27年労働者派遣法改正法」という。）附則第6条第3項から第5項までの規定又はこれらの規定に基づく命令若しくは処分</u>に違反したとき。
> 　三　略
> 2　略
> （許可の取消し等）
> **第41条**　厚生労働大臣は、第36条第1項の許可を受けて労働者の募集を行う者又は同項の規定により労働者の募集に従事する者がこの法律、<u>労働者派遣法（第3章第4節の規定を除く。次項において同じ。）若しくは平成27年労働者派遣法改正法附則第6条第3項から第5項までの規定又はこれらの規定に基づく命令若しくは処分</u>に違反したときは、<u>第36条第1項</u>の許可を取り消し、又は期間を定めて当該労働者の募集の業務の停止を命ずることができる。
> 2　厚生労働大臣は、第36条第3項の届出をして労働者の募集を行う者又は同項の規定により労働者の募集に従事する者がこの法律、<u>労働者派遣法若しくは平成27年労働者派遣法改正法附則第6条第3項から第5項までの規定又はこれらの規定に基づく命令若しくは処分</u>に違反したときは、当該労働者の募集の業務の廃止を命じ、又は期間を定めて当該労働者の募集の業務の停止を命ずることができる。

（労働者派遣事業の許可の有効期間に関する経過措置）
第6条　改正法の施行の際現にされている労働者派遣法第10条第5項において準用する改正法第1条の規定による改正前の労働者派遣法（次条第3項において「旧法」という。）第5条第2項の規定によりされた許可の有効期間の更新の申請は、労働者派遣法第10条第5項において準用する新法第5条第2項の規定によりされた許可の有効期間の更新の申請とみなす。
2　前項の申請に係る許可の有効期間の更新の基準については、なお従前の例による。
（特定有期雇用派遣労働者等の雇用の安定等に関する経過措置）
第7条　新法第30条第1項第1号及び第2項並びに第40条の5第2項の規定は、改正法の施行の日（以下この条及び次条において「改正法施行日」という。）以後に締結される労働者派遣契約（労働者派遣法第26条第1項各号列記以外の部分に規定する労働者派遣契約をいう。以下この条において同じ。）に基づき行われる労働者派遣（労働者派遣法第2条第1号に規定する労働者派遣をいう。以下この条において同じ。）及び当該労働者派遣に係る派遣労働者（労働者派遣法第2条第2号に規定する派遣労働者をいう。）について適用する。
2　新法第34条（新法第38条において準用する場合を含む。）、第35条第1項（第3号に係る部分に限る。）、第35条の2、第36条（第1号に係る部分に限る。）、第37条第1項（第1号、第2号及び第4号に係る部分に限る。）、第40条の4、第41条（第2号に係る部分に限る。）、第42条（第1項第1号及び第2号に係る部分に限る。）及び第49条の2の規定は、改正法施行日以後に締結される労働者派遣契約に基づき行われる労働者派遣及び派遣就業（労働者派遣法第23条の2に規定する派遣就業をいう。以下この項において同じ。）について適用し、改正法施行日前に締結された労働者派遣契約に基づき行われる労働者派遣及び派遣就業については、なお従前の例による。
3　改正法施行日前に締結された労働者派遣契約に基づき行われる労働者派遣については、旧法第40条の4及び第40条の5の規定は、なおその効力を有する。
（罰則に関する経過措置）
第8条　前条第2項の規定によりなお従前の例によることとされる場合における改正法施行日以後にした行為に対する罰則の適用については、なお従前の例による。

　　　　附　　則　（平成27年9月29日政令第340号）　抄
（施行期日）
1　この政令は、平成27年9月30日から施行する。
　（特定労働者派遣事業に関する経過措置についての読替え）
2　改正法附則第6条第1項の規定による労働者派遣事業に関する第1条の規定による改正後の労働者派遣事業の適正な運営の確保及び派遣労働者の保護等に関する法律施行令第4条第2項の規定の適用については、同項中「法第2条第4号に規定する派遣元事業主」とあるのは、「労働者派遣事業の適正な運営の確保及び派遣労働者の保護等に関する法律等の一部を改正する法律（平成27年法律第73号）附則第6条第1項の規定による労働者派遣事業を行う者」とする。

労働者派遣事業の適正な運営の確保及び派遣労働者の保護等に関する法律施行規則（抄）
（昭和61年4月17日労働省令第20号、最終改正：平成27年9月29日厚生労働省令第149号）

（傍線部分は改正部分）

目次
　第1章　労働者派遣事業の適正な運営の確保に関する措置
　　第1節　業務の範囲（第1条）
　　第2節　事業の許可（第1条の2─第16条）
　　第3節　補則（第17条─第20条）
　第2章　派遣労働者の保護等に関する措置
　　第1節　労働者派遣契約（第21条─第24条の2）
　　第2節　派遣元事業主の講ずべき措置等（第25条─第32条）
　　第3節　派遣先の講ずべき措置等（第32条の2─第38条）
　　第4節　労働基準法等の適用に関する特例等（第39条─第46条）
　第3章　雑則（第47条─第55条）
　附則

第1章　労働者派遣事業の適正な運営の確保に関する措置

第1節　業務の範囲
（令第2条第1項の厚生労働省令で定める場所等）
第1条　労働者派遣事業の適正な運営の確保及び派遣労働者の保護等に関する法律施行令（昭和61年政令第95号。以下「令」という。）第2条第1項の厚生労働省令で定める場所は、次に掲げる場所とする。
　一　都道府県が医療法（昭和23年法律第205号）第30条の23第1項の協議を経て同項の必要な施策として地域における医療の確保のためには令第2条第1項第1号に掲げる業務に業として行う労働者派遣により派遣労働者を従事させる必要があると認めた病院等（同号に規定する病院等をいう。次号において同じ。）であつて厚生労働大臣が定めるもの
　二　前号に掲げる病院等に係る患者の居宅
2　令第2条第1項第1号の厚生労働省令で定めるものは、次のとおりとする。
　一　障害者の日常生活及び社会生活を総合的に支援するための法律（平成17年法律第123号）第5条第11項に規定する障害者支援施設の中に設けられた診療所
　二　生活保護法（昭和25年法律第144号）第38条第1項第1号（中国残留邦人等の円滑な帰国の促進並びに永住帰国した中国残留邦人等及び特定配偶者の自立の支援に関する法律（平成6年法律第30号。次号において「中国残留邦人等支援法」という。）第14条第4項（中国残留邦人等の円滑な帰国の促進及び永住帰国後の自立の支援に関する法律の一部を改正する法律（平成19年法律第127号）附則第4条第2項において準用する場合を含む。次号において同じ。）においてその例による場合を含む。）に規定する救護施設の中に設けられた診療所
　三　生活保護法第38条第1項第2号（中国残留邦人等支援法第14条第4項においてその例による場合を含む。）に規定する更生施設の中に設けられた診療所
　四　独立行政法人労働者健康福祉機構法（平成14年法律第171号）第12条第1項第7号に規定するリハビリテーション施設の中に設けられた診療所
　五　老人福祉法（昭和38年法律第133号）第20条の4に規定する養護老人ホームの中に設けられた診療所
　六　老人福祉法第20条の5に規定する特別養護老人ホームの中に設けられた診療所
　七　原子爆弾被爆者に対する援護に関する法律（平成6年法律第117号）第39条に規定する養護事業を行う施設の中に設けられた診療所

第2節　事業の許可
（許可の申請手続）
第1条の2　労働者派遣事業の適正な運営の確保及び派遣労働者の保護等に関する法律（以下「法」という。）第5条第2項の申請書は、労働者派遣事業許可申請書（様式第1号）のとおりとする。
2　法第5条第3項の厚生労働省令で定める書類は、次のとおりとする。
　一　申請者が法人である場合にあつては、次に掲げる書類

イ　定款又は寄附行為
　　ロ　登記事項証明書
　　ハ　役員の住民票の写し（出入国管理及び難民認定法（昭和26年政令第319号）第19条の3に規定する中長期在留者にあつては住民票の写し（国籍等（住民基本台帳法（昭和42年法律第81号）第30条の45に規定する国籍等をいう。以下この号において同じ。）及び在留資格（出入国管理及び難民認定法第2条の2第1項に規定する在留資格をいう。）を記載したものに限る。）とし、日本国との平和条約に基づき日本の国籍を離脱した者等の出入国管理に関する特例法（平成3年法律第71号）に定める特別永住者にあつては住民票の写し（国籍等及び同法に定める特別永住者である旨を記載したものに限る。）とし、出入国管理及び難民認定法第19条の3第1号に掲げる者にあつては旅券その他の身分を証する書類の写しとする。以下同じ。）及び履歴書
　　ニ　役員が未成年者で労働者派遣事業に関し営業の許可を受けていない場合にあつては、次に掲げる場合の区分に応じ、それぞれ次に定める書類
　　　(1)　当該役員の法定代理人が個人である場合　当該法定代理人の住民票の写し及び履歴書
　　　(2)　当該役員の法定代理人が法人である場合　当該法定代理人に係るイからハまでに掲げる書類（法定代理人の役員が未成年者で労働者派遣事業に関し営業の許可を受けていない場合にあつては、当該役員の法定代理人（法人に限る。）に係るイからハまでに掲げる書類又は当該役員の法定代理人（個人に限る。）の住民票の写し及び履歴書を含む。）
　　ホ　労働者派遣事業を行う事業所ごとの個人情報の適正管理及び秘密の保持に関する規程（以下「個人情報適正管理規程」という。）
　　ヘ　最近の事業年度における貸借対照表及び損益計算書
　　ト　労働者派遣事業に関する資産の内容及びその権利関係を証する書類
　　チ　労働者派遣事業を行う事業所ごとに選任する派遣元責任者の住民票の写し、履歴書及び第29条の2に規定する講習を修了したことを証する書類（以下「受講証明書」という。）
　　リ　派遣労働者のキャリアの形成の支援に関する規程　〈新設〉
　　ヌ　派遣労働者の解雇に関する規程　〈新設〉
　　ル　派遣労働者に対する休業手当に関する規程　〈新設〉
　二　申請者が個人である場合にあつては、次に掲げる書類
　　イ　住民票の写し及び履歴書
　　ロ　申請者が未成年者で労働者派遣事業に関し営業の許可を受けていない場合にあつては、次に掲げる場合の区分に応じ、それぞれ次に定める書類
　　　(1)　当該申請者の法定代理人が個人である場合　当該法定代理人の住民票の写し及び履歴書
　　　(2)　当該申請者の法定代理人が法人である場合　当該法定代理人に係る前号イからハまでに掲げる書類（法定代理人の役員が未成年者で労働者派遣事業に関し営業の許可を受けていない場合にあつては、当該役員の法定代理人（法人に限る。）に係る同号イからハまでに掲げる書類又は当該役員の法定代理人（個人に限る。）の住民票の写し及び履歴書を含む。）
　　ハ　前号ホ及びトからルまでに掲げる書類
3　法第5条第3項の規定により添付すべき事業計画書は、労働者派遣事業計画書（様式第3号から様式第3号の3）のとおりとする。
〈旧第4項　削除〉
（法第7条第1項第1号の厚生労働省令で定める場合）
第1条の3　法第7条第1項第1号の厚生労働省令で定める場合は、当該事業を行う派遣元事業主が雇用する派遣労働者のうち、10分の3以上の者が60歳以上の者（他の事業主の事業所を60歳以上の定年により退職した後雇い入れた者に限る。）である場合とする。
（法第7条第1項第2号の厚生労働省令で定める基準）　〈新設〉
第1条の4　法第7条第1項第2号の厚生労働省令で定める基準は、次のとおりとする。
　一　派遣労働者のキャリアの形成を支援する制度（厚生労働大臣が定める基準を満たすものに限る。）を有すること。
　二　前号に掲げるもののほか、派遣労働者に係る雇用管理を適正に行うための体制が整備されていること。
（許可証）
第2条　法第8条第1項の許可証は、労働者派遣事業許可証（様式第4号。以下単に「許可証」という。）のとおりとする。
（許可証の再交付）
第3条　法第8条第3項の規定により許可証の再交付を受けようとする者は、許可証再交付申請書（様式第5号）を、厚生労働大臣に提出しなければならない。

(許可証の返納等)
第4条　許可証の交付を受けた者は、次の各号のいずれかに該当することとなつたときは、当該事実のあつた日の翌日から起算して10日以内に、第1号又は第2号の場合にあつては労働者派遣事業を行う全ての事業所に係る許可証、第3号の場合にあつては発見し、又は回復した許可証を厚生労働大臣に返納しなければならない。
一　許可が取り消されたとき。
二　許可の有効期間が満了したとき。
三　許可証の再交付を受けた場合において、亡失した許可証を発見し、又は回復したとき。
2　許可証の交付を受けた者が次の各号に掲げる場合のいずれかに該当することとなつたときは、当該各号に掲げる者は、当該事実のあつた日の翌日から起算して10日以内に、一般労働者派遣事業を行うすべての事業所に係る許可証を厚生労働大臣に返納しなければならない。
一　死亡した場合　同居の親族又は法定代理人
二　法人が合併により消滅した場合　合併後存続し、又は合併により設立された法人の代表者

(許可の有効期間の更新の申請手続)
第5条　法第10条第2項の規定による許可の有効期間の更新を受けようとする者は、当該許可の有効期間が満了する日の3月前までに、労働者派遣事業許可有効期間更新申請書(様式第1号)を、厚生労働大臣に提出しなければならない。
2　法第10条第5項において準用する法第5条第3項の厚生労働省令で定める書類は、次のとおりとする。
一　申請者が法人である場合にあつては、第1条の2第2項第1号イ、ロ、ニからトまで、チ(受講証明書に係る部分に限る。)及びリからルまでに掲げる書類
二　申請者が個人である場合にあつては、第1条の2第2項第1号ホ、ト、チ(受講証明書に係る部分に限る。)及びリからルまでに掲げる書類
3　法第10条第5項において準用する法第5条第3項の規定により添付すべき事業計画書は、労働者派遣事業計画書(様式第3号及び第3号の2)のとおりとする。
4　法第10条第2項の規定による許可の有効期間の更新は、当該更新を受けようとする者が現に有する許可証と引換えに新たな許可証を交付することにより行うものとする。

第6条　削除
第7条　削除

(変更の届出等)
第8条　法第11条の規定による届出をしようとする者は、法第5条第2項第4号に掲げる事項の変更の届出にあつては当該変更に係る事実のあつた日の翌日から起算して30日以内に、同号に掲げる事項以外の事項の変更の届出にあつては当該変更に係る事実のあつた日の翌日から起算して10日(第3項の規定により登記事項証明書を添付すべき場合にあつては、30日)以内に、当該届出に係る事項が許可証の記載事項に該当しない場合にあつては労働者派遣事業変更届出書(様式第5号)を、当該届出に係る事項が許可証の記載事項に該当する場合にあつては労働者派遣事業変更届出書及び許可証書換申請書(様式第5号)を厚生労働大臣に提出しなければならない。
2　法第11条第1項の規定による届出のうち、事業所の新設に係る変更の届出を行う場合には、前項の労働者派遣事業変更届出書には、法人にあつては当該新設する事業所に係る第1条の2第2項第1号ホ及びトからルまでに、個人にあつては当該新設する事業所に係る同項第2号ハに掲げる書類(労働者派遣事業に関する資産の内容を証する書類を除く。)を添付しなければならない。ただし、法第2条第4号に規定する派遣元事業主(以下単に「派遣元事業主」という。)が労働者派遣事業を行つている他の事業所の派遣元責任者を当該新設する事業所の派遣元責任者として引き続き選任したときは、法人にあつては第1条の2第2項第1号チに掲げる書類のうち履歴書及び受講証明書(選任した派遣元責任者の住所に変更がないときは、住民票の写し及び履歴書及び受講証明書。以下この条において同じ。)を、個人にあつては同項第2号ハに掲げる書類のうち履歴書及び受講証明書を添付することを要しない。
3　法第11条第1項の規定による届出のうち、事業所の新設に係る変更の届出以外の届出を行う場合には、第1項の労働者派遣事業変更届出書又は労働者派遣事業変更届出書及び許可証書換申請書には、第1条の2第2項に規定する書類のうち当該変更事項に係る書類(事業所の廃止に係る変更の届出にあつては、当該廃止した事業所に係る許可証)を添付しなければならない。
4　法第5条第2項第4号に掲げる事項のうち派遣元責任者の氏名に変更があつた場合において、当該派遣元事業主が労働者派遣事業を行つている他の事業所の派遣元責任者を当該変更に係る事業所の変更後の派遣元責任者として引き続き選任したときは、法人にあつては第1条の2第2項第1号チに掲げる書類のうち履歴書及び受講証明書を、個人にあつては同項第2号ハの書類のうち履歴書及び受講証明書を添付することを要しない。

(事業所の新設に係る変更の届出があつた場合の許可証の交付)
第9条　法第11条第3項の規定による許可証の交付は、当該新設に係る事業所ごとに交付するものとする。

(廃止の届出)
第10条 法第13条第1項の規定による届出をしようとする者は、当該労働者派遣事業を廃止した日の翌日から起算して10日以内に、労働者派遣事業を行う<u>全て</u>の事業所に係る許可証を添えて、<u>労働者派遣事業廃止届出書</u>（様式第8号）を厚生労働大臣に提出しなければならない。

〈旧第2款（第11条から第16条まで）　削除〉

第3節　補則
(事業報告書及び収支決算書)
第17条 派遣元事業主は、毎事業年度に係る労働者派遣事業を行う事業所ごとの当該事業に係る事業報告書及び収支決算書を作成し、厚生労働大臣に提出しなければならない。ただし、派遣元事業主が当該事業年度に係る貸借対照表及び損益計算書を提出したときは、収支決算書を提出することを要しない。
2　前項の事業報告書及び収支決算書は、それぞれ労働者派遣事業報告書（<u>様式第11号</u>）及び労働者派遣事業収支決算書（様式第12号）のとおりとする。
3　第1項の事業報告書及び収支決算書の提出期限は、次の各号に掲げる区分に応じ、それぞれ当該各号に定める期限とする。
　一　労働者派遣事業報告書（様式第11号）　<u>毎事業年度における事業年度の終了の日の属する月の翌月以後の最初の6月30日</u>

〈旧第2号　削除〉

　二　労働者派遣事業収支決算書（様式第12号）　毎事業年度経過後3月が経過する日

(関係派遣先への派遣割合の報告)
第17条の2 法第23条第3項の規定による報告は、毎事業年度経過後3月が経過する日までに、当該事業年度に係る関係派遣先派遣割合報告書（様式第12号の2）を厚生労働大臣に提出することにより行わなければならない。

(海外派遣の届出)
第18条 派遣元事業主は、法第23条第4項の規定による海外派遣（以下単に「海外派遣」という。）をしようとするときは、海外派遣届出書（様式第13号）に第29条の規定による書面の写しを添えて厚生労働大臣に提出しなければならない。

(情報提供の方法等)
第18条の2 法第23条第5項の規定による情報の提供は、事業所への書類の備付け、インターネットの利用その他の適切な方法により行わなければならない。
2　法第23条第5項の厚生労働省令で定めるところにより算定した割合は、前事業年度に係る労働者派遣事業を行う事業所（以下この項において「一の事業所」という。）ごとの当該事業に係る労働者派遣に関する料金の額の平均額（当該事業年度における派遣労働者1人1日当たりの労働者派遣に関する料金の額の平均額をいう。以下この条において同じ。）から派遣労働者の賃金の額の平均額（当該事業年度における派遣労働者1人1日当たりの賃金の額の平均額をいう。次項において同じ。）を控除した額を労働者派遣に関する料金の額の平均額で除して得た割合（当該割合に小数点以下1位未満の端数があるときは、これを四捨五入する。）とする。ただし、一の事業所が当該派遣元事業主の労働者派遣事業を行う他の事業所と一体的な経営を行つている場合には、その範囲内において同様の方法により当該割合を算定することを妨げない。
3　法第23条第5項の厚生労働省令で定める事項は、次のとおりとする。
　一　労働者派遣に関する料金の額の平均額
　二　派遣労働者の賃金の額の平均額
　三　その他労働者派遣事業の業務に関し参考となると認められる事項

(法第23条の2の厚生労働省令で定める者等)
第18条の3 法第23条の2の厚生労働省令で定める者は、次に掲げる者とする。
　一　派遣元事業主を連結子会社（連結財務諸表の用語、様式及び作成方法に関する規則（昭和51年大蔵省令第28号）第2条第4号に規定する連結子会社をいう。以下この号において同じ。）とする者及び当該者の連結子会社
　二　派遣元事業主の親会社等又は派遣元事業主の親会社等の子会社等（前号に掲げる者を除く。）
2　前項第2号の派遣元事業主の親会社等は、次に掲げる者とする。
　一　派遣元事業主（株式会社である場合に限る。）の議決権の過半数を所有している者
　二　派遣元事業主（持分会社（会社法（平成17年法律第86号）第575条第1項に規定する持分会社をいう。次項において同じ。）である場合に限る。）の資本金の過半数を出資している者
　三　派遣元事業主の事業の方針の決定に関して、前2号に掲げる者と同等以上の支配力を有すると認められる者
3　第1項第2号の派遣元事業主の親会社等の子会社等は、次に掲げる者とする。

一　派遣元事業主の親会社等が議決権の過半数を所有している者（株式会社である場合に限る。）
　二　派遣元事業主の親会社等が資本金の過半数を出資している者（持分会社である場合に限る。）
　三　事業の方針の決定に関する派遣元事業主の親会社等の支配力が前２号に掲げる者と同等以上と認められる者
４　法第23条の２の厚生労働省令で定めるところにより算定した割合は、一の事業年度における派遣元事業主が雇用する派遣労働者（60歳以上の定年に達したことにより退職した者であつて当該派遣元事業主に雇用されているものを除く。）の関係派遣先（同条に規定する関係派遣先をいう。）に係る同条に規定する派遣就業（以下単に「派遣就業」という。）に係る総労働時間を、その事業年度における当該派遣元事業主が雇用する派遣労働者の全ての派遣就業に係る総労働時間で除して得た割合（当該割合に小数点以下１位未満の端数があるときは、これを切り捨てる。）とする。

（書類の提出の経由）
第19条　法第２章又はこの章の規定により厚生労働大臣に提出する書類は、派遣元事業主の主たる事務所の所在地を管轄する都道府県労働局長を経由して提出するものとする。ただし、法第８条第３項、法第11条第１項若しくは第４項又は第４条第１項の規定により厚生労働大臣に提出する書類（許可証を含む。）のうち、法第５条第２項第１号及び第２号に規定する事項以外の事項に係るものについては、当該事業所の所在地を管轄する都道府県労働局長を経由して提出することができる。

（提出すべき書類の部数）
第20条　法第２章又はこの章の規定により厚生労働大臣に提出する書類（許可証を除く。）は、正本にその写し２通（第１条の２第２項、第５条第２項又は第８条第２項若しくは第３項に規定する書類にあつては、１通）を添えて提出しなければならない。

第２章　派遣労働者の保護等に関する措置

第１節　労働者派遣契約

（労働者派遣契約における定めの方法等）
第21条　法第26条第１項の規定による定めは、同項各号に掲げる事項の内容の組合せが一であるときは当該組合せに係る派遣労働者の数を、当該組合せが二以上であるときは当該それぞれの組合せの内容及び当該組合せごとの派遣労働者の数を定めることにより行わなければならない。
２　法第26条第１項第１号の業務の内容に令第４条第１項各号に掲げる業務が含まれるときは、当該業務が該当する同項各号に掲げる業務の号番号を付するものとする。
３　労働者派遣契約の当事者は、当該労働者派遣契約の締結に際し法第26条第１項の規定により定めた事項を、書面に記載しておかなければならない。
４　派遣元事業主から労働者派遣の役務の提供を受ける者は、当該労働者派遣契約の締結に当たり法第26条第３項の規定により明示された内容を、前項の書面に併せて記載しておかなければならない。

（法第26条第１項第２号の厚生労働省令で定める区分）　〈新設〉
第21条の２　法第26条第１項第２号の厚生労働省令で定める区分は、名称のいかんを問わず、業務の関連性に基づいて法第２条第４号に規定する派遣先（以下単に「派遣先」という。）が設定した労働者の配置の区分であつて、配置された労働者の業務の遂行を指揮命令する職務上の地位にある者が当該労働者の業務の配分及び当該業務に係る労務管理に関して直接の権限を有するものとする。

（法第26条第１項第10号の厚生労働省令で定める事項）
第22条　法第26条第１項第10号の厚生労働省令で定める事項は、次のとおりとする。
　一　派遣元責任者及び派遣先責任者に関する事項
　二　労働者派遣の役務の提供を受ける者が法第26条第１項第４号に掲げる派遣就業をする日以外の日に派遣就業をさせることができ、又は同項第５号に掲げる派遣就業の開始の時刻から終了の時刻までの時間を延長することができる旨の定めをした場合における当該派遣就業をさせることができる日又は延長することができる時間数
　三　派遣元事業主が、派遣先である者又は派遣先となろうとする者との間で、これらの者が当該派遣労働者に対し、診療所等の施設であつて現に当該派遣先である者又は派遣先になろうとする者に雇用される労働者が通常利用しているもの（第32条の３各号に掲げるものを除く。）の利用、レクリエーション等に関する施設又は設備の利用、制服の貸与その他の派遣労働者の福祉の増進のための便宜を供与する旨の定めをした場合における当該便宜供与の内容及び方法
　四　労働者派遣の役務の提供を受ける者が、労働者派遣の終了後に当該労働者派遣に係る派遣労働者を雇用する場合に、労働者派遣をする者に対し、あらかじめその旨を通知すること、手数料を支払うことその他の労働者派遣の終了後に労働者派遣契約の当事者間の紛争を防止するために講ずる措置　〈新設〉
　五　派遣労働者を無期雇用派遣労働者（法第30条の２第１項に規定する無期雇用派遣労働者をいう。）又は第

32条の5に規定する者に限るか否かの別　〈新設〉

(契約に係る書面の記載事項)

第22条の2　第21条第3項に規定する書面には、同項及び同条第4項に規定する事項のほか、次の各号に掲げる場合の区分に応じ、それぞれ当該各号に定める事項を記載しなければならない。
一　紹介予定派遣の場合　当該派遣先が職業紹介を受けることを希望しない場合又は職業紹介を受けた者を雇用しない場合には、派遣元事業主の求めに応じ、その理由を、書面の交付若しくはファクシミリを利用してする送信又は電子メールの送信(以下「書面の交付等」という。)により、派遣元事業主に対して明示する旨
二　法第40条の2第1項第3号イの業務について行われる労働者派遣の場合　同号イに該当する旨
三　法第40条の2第1項第3号ロの業務について行われる労働者派遣の場合　次のイからハまでに掲げる事項
　イ　法第40条の2第1項第3号ロに該当する旨
　ロ　当該派遣先において当該業務が1箇月間に行われる日数
　ハ　当該派遣先に雇用される通常の労働者の1箇月間の所定労働日数
四　法第40条の2第1項第4号の労働者派遣の場合　次のイ及びロに掲げる事項
　イ　労働基準法(昭和22年法律第49号)第65条第1項若しくは第2項の規定による休業(以下「産前産後休業」という。)、育児休業、介護休業等育児又は家族介護を行う労働者の福祉に関する法律(平成3年法律第76号。以下「育児・介護休業法」という。)第2条第1号に規定する育児休業(以下「育児休業」という。)又は第33条に規定する場合における休業をする労働者の氏名及び業務
　ロ　イの労働者がする産前産後休業、育児休業又は第33条に規定する場合における休業の開始及び終了予定の日
五　法第40条の2第1項第5号の労働者派遣の場合　次のイ及びロに掲げる事項
　イ　育児・介護休業法第2条第2号に規定する介護休業(以下「介護休業」という。)又は第33条の2に規定する休業をする労働者の氏名及び業務
　ロ　イの労働者がする介護休業又は第33条の2に規定する休業の開始及び終了予定の日

(海外派遣に係る労働者派遣契約における定めの方法)

第23条　派遣元事業主は、海外派遣に係る労働者派遣契約の締結に際し、法第26条第2項の規定により定めた事項を書面に記載して、当該海外派遣に係る役務の提供を受ける者に当該書面の交付等をしなければならない。

(法第26条第2項第3号の厚生労働省令で定める措置)

第24条　法第26条第2項第3号の厚生労働省令で定める措置は、次のとおりとする。
一　法第26条第4項に規定する法第40条の2第1項の規定に抵触することとなる最初の日の通知
二　法第39条の労働者派遣契約に関する措置
三　法第40条第1項の苦情の内容の通知及び当該苦情の処理
四　法第40条第2項に規定する教育訓練の実施に係る配慮　〈新設〉
五　法第40条第3項に規定する福利厚生施設の利用の機会の付与に係る配慮　〈新設〉
六　法第40条第5項に規定する賃金水準に関する情報の提供その他の措置の実施に係る配慮　〈新設〉
七　法第40条の4に規定する派遣労働者の雇用に関する事項に関する措置
八　法第40条の5に規定する労働者の募集に係る事項の周知　〈新設〉
九　法第40条の9第2項に規定する通知
十　疾病、負傷等の場合における療養の実施その他派遣労働者の福祉の増進に係る必要な援助
十一　前各号に掲げるもののほか、派遣就業が適正かつ円滑に行われるようにするため必要な措置

(法第26条第4項に規定する法第40条の2第1項の規定に抵触することとなる最初の日の通知の方法)

第24条の2　法第26条第4項に規定する法第40条の2第1項の規定に抵触することとなる最初の日の通知は、労働者派遣契約を締結するに当たり、あらかじめ、法第26条第4項の規定により通知すべき事項に係る書面の交付等により行わなければならない。

第2節　派遣元事業主の講ずべき措置等

(法第30条第1項の厚生労働省令で定める者等)

第25条　法第30条第1項の派遣先の事業所その他派遣就業の場所における同一の組織単位(法第26条第1項第2号に規定する組織単位をいう。以下同じ。)の業務について継続して1年以上の期間当該労働者派遣に係る労働に従事する見込みがあるものとして厚生労働省令で定めるものは、派遣先の事業所その他派遣就業の場所(以下「事業所等」という。)における同一の組織単位の業務について継続して1年以上の期間当該労働者派遣に係る労働に従事する見込みがある者であつて、当該労働者派遣の終了後も継続して就業することを希望しているもの(法第40条の2第1項各号に掲げる労働者派遣に係る派遣労働者を除く。)とする。

2 前項の派遣労働者の希望については、派遣元事業主が当該派遣労働者に係る労働者派遣が終了する日の前日までに当該派遣労働者に対して聴くものとする。
3 法第30条第1項のその他雇用の安定を図る必要性が高いと認められる者として厚生労働省令で定めるものは、当該派遣元事業主に雇用された期間が通算して1年以上である有期雇用派遣労働者(同項に規定する有期雇用派遣労働者をいい、第1項に規定する者を除く。)とする。
4 法第30条第1項の派遣労働者として期間を定めて雇用しようとする労働者であつて雇用の安定を図る必要性が高いと認められるものとして厚生労働省令で定めるものは、当該派遣元事業主に雇用された期間が通算して1年以上である派遣労働者として期間を定めて雇用しようとする労働者とする。

(法第30条の措置の実施の方法)　〈新設〉
第25条の2　派遣元事業主は、法第30条第1項の規定による措置を講ずるに当たつては、同項各号のいずれかの措置を講ずるように努めなければならない。
2　法第30条第2項の規定により読み替えて適用する同条第1項の規定による措置を講ずる場合における前項の規定の適用については、同項中「講ずるように努めなければならない」とあるのは、「講じなければならない。ただし、同項第1号の措置が講じられた場合であつて、当該措置の対象となつた特定有期雇用派遣労働者(同項に規定する特定有期雇用派遣労働者をいう。)が当該派遣先に雇用されなかつたときは、同項第2号から第4号までのいずれかの措置を講じなければならない」とする。

(法第30条第1項第2号の厚生労働省令で定める事項)　〈新設〉
第25条の3　法第30条第1項第2号の厚生労働省令で定める事項は、特定有期雇用派遣労働者等(同項に規定する特定有期雇用派遣労働者等をいう。以下同じ。)の居住地、従前の職務に係る待遇その他派遣労働者の配置に関して通常考慮すべき事項とする。

(法第30条第1項第4号の厚生労働省令で定める教育訓練)　〈新設〉
第25条の4　法第30条第1項第4号の厚生労働省令で定める教育訓練は、新たな就業の機会を提供するまでの間に行われる教育訓練(当該期間中、特定有期雇用派遣労働者等に対し賃金が支払われる場合に限る。)とする。

(法第30条第1項第4号の厚生労働省令で定める措置)　〈新設〉
第25条の5　法第30条第1項第4号の厚生労働省令で定める措置は、次のとおりとする。
一　前条に規定する教育訓練
二　当該派遣元事業主が職業安定法(昭和22年法律第141号)その他の法律の規定による許可を受けて、又は届出をして職業紹介を行うことができる場合にあつては、特定有期雇用派遣労働者等を紹介予定派遣の対象とし、又は紹介予定派遣に係る派遣労働者として雇い入れること。
三　その他特定有期雇用派遣労働者等の雇用の継続が図られると認められる措置

(待遇に関する事項等の説明)
第25条の6　法第31条の2第1項の規定による説明は、書面の交付等その他の適切な方法により行わなければならない。ただし、次項第1号に規定する労働者の賃金の額の見込みに関する事項の説明は、書面の交付等の方法により行わなければならない。
2　法第31条の2第1項の厚生労働省令で定める事項は、次のとおりとする。
一　労働者を派遣労働者として雇用した場合における当該労働者の賃金の額の見込み、健康保険法(大正11年法律第70号)に規定する被保険者の資格の取得、厚生年金保険法(昭和29年法律第115号)に規定する被保険者の資格の取得及び雇用保険法(昭和49年法律第116号)に規定する被保険者となることに関する事項その他の当該労働者の待遇に関する事項
二　事業運営に関する事項
三　労働者派遣に関する制度の概要

(就業条件の明示の方法等)
第26条　法第34条第1項及び第2項の規定による明示は、当該規定により明示すべき事項を次のいずれかの方法により明示することにより行わなければならない。ただし、同条第1項の規定による明示にあつては、労働者派遣の実施について緊急の必要があるためあらかじめこれらの方法によることができない場合において、当該明示すべき事項をあらかじめこれらの方法以外の方法により明示したときは、この限りでない。
一　書面の交付の方法
二　次のいずれかの方法によることを当該派遣労働者が希望した場合における当該方法
　イ　ファクシミリを利用してする送信の方法
　ロ　電子メールの送信の方法
2　前項ただし書の場合であつて、次の各号のいずれかに該当するときは、当該労働者派遣の開始の後遅滞なく、当該事項を前項各号に掲げるいずれかの方法により当該派遣労働者に明示しなければならない。
一　当該派遣労働者から請求があつたとき
二　前号以外の場合であつて、当該労働者派遣の期間が1週間を超えるとき
3　前2項の規定は、法第34条第3項の規定による明示について準用する。　〈新設〉

(法第34条第1項第2号の厚生労働省令で定める事項)〈新設〉
第26条の2　法第34条第1項第2号の厚生労働省令で定める事項は、第27条の2第1項各号に掲げる書類が同項に規定する行政機関に提出されていない場合のその具体的な理由とする。
(労働者派遣に関する料金の額の明示の方法等)
第26条の3　法第34条の2の規定による明示は、第3項の規定による額を書面の交付等の方法により行わなければならない。
2　派遣元事業主が労働者派遣をしようとする場合における次項の規定による額が労働者を派遣労働者として雇い入れようとする場合における法第34条の2の規定により明示した額と同一である場合には、同条の規定による明示を要しない。
3　法第34条の2の厚生労働省令で定める額は、次のいずれかに掲げる額とする。
　一　当該労働者に係る労働者派遣に関する料金の額
　二　当該労働者に係る労働者派遣を行う事業所における第18条の2第2項に規定する労働者派遣に関する料金の額の平均額

(派遣先への通知の方法等)
第27条　法第35条第1項の規定による通知は、法第26条第1項各号に掲げる事項の内容の組合せが一であるときは当該組合せに係る派遣労働者の氏名及び次条第1項各号に掲げる事項を、当該組合せが二以上であるときは当該組合せごとに派遣労働者の氏名及び同条第1項各号に掲げる事項を通知することにより行わなければならない。
2　法第35条第1項の規定による通知は、労働者派遣に際し、あらかじめ、同項により通知すべき事項に係る書面の交付等により行わなければならない。ただし、労働者派遣の実施について緊急の必要があるためあらかじめ書面の交付等ができない場合において、当該通知すべき事項をあらかじめ書面の交付等以外の方法により通知したときは、この限りでない。
3　前項ただし書の場合であつて、当該労働者派遣の期間が2週間を超えるとき（法第26条第1項各号に掲げる事項の内容の組合せが二以上である場合に限る。）は、当該労働者派遣の開始の後遅滞なく、当該事項に係る書面の交付等をしなければならない。
4　第2項に定めるほか、派遣元事業主は、法第35条第1項の規定により次条第1項各号に掲げる書類がそれぞれ当該各号に掲げる省令により当該書類を届け出るべきこととされている行政機関に提出されていることを派遣先に通知するときは、その事実を当該事実を証する書類の提示その他の適切な方法により示さなければならない。〈新設〉
5　法第35条第2項の規定による通知は、書面の交付等により行わなければならない。
6　第4項の規定は、前項の通知について準用する。

(法第35条第1項第4号の厚生労働省令で定める事項)
第27条の2　法第35条第1項第4号の厚生労働省令で定める事項は、当該労働者派遣に係る派遣労働者に関して、次の各号に掲げる書類がそれぞれ当該各号に掲げる省令により当該書類を届け出るべきこととされている行政機関に提出されていることの有無とする。
　一　健康保険法施行規則（大正15年内務省令第36号）第24条第1項に規定する健康保険被保険者資格取得届
　二　厚生年金保険法施行規則（昭和29年厚生省令第37号）第15条に規定する厚生年金保険被保険者資格取得届
　三　雇用保険法施行規則（昭和50年労働省令第3号）第6条に規定する雇用保険被保険者資格取得届
2　派遣元事業主は、前項の規定により同項各号に掲げる書類が提出されていないことを派遣先に通知するときは、当該書類が提出されていない具体的な理由を付さなければならない。

(法第35条第1項第5号の厚生労働省令で定める事項)
第28条　法第35条第1項第5号の厚生労働省令で定める事項は、次のとおりとする。
　一　派遣労働者の性別（派遣労働者が45歳以上である場合にあつてはその旨及び当該派遣労働者の性別、派遣労働者が18歳未満である場合にあつては当該派遣労働者の年齢及び性別）
　二　派遣労働者に係る法第26条第1項第4号、第5号又は第10号に掲げる事項の内容が、同項の規定により労働者派遣契約に定めた当該派遣労働者に係る組合せにおけるそれぞれの事項の内容と異なる場合における当該内容

(令第4条第2項第2号の厚生労働省令で定める者)
第28条の2　令第4条第2項第2号の厚生労働省令で定める者は、次に掲げる者とする。
　一　卒業を予定している者であつて、雇用保険法第5条第1項に規定する適用事業に雇用され、卒業した後も引き続き当該事業に雇用されることになつているもの
　二　休学中の者
　三　前2号に掲げる者に準ずる者

(令第4条第2項第3号の厚生労働省令で定めるところにより算定した収入の額等)
第28条の3　令第4条第2項第3号の厚生労働省令で定めるところにより算定した収入の額は、次に掲げる額とする。
一　日雇労働者の1年分の賃金その他の収入の額
二　日雇労働者（主として生計を一にする配偶者（婚姻の届出をしていないが、事実上婚姻関係と同様の事情にある者を含む。）その他の親族（以下この号において「配偶者等」という。）の収入により生計を維持する者に限る。）及び当該日雇労働者と生計を一にする配偶者等の1年分の賃金その他の収入の額を合算した額
2　令第4条第2項第3号の厚生労働省令で定める額は、500万円とする。

(派遣元責任者の選任)
第29条　法第36条の規定による派遣元責任者の選任は、次に定めるところにより行わなければならない。
一　派遣元事業主の事業所（以下この条において単に「事業所」という。）ごとに当該事業所に専属の派遣元責任者として自己の雇用する労働者の中から選任すること。ただし、派遣元事業主（法人である場合は、その役員）を派遣元責任者とすることを妨げない。
二　当該事業所の派遣労働者の数が100人以下のときは1人以上の者を、100人を超え200人以下のときは2人以上の者を、200人を超えるときは、当該派遣労働者の数が100人を超える100人ごとに1人を2人に加えた数以上の者を選任すること。
三　法附則第4項に規定する物の製造の業務（以下「製造業務」という。）に労働者派遣をする事業所にあつては、当該事業所の派遣元責任者のうち、製造業務に従事する派遣労働者の数が100人以下のときは1人以上の者を、100人を超え200人以下のときは2人以上の者を、200人を超えるときは、当該派遣労働者の数が100人を超える100人ごとに1人を2人に加えた数以上の者を当該派遣労働者を専門に担当する者（以下「製造業務専門派遣元責任者」という。）とすること。ただし、製造業務専門派遣元責任者のうち1人は、製造業務に従事しない派遣労働者を併せて担当することができる。

(法第36条の厚生労働省令で定める基準)　〈新設〉
第29条の2　法第36条の厚生労働省令で定める基準は、過去3年以内に、派遣労働者に係る雇用管理の適正な実施のために必要な知識を習得させるための講習として厚生労働大臣が定めるものを修了していることとする。

(派遣元管理台帳の作成及び記載)
第30条　法第37条第1項の規定による派遣元管理台帳の作成は、派遣元事業主の事業所ごとに、行わなければならない。
2　法第37条第1項の規定による派遣元管理台帳の記載は、労働者派遣をするに際し、行わなければならない。
3　前項に定めるもののほか、法第42条第3項の規定による通知が行われる場合において、当該通知に係る事項が法第37条第1項各号に掲げる事項に該当する場合であつて当該通知に係る事項の内容が前項の記載と異なるときは、当該通知が行われた都度、当該通知に係る事項の内容を記載しなければならない。

(法第37条第1項第9号の厚生労働省令で定める教育訓練)　〈新設〉
第30条の2　法第37条第1項第9号の厚生労働省令で定める教育訓練は、法第30条の2第1項の規定による教育訓練とする。

(法第37条第1項第12号の厚生労働省令で定める事項)
第31条　法第37条第1項第12号の厚生労働省令で定める事項は、次のとおりとする。
一　派遣労働者の氏名
二　事業所の名称
三　派遣元責任者及び派遣先責任者に関する事項
四　令第4条第1号各号に掲げる業務について労働者派遣をするときは、第21条第2項の規定により付することとされる号番号
五　法第40条の2第1項第3号イの業務について労働者派遣をするときは、第22条の2第2号の事項
六　法第40条の2第1項第3号ロの業務について労働者派遣をするときは、第22条の2第3号の事項
七　法第40条の2第1項第4号の労働者派遣をするときは、第22条の2第4号の事項
八　法第40条の2第1項第5号の労働者派遣をするときは、第22条の2第5号の事項
九　法第30条の2第2項の規定による援助を行つた日及び当該援助の内容　〈新設〉
十　第27条の2の規定による通知の内容

(保存期間の起算日)
第32条　法第37条第2項の規定による派遣元管理台帳を保存すべき期間の計算についての起算日は、労働者派遣の終了の日とする。

第3節　派遣先の講ずべき措置等

（法第40条第2項の厚生労働省令で定める場合）〈新設〉

第32条の2　法第40条第2項の厚生労働省令で定める場合は、当該教育訓練と同様の教育訓練を派遣元事業主が既に実施した場合又は実施することができる場合とする。

（法第40条第3項の厚生労働省令で定める福利厚生施設）〈新設〉

第32条の3　法第40条第3項の厚生労働省令で定める福利厚生施設は、次のとおりとする。
　一　給食施設
　二　休憩室
　三　更衣室

（法第40条第5項の厚生労働省令で定める措置）〈新設〉

第32条の4　法第40条第5項の厚生労働省令で定める措置は、次のとおりとする。
　一　派遣先がその指揮命令の下に労働させる派遣労働者が従事する業務と同種の業務に従事する当該派遣先に雇用される労働者の賃金水準に関する情報の提供
　二　派遣先がその指揮命令の下に労働させる派遣労働者が従事する業務と同種の業務に従事する一般の労働者の賃金水準に関する情報の提供
　三　派遣先がその指揮命令の下に労働させる派遣労働者が従事する業務と同種の業務に従事する労働者の募集に係る事項（賃金に係る情報に関する部分に限る。）の提供
　四　その他法第30条の3第1項の規定により派遣先がその指揮命令の下に労働させる派遣労働者の賃金が適切に決定されるようにするために必要な措置

（法第40条の2第1項第2号の厚生労働省令で定める者）〈新設〉

第32条の5　法第40条の2第1項第2号の厚生労働省令で定める者は、60歳以上の者とする。

（法第40条の2第1項第4号の厚生労働省令で定める場合）

第33条　法第40条の2第1項第4号の厚生労働省令で定める場合は、労働基準法第65条第1項の規定による休業に先行し、又は同条第2項の規定による休業若しくは育児休業に後続する休業であつて、母性保護又は子の養育をするためのものをする場合とする。

（法第40条の2第1項第5号の厚生労働省令で定める休業）

第33条の2　法第40条の2第1項第5号の厚生労働省令で定める休業は、介護休業に後続する休業であつて育児・介護休業法第2条第4号に規定する対象家族を介護するためにする休業とする。

（派遣可能期間の延長に係る意見の聴取）

第33条の3　法第40条の2第4項の規定により労働者の過半数で組織する労働組合（以下「過半数労働組合」という。）又は労働者の過半数を代表する者（以下「過半数代表者」という。）の意見を聴くに当たつては、当該過半数労働組合又は過半数代表者に、次に掲げる事項を書面により通知しなければならない。
　一　派遣可能期間を延長しようとする事業所等
　二　延長しようとする期間

2　前項の過半数代表者は、次の各号のいずれにも該当する者とする。ただし、第1号に該当する者がいない事業所等にあつては、過半数代表者は第2号に該当する者とする。
　一　労働基準法第41条第2号に規定する監督又は管理の地位にある者でないこと。
　二　法第40条の2第4項の規定により意見を聴取される者を選出することを明らかにして実施される投票、挙手等の民主的な方法による手続により選出された者であること。

3　派遣先は、法第40条の2第4項の規定により意見を聴いた場合には、次に掲げる事項を書面に記載し、延長前の派遣可能期間が経過した日から3年間保存しなければならない。
　一　意見を聴いた過半数労働組合の名称又は過半数代表者の氏名
　二　第1項の規定により過半数労働組合又は過半数代表者に通知した日及び通知した事項
　三　過半数労働組合又は過半数代表者から意見を聴いた日及び当該意見の内容
　四　意見を聴いて、延長する期間を変更したときは、その変更した期間

4　派遣先は、前項各号に掲げる事項を、次に掲げるいずれかの方法によつて、当該事業所等の労働者に周知しなければならない。
　一　常時当該事業所等の見やすい場所に掲示し、又は備え付けること。
　二　書面を労働者に交付すること。
　三　電子計算機に備えられたファイル、磁気ディスクその他これらに準ずる物に記録し、かつ、当該事業所等に労働者が当該記録の内容を常時確認できる機器を設置すること。

第33条の4　法第40条の2第5項の厚生労働省令で定める事項は、次のとおりとする。
　一　派遣可能期間の延長の理由及びその延長の期間
　二　当該異議（労働者派遣により労働者の職業生活の全期間にわたるその能力の有効な発揮及びその雇用の安定に資すると認められる雇用慣行が損なわれるおそれがある旨の意見に限る。）への対応に関する方針

2　派遣先は、法第40条の2第5項の規定により過半数労働組合又は過半数代表者に対して説明した日及び説明した内容を書面に記載し、当該事業所等ごとの業務について延長前の派遣可能期間が経過した日から3年間保存しなければならない。
3　派遣先は、前項の書面に記載した事項を、前条第4項各号に掲げる方法によつて、当該事業所等の労働者に周知しなければならない。
第33条の5　派遣先は、労働者が過半数代表者であること若しくは過半数代表者になろうとしたこと又は過半数代表者として正当な行為をしたことを理由として、当該労働者に対して不利益な取扱いをしないようにしなければならない。　〈新設〉
第33条の6　法第40条の2第7項の規定による通知は、同項の規定により通知すべき事項に係る書面の交付等により行わなければならない。　〈新設〉
(法第40条の4の厚生労働省令で定める者)
第33条の7　法第40条の4の厚生労働省令で定める者は、法第30条第1項（同条第2項の規定により読み替えて適用する場合を含む。）の規定により同条第1項第1号の措置が講じられた者とする。　〈新設〉
(法第40条の5第2項の厚生労働省令で定める者)　〈新設〉
第33条の8　法第40条の5第2項の厚生労働省令で定める者は、法第30条第2項の規定により読み替えて適用する同条第1項の規定により同項第1号の措置が講じられた者とする。
(法第40条の6第1項第3号の厚生労働省令で定める意見の聴取の手続)　〈新設〉
第33条の9　法第40条の6第1項第3号の厚生労働省令で定める意見の聴取の手続は、次のとおりとする。
　一　第33条の3第1項の規定による通知
　二　第33条の3第3項の規定による書面の記載及びその保存
　三　第33条の3第4項の規定による周知
(法第40条の9第1項の厚生労働省令で定める者等)
第33条の10　法第40条の9第1項の厚生労働省令で定める者は、60歳以上の定年に達したことにより退職した者であつて当該労働者派遣をしようとする派遣元事業主に雇用されているものとする。
2　法第40条の9第2項の規定による通知は、書面の交付等により行わなければならない。
(派遣先責任者の選任)
第34条　法第41条の規定による派遣先責任者の選任は、次に定めるところにより行わなければならない。
　一　事業所等ごとに当該事業所等に専属の派遣先責任者として自己の雇用する労働者の中から選任すること。ただし、派遣先（法人である場合は、その役員）を派遣先責任者とすることを妨げない。
　二　事業所等において派遣先がその指揮命令の下に労働させる派遣労働者の数が100人以下のときは1人以上の者を、100人を超え200人以下のときは2人以上の者を、200人を超えるときは当該派遣労働者の数が100人を超える100人ごとに1人を2人に加えた数以上の者を選任すること。ただし、当該派遣労働者の数に当該派遣先が当該事業所等において雇用する労働者の数を加えた数が5人を超えないときは、派遣先責任者を選任することを要しない。
　三　製造業務に50人を超える派遣労働者を従事させる事業所等にあつては、当該事業所等の派遣先責任者のうち、製造業務に従事させる派遣労働者の数が50人を超え100人以下のときは1人以上の者を、100人を超え200人以下のときは2人以上の者を、200人を超えるときは、当該派遣労働者の数が100人を超える100人ごとに1人を2人に加えた数以上の者を、当該派遣労働者を専門に担当する者（以下「製造業務専門派遣先責任者」という。）とすること。ただし、製造業務専門派遣先責任者のうち1人は、製造業務に従事させない派遣労働者を併せて担当することができ、また、製造業務に従事させる派遣労働者と製造業務に付随する製造業務以外の業務（以下「製造付随業務」という。）に従事させる派遣労働者を、同一の派遣先責任者が担当することが、当該製造付随業務に従事させる派遣労働者の安全衛生の確保のために必要な場合においては、1人の製造業務専門派遣先責任者が担当する製造業務に従事させる派遣労働者と製造付随業務に従事させる派遣労働者の合計数が100人を超えない範囲内で、製造業務専門派遣先責任者に製造付随業務に従事させる派遣労働者を併せて担当させることができる。
(派遣先管理台帳の作成及び記載)
第35条　法第42条第1項の規定による派遣先管理台帳の作成は、事業所等ごとに行わなければならない。
2　法第42条第1項の規定による派遣先管理台帳の記載は、労働者派遣の役務の提供を受けるに際し、行わなければならない。
3　前2項の規定にかかわらず、当該派遣先が当該事業所等においてその指揮命令の下に労働させる派遣労働者の数に当該事業所等において雇用する労働者の数を加えた数が5人を超えないときは、派遣先管理台帳の作成及び記載を行うことを要しない。
(法第42条第1項第9号の厚生労働省令で定める教育訓練)　〈新設〉
第35条の2　法第42条第1項第9号の厚生労働省令で定める教育訓練は、次のとおりとする。
　一　業務の遂行の過程内における実務を通じた実践的な技能及びこれに関する知識の習得に係る教育訓練であ

つて計画的に行われるもの
　二　業務の遂行の過程外において行われる教育訓練
（法第42条第1項第10号の厚生労働省令で定める事項）
第36条　法第42条第1項第10号の厚生労働省令で定める事項は、次のとおりとする。
　一　派遣労働者の氏名
　二　派遣元事業主の事業所の名称
　三　派遣元事業主の事業所の所在地
　四　派遣労働者が労働者派遣に係る労働に従事した事業所の名称及び所在地その他派遣就業をした場所並びに組織単位
　五　派遣先責任者及び派遣元責任者に関する事項
　六　令第4条第1項各号に掲げる業務について労働者派遣をするときは、第21条第2項の規定により付することとされている号番号
　七　法第40条の2第1項第3号イの業務について労働者派遣をするときは、第22条の2第2号の事項
　八　法第40条の2第1項第3号ロの業務について労働者派遣をするときは、第22条の2第3号の事項
　九　法第40条の2第1項第4号の労働者派遣をするときは、第22条の2第4号の事項
　十　法第40条の2第1項第5号の労働者派遣をするときは、第22条の2第5号の事項
　十一　第27条の2の規定による通知の内容
（保存期間の起算日）
第37条　法第42条第2項の規定による派遣先管理台帳を保存すべき期間の計算についての起算日は、労働者派遣の終了の日とする。
（派遣元事業主に対する通知）
第38条　法第42条第3項の規定による派遣元事業主に対する通知は、派遣労働者ごとの同条第1項第4号から第6号まで並びに第36条第1号及び第4号に掲げる事項を、1箇月ごとに1回以上、一定の期日を定めて、書面の交付等により通知することにより行わなければならない。
2　前項の規定にかかわらず、派遣元事業主から請求があつたときは、同項に定める事項を、遅滞なく、書面の交付等により通知しなければならない。

　　　　第4節　労働基準法等の適用に関する特例等
（じん肺法施行規則を適用する場合の読替え）
第45条　（略）
2　法第46条第6項の規定によりじん肺法（昭和35年法律第30号）第2条第1項第5号の事業者とみなされる者に関して同項の規定によりじん肺法施行規則の規定を適用する場合における同条第14項の規定による同令の規定の技術的読替えは、同令第10条、第14条及び第22条中「法第7条から第9条の2」とあるのは「法第8条から第9条の2」と読み替えるものとする。
3　（略）

　　　　第3章　雑則
（権限の委任）
第55条　次に掲げる厚生労働大臣の権限は、労働者派遣事業を行う者の主たる事務所及び当該事業を行う事業所の所在地並びに労働者派遣の役務の提供を受ける者の事業所その他派遣就業の場所の所在地を管轄する都道府県労働局長に委任する。ただし、厚生労働大臣が自らその権限を行うことを妨げない。
　一　法第14条第2項の規定による命令
　二　法第40条の8第1項の規定による助言並びに同条第2項の規定による助言、指導及び勧告
　三　法第48条第1項の規定による指導及び助言、同条第2項の規定による勧告並びに同条第3項の規定による指示
　四　法第49条第1項及び第2項の規定による命令
　五　法第49条の2第1項の規定による勧告
　六　法第50条の規定による報告徴収
　七　法第51条の規定による立入検査

労働者派遣事業の適正な運営の確保及び派遣労働者の保護等に関する法律等の一部を改正する法律の施行に伴う厚生労働省関係省令の整備等及び経過措置に関する省令（抄）

（平成27年9月29日厚生労働省令第149号）

第2章　経過措置

（労働者派遣事業の適正な運営の確保及び派遣労働者の保護等に関する法律等の一部を改正する法律附則第6条第3項の厚生労働省令で定める事項）

第11条　労働者派遣事業の適正な運営の確保及び派遣労働者の保護等に関する法律等の一部を改正する法律（平成27年法律第73号。以下「平成27年改正法」という。）附則第6条第3項の厚生労働省令で定める事項は、次のとおりとする。
一　氏名又は名称及び法人にあっては、その代表者の氏名
二　事業所の名称及び所在地

（特定労働者派遣事業に関する経過措置）

第12条　平成27年改正法附則第6条第1項の規定による労働者派遣事業を行う者が平成27年改正法第1条の規定による改正後の労働者派遣事業の適正な運営の確保及び派遣労働者の保護等に関する法律（次条において「新法」という。）第5条第1項の規定による労働者派遣事業の許可を申請するときは、申請者が法人である場合にあっては第1条の規定による改正後の労働者派遣事業の適正な運営の確保及び派遣労働者の保護等に関する法律施行規則（以下「新規則」という。）第1条の2第2項第1号イからハまでに掲げる書類を、申請者が個人である場合にあっては同項第2号イに掲げる書類を添付することを要しない。

第13条　平成27年改正法附則第6条第1項の規定による労働者派遣事業を行う者が高年齢者等の雇用の安定等に関する法律（昭和46年法律第68号）第42条第6項（同法第45条において準用する場合を含む。）において読み替えて適用する新法第5条第2項の届出書を提出するときは、新規則第1条の2第2項第1号イからハまでに掲げる書類を添付することを要しない。

第14条　平成27年改正法附則第6条第1項の規定による労働者派遣事業に関する新規則第8条、第10条、第19条、第20条、第29条の2及び第55条の規定の適用については、新規則第8条第1項中「法第11条」とあるのは「労働者派遣事業の適正な運営の確保及び派遣労働者の保護等に関する法律等の一部を改正する法律（平成27年法律第73号。以下「平成27年改正法」という。）附則第6条第2項の規定により読み替えて適用する法第11条第1項前段」と、「法第5条第2項第4号」とあるのは「平成27年改正法第1条の規定による改正前の法第16条第1項の届出書に記載すべきこととされた事項のうち、法第5条第2項第4号」と、「当該届出に係る事項が許可証の記載事項に該当しない場合にあつては労働者派遣事業変更届出書（様式第5号）を、当該届出に係る事項が許可証の記載事項に該当する場合にあつては労働者派遣事業変更届出書及び許可証書換申請書（様式第5号）」とあるのは「労働者派遣事業変更届出書（様式第5号）」と、同条第3項中「法第11条第1項」とあるのは「平成27年改正法附則第6条第2項の規定により読み替えて適用する法第11条第1項前段」と、「届出のうち、事業所の新設に係る変更の届出以外の届出」とあるのは「届出」と、「労働者派遣事業変更届出書又は労働者派遣事業変更届出書及び許可証書換申請書には、第1条の2第2項に規定する書類のうち当該変更事項に係る書類（事業所の廃止に係る変更の届出にあつては、当該廃止した事業所に係る許可証）」とあるのは「労働者派遣事業変更届出書には、第1条の2第2項に規定する書類（同項第1号イからニまで、ト（労働者派遣事業を行う事業所に係る権利関係を証する書類に限る。以下この項において同じ。）及びチ（受講証明書に係る部分を除く。以下この項において同じ。）並びに同項第2号イ、ロ及びハ（同項第1号ト及びチに係る部分に限る。）に掲げる書類に限る。）のうち当該変更事項に係る書類」と、同条第4項中「法第5条第2項第4号」とあるのは「平成27年改正法第1条の規定による改正前の法第16条第1項の届出書に記載すべきこととされた事項であつて法第5条第2項第4号」と、「履歴書及び受講証明書」とあるのは「履歴書」と、新規則第10条中「10日以内に、労働者派遣事業を行う全ての事業所に係る許可証を添えて」とあるのは「10日以内に」と、新規則第19条中「法第2章又はこの章」とあるのは「平成27年改正法附則第6条第2項の規定により読み替えて適用する法第2章又はこの章」と、「法第8条第3項、法第11条第1項若しくは第4項又は第4条第1項」とあるのは「平成27年改正法附則第6条第2項の規定により読み替えて適用する第11条第1項前段」と、「書類（許可証を含む。）のうち、」とあるのは「書類のうち、平成27年改正法第1条の規定による改正前の法第16条第1項の届出書に記載すべきこととされた事項のうち」と、新規則第20条中「法第2章又はこの章」とあるのは「平成27年改正法附則第6条第2項の規定により読み替えて適用する法第2章又はこの章」と、「書類（許可証を除く。）」とあるのは「書類」と、「第1条の2第2項、第5条第2項又は第8条第2項若しくは第3項」とあるのは「第8条第3項」と、新規則第29条の2中「過去3年以内に、派遣労働者に係る雇用管理の適正な実施のために必要な知識を習得させるための講習として厚生労働大臣が定めるものを修了していること」とあるのは「派遣労働者に係る雇用管理の適正な実施のために必要な知識を有していること」

と、新規則第55条各号列記以外の部分中「厚生労働大臣の権限」とあるのは「厚生労働大臣の権限（第１号に掲げるものを除く。）及び平成27年改正法附則第６条第５項の規定による命令に係る厚生労働大臣の権限」と、同条第６号中「50条」とあるのは「第50条（労働者派遣事業の適正な運営の確保及び派遣労働者の保護等に関する法律等の一部を改正する法律の施行に伴う関係政令の整備及び経過措置に関する政令（平成27年政令第340号。以下「平成27年改正政令」という。）第３条の規定により読み替えて適用する場合を含む。）」と、同条第７号中「第51条」とあるのは「第51条（平成27年改正政令第３条の規定により読み替えて適用する場合を含む。）」とする。

労働者派遣法施行規則 〈経過措置第14条による読替え後の規定〉　　　　　　　　　　　　　※下線は読替え箇所
（変更の届出等）
第８条　労働者派遣事業の適正な運営の確保及び派遣労働者の保護等に関する法律等の一部を改正する法律（平成27年法律第73号。以下「平成27年改正法」という。）附則第６条第２項の規定により読み替えて適用する法第11条第１項前段の規定による届出をしようとする者は、平成27年改正法第１条の規定による改正前の法第16条第１項の届出書に記載すべきこととされた事項のうち、法第５条第２項第４号に掲げる事項の変更の届出にあつては当該変更に係る事実のあつた日の翌日から起算して30日以内に、同号に掲げる事項以外の事項の変更の届出にあつては当該変更に係る事実のあつた日の翌日から起算して10日（第３項の規定により登記事項証明書を添付すべき場合にあつては、30日）以内に、労働者派遣事業変更届出書（様式第５号）を厚生労働大臣に提出しなければならない。

２　法第11条第１項の規定による届出のうち、事業所の新設に係る変更の届出を行う場合には、前項の労働者派遣事業変更届出書には、法人にあつては当該新設する事業所に係る第１条の２第２項第１号ホ及びトからルまでに、個人にあつては当該新設する事業所に係る同項第２号ハに掲げる書類（労働者派遣事業に関する資産の内容を証する書類を除く。）を添付しなければならない。ただし、法第２条第４号に規定する派遣元事業主（以下単に「派遣元事業主」という。）が労働者派遣事業を行っている他の事業所の派遣元責任者を当該新設する事業所の派遣元責任者として引き続き選任したときは、法人にあつては第１条の２第２項第１号チに掲げる書類のうち履歴書及び受講証明書（選任した派遣元責任者の住所に変更がないときは、住民票の写し及び履歴書及び受講証明書。以下この条において同じ。）を、個人にあつては同項第２号ハに掲げる書類のうち履歴書を添付することを要しない。

３　平成27年改正法附則第６条第２項の規定により読み替えて適用する法第11条第１項前段の規定による届出を行う場合には、第１項の労働者派遣事業変更届出書には、第１条の２第２項に規定する書類（同項第１号イからニまで、ト（労働者派遣事業を行う事業所に係る権利関係を証する書類に限る。以下この項において同じ。）及びチ（受講証明書に係る部分を除く。以下この項において同じ。）並びに同項第２号イ、ロ及びハ（同項第１号ト及びチに係る部分に限る。）に掲げる書類に限る。）のうち当該変更事項に係る書類を添付しなければならない。

４　平成27年改正法第１条の規定による改正前の法第16条第１項の届出書に記載すべきこととされた事項であつて法第５条第２項第４号に掲げる事項のうち派遣元責任者の氏名に変更があつた場合において、当該派遣元事業主が労働者派遣事業を行っている他の事業所の派遣元責任者を当該変更に係る事業所の変更後の派遣元責任者として引き続き選任したときは、法人にあつては第１条の２第２項第１号チに掲げる書類のうち履歴書を、個人にあつては同項第２号ハの書類のうち履歴書及び受講証明書を添付することを要しない。

（廃止の届出）
第10条　法第13条第１項の規定による届出をしようとする者は、当該労働者派遣事業を廃止した日の翌日から起算して10日以内に、労働者派遣事業廃止届出書（様式第８号）を厚生労働大臣に提出しなければならない。

（書類の提出の経由）
第19条　平成27年改正法附則第６条第２項の規定により読み替えて適用する法第２章又はこの章の規定により厚生労働大臣に提出する書類は、派遣元事業主の主たる事務所の所在地を管轄する都道府県労働局長を経由して提出するものとする。ただし、平成27年改正法附則第６条第２項の規定により読み替えて適用する第11条第１項前段の規定により厚生労働大臣に提出する書類のうち、平成27年改正法第１条の規定による改正前の法第16条第１項の届出書に記載すべきこととされた事項のうち法第５条第２項第１号及び第２号に規定する事項以外の事項に係るものについては、当該事業所の所在地を管轄する都道府県労働局長を経由して提出することができる。

（提出すべき書類の部数）
第20条　平成27年改正法附則第６条第２項の規定により読み替えて適用する法第２章又はこの章の規定により厚生労働大臣に提出する書類は、正本にその写し２通（第８条第３項に規定する書類にあつては、１通）を添えて提出しなければならない。

（法第36条の厚生労働省令で定める基準）
第29条の２　法第36条の厚生労働省令で定める基準は、派遣労働者に係る雇用管理の適正な実施のために必要な知識を有していることとする。

（権限の委任）
第55条　次に掲げる厚生労働大臣の権限（第１号に掲げるものを除く。）及び平成27年改正法附則第６条第５項の規定による命令に係る厚生労働大臣の権限は、労働者派遣事業を行う者の主たる事務所及び当該事業を行う事業所の所在地並びに労働者派遣の役務の提供を受ける者の事業所その他派遣就業の場所の所在地を管轄する都道府県労働局長に委任する。ただし、厚生労働大臣が自らその権限を行うことを妨げない。
一　法第14条第２項の規定による命令
二　法第40条の８第１項の規定による助言並びに同条第２項の規定による助言、指導及び勧告
三　法第48条第１項の規定による指導及び助言、同条第２項の規定による勧告並びに同条第３項の規定による指示

四　法第49条第1項及び第2項の規定による命令
　　五　法第49条の2第1項の規定による勧告
　　六　法第50条（労働者派遣事業の適正な運営の確保及び派遣労働者の保護等に関する法律等の一部を改正する法律の施行に伴う関係政令の整備及び経過措置に関する政令（平成27年政令第340号。以下「平成27年改正政令」という。）第3条の規定により読み替えて適用する場合を含む。）の規定による報告徴収
　　七　法第51条（平成27年改正政令第3条の規定により読み替えて適用する場合を含む。）の規定による立入検査

第15条　平成27年改正法附則第6条第1項の規定による労働者派遣事業に関する第10条の規定による改正後の厚生労働省の所管する法令の規定に基づく民間事業者等が行う書面の保存等における情報通信の技術の利用に関する省令第3条、第4条（第2項及び第4項を除く。）及び第5条から第9条までの規定の適用については、同令第3条中「書面の保存」とあるのは「書面の保存及び労働者派遣事業の適正な運営の確保及び派遣労働者の保護等に関する法律等の一部を改正する法律（平成27年法律第73号。以下「平成27年改正法」という。）附則第6条第3項の規定による書類の備付け」と、同令第4条第1項中「書面の保存」とあるのは「書面の保存及び平成27年改正法附則第6条第3項の規定による書類の備付け」と、同条第3項中「電磁的記録の保存」とあるのは「電磁的記録の保存及び平成27年改正法附則第6条第3項の書類に係る電磁的記録の保存」と、同条第5項中「書面の保存につき」とあるのは「書面の保存及び平成27年改正法附則第6条第3項の規定による書類の備付けにつき」と、同令第5条から第7条までの規定中「書面の作成」とあるのは「書面の作成及び平成27年改正法附則第6条第3項の規定による書類の記載」と、同令第8条及び第9条中「書面の縦覧等」とあるのは「書面の縦覧等及び平成27年改正法附則第6条第3項の規定による書類の提示」とする。

厚生労働省の所管する法令の規定に基づく民間事業者等が行う書面の保存等における情報通信の技術の利用に関する省令（平成17年厚生労働省令第44号）〈経過措置第15条による読替え後の規定〉

※下線は読替え箇所、下記条文中の別表は略

（法第3条第1項の主務省令で定める保存）
第3条　法第3条第1項の主務省令で定める保存は、別表第1の1から3までの表の上欄に掲げる法令の同表の下欄に掲げる書面の保存及び労働者派遣事業の適正な運営の確保及び派遣労働者の保護等に関する法律等の一部を改正する法律（平成27年法律第73号。以下「平成27年改正法」という。）附則第6条第3項の規定による書類の備付けとする。

（電磁的記録による保存）
第4条　民間事業者等が、法第3条第1項の規定に基づき、別表第1の1及び2の表の上欄に掲げる法令のこれらの表の下欄に掲げる書面の保存及び平成27年改正法附則第6条第3項の規定による書類の備付けに代えて当該書面に係る電磁的記録の保存を行う場合並びに別表第1の4の表の上欄に掲げる法令の同表の下欄に掲げる電磁的記録による保存を行う場合は、次に掲げる方法のいずれかにより行わなければならない。
　　一　作成された電磁的記録を民間事業者等の使用に係る電子計算機に備えられたファイル又は磁気ディスク、シーディー・ロムその他これらに準ずる方法により一定の事項を確実に記録しておくことができる物（以下「磁気ディスク等」という。）をもって調製するファイルにより保存する方法
　　二　書面に記載されている事項をスキャナ（これに準ずる画像読取装置を含む。）により読み取ってできた電磁的記録を民間事業者等の使用に係る電子計算機に備えられたファイル又は磁気ディスク等をもって調製するファイルにより保存する方法
　2　民間事業者等が、法第3条第1項の規定に基づき、別表第1の3の表の上欄に掲げる法令の同表の下欄に掲げる書面の保存に代えて当該書面に係る電磁的記録の保存を行う場合は、前項第2号に掲げる方法により行わなければならない。
　3　民間事業者等が、第1項各号の規定に基づき別表第1の1の表に係る電磁的記録の保存及び平成27年改正法附則第6条第3項の書類に係る電磁的記録の保存を行う場合は、必要に応じ電磁的記録に記録された事項を出力することにより、直ちに明瞭かつ整然とした形式で使用に係る電子計算機その他の機器に表示し、及び書面を作成できるようにしなければならない。
　4　民間事業者等が、第1項各号又は第2項の規定に基づき別表第1の2若しくは4又は3の表に係る電磁的記録の保存を行う場合は、次に掲げる措置を講じなければならない。
　　一　必要に応じ電磁的記録に記録された事項を出力することにより、直ちに明瞭かつ整然とした形式で使用に係る電子計算機その他の機器に表示し、及び書面を作成できるようにすること。
　　二　電磁的記録に記録された事項について、保存すべき期間中における当該事項の改変又は消去の事実の有無及びその内容を確認することができる措置を講じ、かつ、当該電磁的記録の作成に係る責任の所在を明らかにしていること。
　　三　電磁的記録に記録された事項について、保存すべき期間中において復元可能な状態で保存することができる措置を講じていること。
　5　別表第1の1の表の上欄に掲げる法令の同表の下欄に掲げる書面の保存及び平成27年改正法附則第6条第3項の規定による書類の備付けにつき、同一内容の書面を二以上の事務所等（書面又は電磁的記録の保存が義務付けられている場所をいう。以下同じ。）に保存をしなければならないとされている民間事業者等が、第1項の規定に基づき、当該二以上の事務所等のうち、一の事務所等に当該書面に係る電磁的記録の保存を行うとともに、当該電磁的記録に記録されている事項を他の事務所等に備え付けた電子計算機の映像面に表示し、及び書面を作成することができる措置を講じた場合は、当該

他の事務所等に当該書面の保存が行われたものとみなす。
（法第4条第1項の主務省令で定める作成）
第5条　法第4条第1項の主務省令で定める作成は、別表第2の上欄に掲げる法令の同表の下欄に掲げる<u>書面の作成及び平成27年改正法附則第6条第3項の規定による書類の記載</u>とする。
（電磁的記録による作成）
第6条　民間事業者等が、法第4条第1項の規定に基づき、別表第2の上欄に掲げる法令の同表の下欄に掲げる<u>書面の作成及び平成27年改正法附則第6条第3項の規定による書類の記載</u>に代えて当該書面に係る電磁的記録の作成を行う場合は、民間事業者等の使用に係る電子計算機に備えられたファイルに記録する方法又は磁気ディスク等をもって調製する方法により作成を行わなければならない。
（作成において氏名等を明らかにする措置）
第7条　別表第2の下欄に掲げる書面の作成及び平成27年改正法附則第6条第3項の規定による書類の記載において記載すべき事項とされた記名押印に代わるものであって、法第4条第3項に規定する主務省令で定めるものは、電子署名（電子署名及び認証業務に関する法律（平成12年法律第102号）第2条第1項の電子署名をいう。）とする。
（法第5条第1項の主務省令で定める縦覧等）
第8条　法第5条第1項の主務省令で定める縦覧等は、別表第3の上欄に掲げる法令の同表の下欄に掲げる<u>書面の縦覧等及び平成27年改正法附則第6条第3項の規定による書類の提示</u>とする。
（電磁的記録による縦覧等）
第9条　民間事業者等が、法第5条第1項の規定に基づき、別表第3の上欄に掲げる法令の同表の下欄に掲げる書面の縦覧等及び平成27年改正法附則第6条第3項の規定による書類の提示に代えて当該書面に係る電磁的記録に記録されている事項の縦覧等を行う場合は、当該事項を民間事業者等の事務所に備え置く電子計算機の映像面における表示又は当該事項を記載した書類により行わなければならない。

　　　附　則　（平成27年9月29日厚生労働省令第149号）抄

（施行期日）
第1条　この省令は、平成27年9月30日から施行する。ただし、第2条の規定※は、同年10月1日から施行する。
（労働者派遣事業報告書に関する経過措置）
第2条　新規則第17条第3項第1号の規定は、この省令の施行の日以後に終了する事業年度に係る同条第1項の事業報告書について適用し、同日前に終了した事業年度については、なお従前の例による。
（様式に関する経過措置）
第3条　この省令の施行の際現に提出され、又は交付されているこの省令による改正前のそれぞれの省令に定める様式による申請書等は、この省令による改正後のそれぞれの省令に定める相当様式による申請書等とみなす。
2　この省令の施行の際現に存するこの省令による改正前のそれぞれの省令に定める様式による申請書等の用紙は、当分の間、必要な改定をした上、使用することができる。

　　　　　　　※平成27年10月1日からの労働契約申込みみなし制度の施行に伴う所要の労働者派遣法施行規則の改正に関する規定

派遣元事業主が講ずべき措置に関する指針
(平成11年11月17日労働省告示第137号、最終改正:平成27年9月29日厚生労働省告示第393号)

(傍線部分は改正部分)

第1 趣旨

　この指針は、労働者派遣事業の適正な運営の確保及び派遣労働者の保護等に関する法律(以下「労働者派遣法」という。)第24条の3並びに第3章第1節及び第2節の規定により派遣元事業主が講ずべき措置に関して、その適切かつ有効な実施を図るために必要な事項を定めたものである。

　また、労働者派遣法第24条の3の規定により派遣元事業主が講ずべき措置に関する必要な事項と併せ、個人情報の保護に関する法律(平成15年法律第57号)第8条の規定に基づき派遣元事業主が個人情報を適正に取り扱うために講ずべき措置に関する必要な事項についても定めたものである。

第2 派遣元事業主が講ずべき措置

1 労働者派遣契約の締結に当たっての就業条件の確認

　派遣元事業主は、派遣先との間で労働者派遣契約を締結するに際しては、派遣先が求める業務の内容、当該業務を遂行するために必要とされる知識、技術又は経験の水準、労働者派遣の期間その他労働者派遣契約の締結に際し定めるべき就業条件を事前にきめ細かに把握すること。

2 派遣労働者の雇用の安定を図るために必要な措置

(1) 労働契約の締結に際して配慮すべき事項

　派遣元事業主は、労働者を派遣労働者として雇い入れようとするときは、当該労働者の希望及び労働者派遣契約における労働者派遣の期間を勘案して、労働契約の期間について、当該期間を当該労働者派遣契約における労働者派遣の期間と合わせる等、派遣労働者の雇用の安定を図るために必要な配慮をするよう努めること。

(2) 労働者派遣契約の締結に当たって講ずべき措置

　イ　派遣元事業主は、労働者派遣契約の締結に当たって、派遣先の責に帰すべき事由により労働者派遣契約の契約期間が満了する前に当該労働者派遣契約の解除が行われる場合には、派遣先は当該労働者派遣に係る派遣労働者の新たな就業機会の確保を図ること及びこれができないときには少なくとも当該労働者派遣契約の解除に伴い当該派遣元事業主が当該労働者派遣に係る派遣労働者を休業させること等を余儀なくされることにより生ずる損害である休業手当、解雇予告手当等に相当する額以上の額について損害の賠償を行うことを定めるよう求めること。

　ロ　派遣元事業主は、労働者派遣契約の締結に当たって、労働者派遣の終了後に当該労働者派遣に係る派遣労働者を派遣先が雇用する場合に、当該雇用が円滑に行われるよう、派遣先が当該労働者派遣の終了後に当該派遣労働者を雇用する意思がある場合には、当該意思を事前に派遣元事業主に示すこと、派遣元事業主が職業安定法(昭和22年法律第141号)その他の法律の規定による許可を受けて、又は届出をして職業紹介を行うことができる場合には、派遣先は職業紹介により当該派遣労働者を雇用し、派遣元事業主に当該職業紹介に係る手数料を支払うこと等を定めるよう求めること。〈新設〉

(3) 労働者派遣契約の解除に当たって講ずべき措置

　派遣元事業主は、労働者派遣契約の契約期間が満了する前に派遣労働者の責に帰すべき事由以外の事由によって労働者派遣契約の解除が行われた場合には、当該労働者派遣契約に係る派遣先と連携して、当該派遣先からその関連会社での就業のあっせんを受けること、当該派遣元事業主において他の派遣先を確保すること等により、当該労働者派遣契約に係る派遣労働者の新たな就業機会の確保を図ること。また、当該派遣元事業主は、当該労働者派遣契約の解除に当たって、新たな就業機会の確保ができない場合は、まず休業等を行い、当該派遣労働者の雇用の維持を図るようにするとともに、休業手当の支払等の労働基準法(昭和22年法律第49号)等に基づく責任を果たすこと。さらに、やむを得ない事由によりこれができない場合において、当該派遣労働者を解雇しようとするときであっても、労働契約法(平成19年法律第128号)の規定を遵守することはもとより、当該派遣労働者に対する解雇予告、解雇予告手当の支払等の労働基準法等に基づく責任を果たすこと。

(4) 労働者派遣契約の終了に当たって講ずべき事項 〈新設〉

　イ　派遣元事業主は、無期雇用派遣労働者(労働者派遣法第30条の2第1項に規定する無期雇用派遣労働者をいう。以下同じ。)の雇用の安定に留意し、労働者派遣が終了した場合において、当該労働者派遣の終了のみを理由として当該労働者派遣に係る無期雇用派遣労働者を解雇してはならないこと。

ロ　派遣元事業主は、有期雇用派遣労働者（労働者派遣法第30条第１項に規定する有期雇用派遣労働者をいう。以下同じ。）の雇用の安定に留意し、労働者派遣が終了した場合であって、当該労働者派遣に係る有期雇用派遣労働者との労働契約が継続しているときは、当該労働者派遣の終了のみを理由として当該有期雇用派遣労働者を解雇してはならないこと。

3　適切な苦情の処理

　　派遣元事業主は、派遣労働者の苦情の申出を受ける者、派遣元事業主において苦情の処理を行う方法、派遣元事業主と派遣先との連携のための体制等を労働者派遣契約において定めること。また、派遣元管理台帳に苦情の申出を受けた年月日、苦情の内容及び苦情の処理状況について、苦情の申出を受け、及び苦情の処理に当たった都度、記載すること。また、派遣労働者から苦情の申出を受けたことを理由として、当該派遣労働者に対して不利益な取扱いをしてはならないこと。

4　労働・社会保険の適用の促進

　　派遣元事業主は、その雇用する派遣労働者の就業の状況等を踏まえ、労働・社会保険の適用手続を適切に進め、労働・社会保険に加入する必要がある派遣労働者については、加入させてから労働者派遣を行うこと。ただし、新規に雇用する派遣労働者について労働者派遣を行う場合であって、当該労働者派遣の開始後速やかに労働・社会保険の加入手続を行うときは、この限りでないこと。

5　派遣先との連絡体制の確立

　　派遣元事業主は、派遣先を定期的に巡回すること等により、派遣労働者の就業の状況が労働者派遣契約の定めに反していないことの確認等を行うとともに、派遣労働者の適正な派遣就業の確保のために、きめ細かな情報提供を行う等により、派遣先との連絡調整を的確に行うこと。特に、労働基準法第36条第１項の時間外及び休日の労働に関する協定の内容等派遣労働者の労働時間の枠組みについては、情報提供を行う等により、派遣先との連絡調整を的確に行うこと。なお、同項の協定の締結に当たり、労働者の過半数を代表する者の選出を行う場合には、労働基準法施行規則（昭和22年厚生省令第23号）第６条の２の規定に基づき、適正に行うこと。

　　また、派遣元事業主は、割増賃金等の計算に当たり、その雇用する派遣労働者の実際の労働時間等について、派遣先に情報提供を求めること。

6　派遣労働者に対する就業条件の明示

　　派遣元事業主は、モデル就業条件明示書の活用等により、派遣労働者に対し就業条件を明示すること。

7　労働者を新たに派遣労働者とするに当たっての不利益取扱いの禁止

　　派遣元事業主は、その雇用する労働者であって、派遣労働者として雇い入れた労働者以外のものを新たに労働者派遣の対象としようとする場合であって、当該労働者が同意をしないことを理由として、当該労働者に対し解雇その他不利益な取扱いをしてはならないこと。

8　派遣労働者の雇用の安定及び福祉の増進等

　(1)　無期雇用派遣労働者について留意すべき事項

　　　派遣元事業主は、無期雇用派遣労働者の募集に当たっては、「無期雇用派遣」という文言を使用すること等により、無期雇用派遣労働者の募集であることを明示しなければならないこと。

　(2)　特定有期雇用派遣労働者等について留意すべき事項

　　イ　派遣事業主が、労働者派遣法第30条第２項の規定の適用を避けるために、業務上の必要性等なく同一の派遣労働者に係る派遣先の事業所その他派遣就業の場所（以下「事業所等」という。）における同一の組織単位（労働者派遣法第26条第１項第２号に規定する組織単位をいう。以下同じ。）の業務について継続して労働者派遣に係る労働に従事する期間を３年未満とすることは、労働者派遣法第30条第２項の規定の趣旨に反する脱法的な運用であって、義務違反と同視できるものであり、厳に避けるべきものであること。

　　ロ　派遣元事業主は、労働者派遣法第30条第１項（同条第２項の規定により読み替えて適用する場合を含む。以下同じ。）の規定により同条第１項の措置（以下「雇用安定措置」という。）を講ずるに当たっては、当該雇用安定措置の対象となる特定有期雇用派遣労働者等（同条第１項に規定する特定有期雇用派遣労働者等をいう。以下同じ。）（近い将来に該当する見込みのある者を含む。）に対し、キャリア・コンサルティング（労働者の職業生活の設計に関する相談その他の援助を行うことをいう。）や労働契約の更新の際の面談等の機会を利用し、又は電子メールを活用すること等により、労働者派遣の終了後に継続して就業することの希望の有無及び希望する雇用安定措置の内容を把握すること。

　　ハ　派遣元事業主は、雇用安定措置を講ずるに当たっては、当該雇用安定措置の対象となる特定有期雇用派遣労働者等の希望する雇用安定措置を講ずるよう努めること。また、派遣元事業主は、特定有期雇用派遣労働者（労働者派遣法第30条第１項に規定する特定有期雇用派遣労働者をいう。）が同項第１号の措置を希望する場合には、派遣先での直接雇用が実現するよう努めること。

　　ニ　派遣元事業主は、雇用安定措置を講ずるに当たっては、当該雇用安定措置の対象となる特定有期雇用派遣労働者等の労働者派遣の終了の直前ではなく、早期に当該特定有期雇用派遣労働者等の希望する雇用安定措置の内容について聴取した上で、十分な時間的余裕をもって当該措置に着手すること。

(3) 労働契約法の適用について留意すべき事項
　イ　派遣元事業主は、派遣労働者についても労働契約法の適用があることに留意すること。
　ロ　派遣元事業主が、その雇用する有期雇用派遣労働者について、当該有期雇用派遣労働者からの労働契約法第18条第1項の規定による期間の定めのない労働契約の締結の申込みを妨げるために、当該有期雇用派遣労働者に係る期間の定めのある労働契約の更新を拒否し、また、空白期間（同条第2項に規定する空白期間をいう。）を設けることは、同条の規定の趣旨に反する脱法的な運用であること。
　ハ　有期雇用派遣労働者の通勤手当に係る労働条件が、期間の定めがあることにより同一の派遣元事業主と期間の定めのない労働契約を締結している労働者の通勤手当に係る労働条件と相違する場合においては、当該労働条件の相違は、労働契約法第20条の規定により、労働者の業務の内容及び当該業務に伴う責任の程度（以下このハにおいて「職務の内容」という。）、当該職務の内容及び配置の変更の範囲その他の事情を考慮して、不合理と認められるものであってはならないこと。

(4) 派遣労働者等の適性、能力、経験、希望等に適合する就業機会の確保等
　派遣元事業主は、派遣労働者又は派遣労働者となろうとする者（以下「派遣労働者等」という。）について、当該派遣労働者等の適性、能力、経験等を勘案して、最も適した就業の機会の確保を図るとともに、就業する期間及び日、就業時間、就業場所、派遣先における就業環境等について当該派遣労働者等の希望と適合するような就業機会を確保するよう努めなければならないこと。また、派遣労働者等はその有する知識、技術、経験等を活かして就業機会を得ていることに鑑み、派遣元事業主は、労働者派遣法第30条の2の規定による教育訓練等の措置を講じなければならないほか、就業機会と密接に関連する教育訓練の機会を確保するよう努めなければならないこと。

(5) 派遣労働者に対するキャリアアップ措置
　イ　派遣元事業主は、その雇用する派遣労働者に対し、労働者派遣法第30条の2第1項の規定による教育訓練を実施するに当たっては、労働者派遣事業の適正な運営の確保及び派遣労働者の保護等に関する法律施行規則第1条の4第1号の規定に基づき厚生労働大臣が定める基準（平成27年厚生労働省告示第391号）第4号に規定する教育訓練の実施計画（以下「教育訓練計画」という。）に基づく教育訓練を行わなければならないこと。
　ロ　派遣元事業主は、派遣労働者として雇用しようとする労働者に対し、労働契約の締結時までに教育訓練計画を周知するよう努めること。また、派遣元事業主は、当該教育訓練計画に変更があった場合は、その雇用する派遣労働者に対し、速やかにこれを周知するよう努めること。
　ハ　派遣元事業主は、その雇用する派遣労働者が教育訓練計画に基づく教育訓練を受講できるよう配慮しなければならないこと。特に、教育訓練計画の策定に当たっては、派遣元事業主は、教育訓練の複数の受講機会を設け、又は開催日時や時間の設定について配慮すること等により、可能な限り派遣労働者が教育訓練を受講しやすくすることが望ましいこと。
　ニ　派遣元事業主は、その雇用する派遣労働者のキャリアアップを図るため、教育訓練計画に基づく教育訓練を実施するほか、更なる教育訓練を自主的に実施するとともに、当該教育訓練に係る派遣労働者の費用負担を実費程度とすることで、派遣労働者が教育訓練を受講しやすくすることが望ましいこと。
　ホ　派遣元事業主は、その雇用する派遣労働者のキャリアアップを図るとともに、その適正な雇用管理に資するため、当該派遣労働者に係る労働者派遣の期間及び派遣就業をした日、従事した業務の種類、労働者派遣法第37条第1項第9号に規定する教育訓練を行った日時及びその内容等を記載した書類を保存するよう努めること。

(6) 派遣先の労働者との均衡に配慮した取扱い
　イ　派遣元事業主は、その雇用する派遣労働者の賃金の決定に当たっては、労働者派遣法第30条の3第1項の規定の趣旨を踏まえ、当該派遣労働者の従事する業務と同種の業務に従事する派遣先に雇用される労働者の賃金水準との均衡を考慮しつつ、当該派遣労働者の従事する業務と同種の業務に従事する一般の労働者の賃金水準又は当該派遣労働者の職務の内容、能力若しくは経験等を勘案するよう努めること。また、派遣元事業主は、派遣労働者の職務の成果、意欲等を適切に把握し、当該職務の成果等に応じた適切な賃金を決定するよう努めること。
　ロ　派遣労働者の従事する業務と同種の業務に従事する派遣先に雇用される労働者の賃金水準との均衡を考慮した結果のみをもって、当該派遣労働者の賃金を従前より引き下げるような取扱いは、労働者派遣法第30条の3第1項の規定の趣旨を踏まえた対応とはいえないこと。
　ハ　派遣元事業主は、労働者派遣に関する料金の額に係る派遣先との交渉が当該労働者派遣に係る派遣労働者の待遇の改善にとって極めて重要であることを踏まえつつ、当該交渉に当たるよう努めること。
　ニ　派遣元事業主は、労働者派遣に関する料金の額が引き上げられた場合には、可能な限り、当該労働者派遣に係る派遣労働者の賃金を引き上げるよう努めること。
　ホ　派遣元事業主は、労働者派遣法第30条の3第2項の規定の趣旨を踏まえ、労働者派遣に係る業務を円滑に遂行する上で有用な物品の貸与や教育訓練の実施等を始めとする派遣労働者の福利厚生等の措置につい

て、当該派遣労働者の従事する業務と同種の業務に従事する派遣先に雇用される労働者の福利厚生等の実状を把握し、当該派遣先に雇用される労働者との均衡に配慮して必要な措置を講ずるよう努めること。
　　　ヘ　派遣元事業主は、派遣労働者が労働者派遣法第31条の2第2項の規定により説明を求めたことを理由として、当該派遣労働者に対して不利益な取扱いをしてはならないこと。
　(7)　同一の組織単位の業務への労働者派遣
　　　派遣元事業主が、派遣先の事業所等における同一の組織単位の業務について継続して3年間同一の派遣労働者に係る労働者派遣を行った場合において、当該派遣労働者が希望していないにもかかわらず、当該労働者派遣の終了後3月が経過した後に、当該同一の組織単位の業務について再度当該派遣労働者を派遣することは、派遣労働者のキャリアアップの観点から望ましくないこと。
9　関係法令の関係者への周知
　　派遣元事業主は、労働者派遣法の規定による派遣元事業主及び派遣先が講ずべき措置の内容並びに労働者派遣法第3章第4節に規定する労働基準法等の適用に関する特例等関係法令の関係者への周知の徹底を図るために、説明会等の実施、文書の配布等の措置を講ずること。
10　個人情報の保護
　(1)　個人情報の収集、保管及び使用
　　　イ　派遣元事業主は、派遣労働者となろうとする者を登録する際には当該労働者の希望、能力及び経験に応じた就業の機会の確保を図る目的の範囲内で、派遣労働者として雇用し労働者派遣を行う際には当該派遣労働者の適正な雇用管理を行う目的の範囲内で、派遣労働者等の個人情報（(1)及び(2)において単に「個人情報」という。）を収集することとし、次に掲げる個人情報を収集してはならないこと。ただし、特別な業務上の必要性が存在することその他業務の目的の達成に必要不可欠であって、収集目的を示して本人から収集する場合はこの限りでないこと。
　　　　(イ)　人種、民族、社会的身分、門地、本籍、出生地その他社会的差別の原因となるおそれのある事項
　　　　(ロ)　思想及び信条
　　　　(ハ)　労働組合への加入状況
　　　ロ　派遣元事業主は、個人情報を収集する際には、本人から直接収集し、又は本人の同意の下で本人以外の者から収集する等適法かつ公正な手段によらなければならないこと。
　　　ハ　派遣元事業主は、高等学校若しくは中等教育学校又は中学校の新規卒業予定者であって派遣労働者となろうとする者から応募書類の提出を求めるときは、職業安定局長の定める書類によりその提出を求めること。
　　　ニ　個人情報の保管又は使用は、収集目的の範囲に限られること。なお、派遣労働者として雇用し労働者派遣を行う際には、労働者派遣事業制度の性質上、派遣元事業主が派遣先に提供することができる派遣労働者の個人情報は、労働者派遣法第35条第1項の規定により派遣先に通知すべき事項のほか、当該派遣労働者の業務遂行能力に関する情報に限られるものであること。ただし、他の保管若しくは使用の目的を示して本人の同意を得た場合又は他の法律に定めのある場合は、この限りでないこと。
　(2)　適正管理
　　　イ　派遣元事業主は、その保管又は使用に係る個人情報に関し、次に掲げる措置を適切に講ずるとともに、派遣労働者等からの求めに応じ、当該措置の内容を説明しなければならないこと。
　　　　(イ)　個人情報を目的に応じ必要な範囲において正確かつ最新のものに保つための措置
　　　　(ロ)　個人情報の紛失、破壊及び改ざんを防止するための措置
　　　　(ハ)　正当な権限を有しない者による個人情報へのアクセスを防止するための措置
　　　　(ニ)　収集目的に照らして保管する必要がなくなった個人情報を破棄又は削除するための措置
　　　ロ　派遣元事業主が、派遣労働者等の秘密に該当する個人情報を知り得た場合には、当該個人情報が正当な理由なく他人に知られることのないよう、厳重な管理を行わなければならないこと。
　　　ハ　派遣元事業主は、次に掲げる事項を含む個人情報適正管理規程を作成し、これを遵守しなければならないこと。
　　　　(イ)　個人情報を取り扱うことができる者の範囲に関する事項
　　　　(ロ)　個人情報を取り扱う者に対する研修等教育訓練に関する事項
　　　　(ハ)　本人から求められた場合の個人情報の開示又は訂正（削除を含む。以下同じ。）の取扱いに関する事項
　　　　(ニ)　個人情報の取扱いに関する苦情の処理に関する事項
　　　ニ　派遣元事業主は、本人が個人情報の開示又は訂正の求めをしたことを理由として、当該本人に対して不利益な取扱いをしてはならないこと。
　(3)　個人情報の保護に関する法律の遵守等
　　　(1)及び(2)に定めるもののほか、派遣元事業主は、個人情報の保護に関する法律第2条第3項に規定する個人情報取扱事業者（以下「個人情報取扱事業者」という。）に該当する場合には、同法第4章第1節に規定

する義務を遵守しなければならないこと。また、個人情報取扱事業者に該当しない場合であっても、個人情報取扱事業者に準じて、個人情報の適正な取扱いの確保に努めること。

11 **派遣労働者を特定することを目的とする行為に対する協力の禁止等**
(1) 派遣元事業主は、紹介予定派遣の場合を除き、派遣先による派遣労働者を特定することを目的とする行為に協力してはならないこと。なお、派遣労働者等が、自らの判断の下に派遣就業開始前の事業所訪問若しくは履歴書の送付又は派遣就業期間中の履歴書の送付を行うことは、派遣先によって派遣労働者を特定することを目的とする行為が行われたことには該当せず、実施可能であるが、派遣元事業主は、派遣労働者等に対してこれらの行為を求めないこととする等、派遣労働者を特定することを目的とする行為への協力の禁止に触れないよう十分留意すること。
(2) 派遣元事業主は、派遣先との間で労働者派遣契約を締結するに当たっては、職業安定法第3条の規定を遵守するとともに、派遣労働者の性別を労働者派遣契約に記載し、かつ、これに基づき当該派遣労働者を当該派遣先に派遣してはならないこと。

12 **安全衛生に係る措置** 〈新設〉
派遣元事業主は、派遣労働者に対する雇入れ時及び作業内容変更時の安全衛生教育を適切に行えるよう、当該派遣労働者が従事する業務に係る情報を派遣先から入手すること、健康診断等の結果に基づく就業上の措置を講ずるに当たって、派遣先の協力が必要な場合には、派遣先に対して、当該措置の実施に協力するよう要請すること等、派遣労働者の安全衛生に係る措置を実施するため、派遣先と必要な連絡調整等を行うこと。

13 **紹介予定派遣**
(1) 紹介予定派遣を受け入れる期間
派遣元事業主は、紹介予定派遣を行うに当たっては、6箇月を超えて、同一の派遣労働者の労働者派遣を行わないこと。
(2) 派遣先が職業紹介を希望しない場合又は派遣労働者を雇用しない場合の理由の明示
派遣元事業主は、紹介予定派遣を行った派遣先が職業紹介を受けることを希望しなかった場合又は職業紹介を受けた派遣労働者を雇用しなかった場合には、派遣労働者の求めに応じ、派遣先に対し、それぞれその理由を書面、ファクシミリ又は電子メールにより明示するよう求めること。また、派遣先から明示された理由を、派遣労働者に対して書面、ファクシミリ又は電子メール（ファクシミリ又は電子メールによる場合にあっては、当該派遣労働者が希望した場合に限る。）により明示すること。

14 **情報の提供**
派遣元事業主は、派遣労働者及び派遣先が良質な派遣元事業主を適切に選択できるよう、労働者派遣の実績、労働者派遣に関する料金の額の平均額から派遣労働者の賃金の額の平均額を控除した額を当該労働者派遣に関する料金の額の平均額で除して得た割合（以下「マージン率」という。）、教育訓練に関する事項等に関する情報を事業所への書類の備付け、インターネットの利用その他の適切な方法により提供すること。特に、マージン率の情報提供に当たっては、常時インターネットの利用により広く関係者、とりわけ派遣労働者に必要な情報を提供することを原則とすること。また、労働者派遣の期間の区分ごとの雇用安定措置を講じた人数等の実績及び教育訓練計画については、インターネットの利用その他の適切な方法により関係者に対し情報提供することが望ましいこと。〈後段追加〉

派遣先が講ずべき措置に関する指針

(平成11年11月17日労働省告示第138号、最終改正:平成27年9月30日厚生労働省告示第407号※)

(傍線部分は改正部分)

※平成27年労働者派遣法改正に伴う派遣先指針の改正は平成27年9月29日厚生労働省告示第394号。

第1 趣旨

　この指針は、労働者派遣事業の適正な運営の確保及び派遣労働者の保護等に関する法律(以下「労働者派遣法」という。)第3章第1節及び第3節の規定により派遣先が講ずべき措置に関して、その適切かつ有効な実施を図るために必要な事項を定めたものである。

第2 派遣先が講ずべき措置

1 労働者派遣契約の締結に当たっての就業条件の確認

　派遣先は、労働者派遣契約の締結の申込みを行うに際しては、就業中の派遣労働者を直接指揮命令することが見込まれる者から、業務の内容、当該業務を遂行するために必要とされる知識、技術又は経験の水準その他労働者派遣契約の締結に際し定めるべき就業条件の内容を十分に確認すること。

2 労働者派遣契約に定める就業条件の確保

　派遣先は、労働者派遣契約を円滑かつ的確に履行するため、次に掲げる措置その他派遣先の実態に即した適切な措置を講ずること。

(1) 就業条件の周知徹底

　労働者派遣契約で定められた就業条件について、当該派遣労働者の業務の遂行を指揮命令する職務上の地位にある者その他の関係者に当該就業条件を記載した書面を交付し、又は就業場所に掲示する等により、周知の徹底を図ること。

(2) 就業場所の巡回

　定期的に派遣労働者の就業場所を巡回し、当該派遣労働者の就業の状況が労働者派遣契約に反していないことを確認すること。

(3) 就業状況の報告

　派遣労働者を直接指揮命令する者から、定期的に当該派遣労働者の就業の状況について報告を求めること。

(4) 労働者派遣契約の内容の遵守に係る指導

　派遣労働者を直接指揮命令する者に対し、労働者派遣契約の内容に違反することとなる業務上の指示を行わないようにすること等の指導を徹底すること。

3 派遣労働者を特定することを目的とする行為の禁止

　派遣先は、紹介予定派遣の場合を除き、派遣元事業主が当該派遣先の指揮命令の下に就業させようとする労働者について、労働者派遣に先立って面接すること、派遣先に対して当該労働者に係る履歴書を送付させることのほか、若年者に限ることとすること等派遣労働者を特定することを目的とする行為を行わないこと。なお、派遣労働者又は派遣労働者となろうとする者が、自らの判断の下に派遣就業開始前の事業所訪問若しくは履歴書の送付又は派遣就業期間中の履歴書の送付を行うことは、派遣先によって派遣労働者を特定することを目的とする行為が行われたことには該当せず、実施可能であるが、派遣先は、派遣元事業主又は派遣労働者若しくは派遣労働者となろうとする者に対してこれらの行為を求めないこととする等、派遣労働者を特定することを目的とする行為の禁止に触れないよう十分留意すること。

4 性別による差別の禁止

　派遣先は、派遣元事業主との間で労働者派遣契約を締結するに当たっては、当該労働者派遣契約に派遣労働者の性別を記載してはならないこと。

5 労働者派遣契約の定めに違反する事実を知った場合の是正措置等

　派遣先は、労働者派遣契約の定めに反する事実を知った場合には、これを早急に是正するとともに、労働者派遣契約の定めに反する行為を行った者及び派遣先責任者に対し労働者派遣契約を遵守させるために必要な措置を講ずること、派遣元事業主と十分に協議した上で損害賠償等の善後処理方策を講ずること等適切な措置を講ずること。

6 派遣労働者の雇用の安定を図るために必要な措置

(1) 労働者派遣契約の締結に当たって講ずべき措置

　イ 派遣先は、労働者派遣契約の締結に当たって、派遣先の責に帰すべき事由により労働者派遣契約の契約期間が満了する前に労働者派遣契約の解除を行おうとする場合には、派遣先は派遣労働者の新たな就業機

会の確保を図ること及びこれができないときには少なくとも当該労働者派遣契約の解除に伴い当該派遣元事業主が当該労働者派遣に係る派遣労働者を休業させること等を余儀なくされることにより生ずる損害である休業手当、解雇予告手当等に相当する額以上の額について損害の賠償を行うことを定めなければならないこと。また、労働者派遣の期間を定めるに当たっては、派遣元事業主と協力しつつ、当該派遣先において労働者派遣の役務の提供を受けようとする期間を勘案して可能な限り長く定める等、派遣労働者の雇用の安定を図るために必要な配慮をするよう努めること。

　ロ　派遣先は、労働者派遣契約の締結に当たって、労働者派遣の終了後に当該労働者派遣に係る派遣労働者を雇用する場合に、当該雇用が円滑に行われるよう、派遣元事業主の求めに応じ、派遣先が当該労働者派遣の終了後に当該派遣労働者を雇用する意思がある場合には、当該意思を事前に派遣元事業主に示すこと、派遣元事業主が職業安定法（昭和22年法律第141号）その他の法律の規定による許可を受けて、又は届出をして職業紹介を行うことができる場合には、派遣先は職業紹介により当該派遣労働者を雇用し、派遣元事業主に当該職業紹介に係る手数料を支払うこと等を定め、これらの措置を適切に講ずること。

(2) 労働者派遣契約の解除の事前の申入れ

　　派遣先は、専ら派遣先に起因する事由により、労働者派遣契約の契約期間が満了する前の解除を行おうとする場合には、派遣元事業主の合意を得ることはもとより、あらかじめ相当の猶予期間をもって派遣元事業主に解除の申入れを行うこと。

(3) 派遣先における就業機会の確保

　　派遣先は、労働者派遣契約の契約期間が満了する前に派遣労働者の責に帰すべき事由以外の事由によって労働者派遣契約の解除が行われた場合には、当該派遣先の関連会社での就業をあっせんする等により、当該労働者派遣契約に係る派遣労働者の新たな就業機会の確保を図ること。

(4) 損害賠償等に係る適切な措置

　　派遣先は、派遣先の責に帰すべき事由により労働者派遣契約の契約期間が満了する前に労働者派遣契約の解除を行おうとする場合には、派遣労働者の新たな就業機会の確保を図ることとし、これができないときには、少なくとも当該労働者派遣契約の解除に伴い当該派遣元事業主が当該労働者派遣に係る派遣労働者を休業させること等を余儀なくされたことにより生じた損害の賠償を行わなければならないこと。例えば、当該派遣元事業主が当該派遣労働者を休業させる場合は休業手当に相当する額以上の額について、当該派遣元事業主がやむを得ない事由により当該派遣労働者を解雇する場合は、派遣先による解除の申入れが相当の猶予期間をもって行われなかったことにより当該派遣元事業主が解雇の予告をしないときは30日分以上、当該予告をした日から解雇の日までの期間が30日に満たないときは当該解雇の日の30日前の日から当該予告の日までの日数分以上の賃金に相当する額以上の額について、損害の賠償を行わなければならないこと。その他派遣先は派遣元事業主と十分に協議した上で適切な善後処理方策を講ずること。また、派遣元事業主及び派遣先の双方の責に帰すべき事由がある場合には、派遣元事業主及び派遣先のそれぞれの責に帰すべき部分の割合についても十分に考慮すること。

(5) 労働者派遣契約の解除の理由の明示

　　派遣先は、労働者派遣契約の契約期間が満了する前に労働者派遣契約の解除を行う場合であって、派遣元事業主から請求があったときは、労働者派遣契約の解除を行う理由を当該派遣元事業主に対し明らかにすること。

7　適切な苦情の処理

(1) 適切かつ迅速な処理を図るべき苦情

　　派遣先が適切かつ迅速な処理を図るべき苦情には、セクシュアルハラスメント、パワーハラスメント等が含まれることに留意すること。

(2) 苦情の処理を行う際の留意点等

　　派遣先は、派遣労働者の苦情の処理を行うに際しては、派遣先の労働組合法（昭和24年法律第174号）上の使用者性に関する代表的な裁判例や中央労働委員会の命令に留意すること。また、派遣先は、派遣労働者の苦情の申出を受ける者、派遣先において苦情の処理を行う方法、派遣元事業主と派遣先との連携のための体制等を労働者派遣契約において定めるとともに、派遣労働者の受入れに際し、説明会等を実施して、その内容を派遣労働者に説明すること。さらに、派遣先管理台帳に苦情の申出を受けた年月日、苦情の内容及び苦情の処理状況について、苦情の申出を受け、及び苦情の処理に当たった都度、記載するとともに、その内容を派遣元事業主に通知すること。また、派遣労働者から苦情の申出を受けたことを理由として、当該派遣労働者に対して不利益な取扱いをしてはならないこと。

8　労働・社会保険の適用の促進

　　派遣先は、労働・社会保険に加入する必要がある派遣労働者については、労働・社会保険に加入している派遣労働者（派遣元事業主が新規に雇用した派遣労働者であって、当該派遣先への労働者派遣の開始後速やかに労働・社会保険への加入手続が行われるものを含む。）を受け入れるべきであり、派遣元事業主から派遣労働者が労働・社会保険に加入していない理由の通知を受けた場合において、当該理由が適正でないと考えられる

場合には、派遣元事業主に対し、当該派遣労働者を労働・社会保険に加入させてから派遣するよう求めること。
9 適正な派遣就業の確保
 (1) 適切な就業環境の維持、福利厚生等
　　派遣先は、その指揮命令の下に労働させている派遣労働者について、派遣就業が適正かつ円滑に行われるようにするため、労働者派遣法第40条第3項に定めるもののほか、セクシュアルハラスメントの防止等適切な就業環境の維持、その雇用する労働者が通常利用している診療所等の施設の利用に関する便宜を図るよう努めなければならないこと。また、派遣先は、労働者派遣法第40条第6項の規定に基づき、派遣元事業主の求めに応じ、その指揮命令の下に労働させる派遣労働者が従事する業務と同種の業務に従事している労働者等の教育訓練、福利厚生等の実状を把握するために必要な情報を派遣元事業主に提供するとともに、派遣元事業主が当該派遣労働者の職務の成果等に応じた適切な賃金を決定できるよう、派遣元事業主からの求めに応じ、当該派遣労働者の職務の評価等に協力をするよう努めなければならないこと。
 (2) 労働者派遣に関する料金の額　〈新設〉
　　派遣先は、労働者派遣に関する料金の額の決定に当たっては、その指揮命令の下に労働させる派遣労働者の就業の実態、労働市場の状況等を勘案し、当該派遣労働者の賃金水準が、当該派遣労働者の従事する業務と同種の業務に従事している労働者の賃金水準と均衡が図られたものとなるよう努めなければならないこと。また、派遣先は、労働者派遣契約の更新の際の労働者派遣に関する料金の額の決定に当たっては、その指揮命令の下に労働させる派遣労働者の就業の実態、労働市場の状況等に加え、当該派遣労働者が従事する業務の内容及び当該業務に伴う責任の程度並びに当該派遣労働者に要求する技術水準の変化を勘案するよう努めなければならないこと。
 (3) 教育訓練・能力開発
　　派遣先は、その指揮命令の下に労働させる派遣労働者に対して労働者派遣法第40条第2項の規定による教育訓練を実施するよう配慮するほか、派遣元事業主が労働者派遣法第30条の2第1項の規定による教育訓練を実施するに当たり、派遣元事業主から求めがあったときは、派遣元事業主と協議等を行い、派遣労働者が当該教育訓練を受講できるよう可能な限り協力するとともに、必要に応じた当該教育訓練に係る便宜を図るよう努めなければならないこと。派遣元事業主が行うその他の教育訓練、派遣労働者の自主的な能力開発等についても同様とすること。
10 関係法令の関係者への周知
　　派遣先は、労働者派遣法の規定により派遣先が講ずべき措置の内容及び労働者派遣法第3章第4節に規定する労働基準法(昭和22年法律第49号)等の適用に関する特例等関係法令の関係者への周知の徹底を図るために、説明会等の実施、文書の配布等の措置を講ずること。
11 派遣元事業主との労働時間等に係る連絡体制の確立
　　派遣先は、派遣元事業主の事業場で締結される労働基準法第36条第1項の時間外及び休日の労働に関する協定の内容等派遣労働者の労働時間の枠組みについて派遣元事業主に情報提供を求める等により、派遣元事業主との連絡調整を的確に行うこと。
　　また、労働者派遣法第42条第1項及び第3項において、派遣先は派遣先管理台帳に派遣就業をした日ごとの始業及び終業時刻並びに休憩時間等を記載し、これを派遣元事業主に通知しなければならないとされており、派遣先は、適正に把握した実際の労働時間等について、派遣元事業主に正確に情報提供すること。
12 派遣労働者に対する説明会等の実施
　　派遣先は、派遣労働者の受入れに際し、説明会等を実施し、派遣労働者が利用できる派遣先の各種の福利厚生に関する措置の内容についての説明、派遣労働者が円滑かつ的確に就業するために必要な、派遣労働者を直接指揮命令する者以外の派遣先の労働者との業務上の関係についての説明及び職場生活上留意を要する事項についての助言等を行うこと。
13 派遣先責任者の適切な選任及び適切な業務の遂行
　　派遣先は、派遣先責任者の選任に当たっては、労働関係法令に関する知識を有する者であること、人事・労務管理等について専門的な知識又は相当期間の経験を有する者であること、派遣労働者の就業に係る事項に関する一定の決定、変更を行い得る権限を有する者であること等派遣先責任者の職務を的確に遂行することができる者を選任するよう努めること。
14 労働者派遣の役務の提供を受ける期間の制限の適切な運用
　　派遣先は、労働者派遣法第40条の2及び第40条の3の規定に基づき派遣労働者による常用労働者の代替及び派遣就業を望まない派遣労働者が派遣就業に固定化されることの防止を図るため、次に掲げる基準に従い、事業所その他派遣就業の場所(以下「事業所等」という。)ごとの業務について、派遣元事業主から労働者派遣法第40条の2第2項の派遣可能期間を超える期間継続して労働者派遣(同条第1項各号のいずれかに該当するものを除く。以下この14において同じ。)の役務の提供を受けてはならず、また、事業所等における組織単位ごとの業務について、派遣元事業主から3年を超える期間継続して同一の派遣労働者に係る労働者派遣の役務の提供を受けてはならないこと。

(1) 事業所等については、工場、事務所、店舗等、場所的に他の事業所その他の場所から独立していること、経営の単位として人事、経理、指導監督、労働の態様等においてある程度の独立性を有すること、一定期間継続し、施設としての持続性を有すること等の観点から実態に即して判断すること。
(2) 事業所等における組織単位については、労働者派遣法第40条の3の労働者派遣の役務の提供を受ける期間の制限の目的が、派遣労働者がその組織単位の業務に長期間にわたって従事することによって派遣就業を望まない派遣労働者が派遣就業に固定化されることを防止することにあることに留意しつつ判断すること。すなわち、課、グループ等の業務としての類似性や関連性がある組織であり、かつ、その組織の長が業務の配分や労務管理上の指揮監督権限を有するものであって、派遣先における組織の最小単位よりも一般に大きな単位を想定しており、名称にとらわれることなく実態により判断すべきものであること。ただし、小規模の事業所等においては、組織単位と組織の最小単位が一致する場合もあることに留意すること。
(3) 派遣先は、労働者派遣の役務の提供を受けていた当該派遣先の事業所等ごとの業務について、新たに労働者派遣の役務の提供を受ける場合には、当該新たな労働者派遣の開始と当該新たな労働者派遣の役務の受入れの直前に受け入れていた労働者派遣の終了との間の期間が3月を超えない場合には、当該派遣先は、当該新たな労働者派遣の役務の受入れの直前に受け入れていた労働者派遣から継続して労働者派遣の役務の提供を受けているものとみなすこと。
(4) 派遣先は、労働者派遣の役務の提供を受けていた当該派遣先の事業所等における組織単位ごとの業務について、同一の派遣労働者に係る新たな労働者派遣の役務の提供を受ける場合には、当該新たな労働者派遣の開始と当該新たな労働者派遣の役務の受入れの直前に受け入れていた労働者派遣の終了との間の期間が3月を超えない場合には、当該派遣先は、当該新たな労働者派遣の役務の受入れの直前に受け入れていた労働者派遣から継続して労働者派遣の役務の提供を受けているものとみなすこと。〈新設〉
(5) 派遣先は、当該派遣先の事業所等ごとの業務について派遣元事業主から3年間継続して労働者派遣の役務の提供を受けている場合において、派遣可能期間の延長に係る手続を回避することを目的として、当該労働者派遣の終了後3月が経過した後に再度当該労働者派遣の役務の提供を受けるような、実質的に派遣労働者の受入れを継続する行為は、同項の規定の趣旨に反するものであること。〈新設〉

15 派遣可能期間の延長に係る意見聴取の適切かつ確実な実施
(1) 意見聴取に当たっての情報提供
派遣先は、労働者派遣法第40条の2第4項の規定に基づき、過半数労働組合等（同項に規定する過半数労働組合等をいう。以下同じ。）に対し、派遣可能期間を延長しようとする際に意見を聴くに当たっては、当該派遣先の事業所等ごとの業務について、当該業務に係る労働者派遣の役務の提供の開始時（派遣可能期間を延長した場合には、当該延長時）から当該業務に従事した派遣労働者の数及び当該派遣先に期間を定めないで雇用される労働者の数の推移に関する資料等、意見聴取の際に過半数労働組合等が意見を述べるに当たり参考となる資料を過半数労働組合等に提供するものとすること。また、派遣先は、意見聴取の実効性を高める観点から、過半数労働組合等からの求めに応じ、当該派遣先の部署ごとの派遣労働者の数、各々の派遣労働者に係る労働者派遣の役務の提供を受けた期間等に係る情報を提供することが望ましいこと。
(2) 十分な考慮期間の設定
派遣先は、過半数労働組合等に対し意見を聴くに当たっては、十分な考慮期間を設けること。
(3) 異議への対処
イ 派遣先は、派遣可能期間を延長することに対して過半数労働組合等から異議があった場合に、労働者派遣法第40条の2第5項の規定により当該意見への対応に関する方針等を説明するに当たっては、当該意見を勘案して当該延長について再検討を加えること等により、当該過半数労働組合等の意見を十分に尊重するよう努めること。
ロ 派遣先は、派遣可能期間を延長する際に過半数労働組合等から異議があった場合において、当該延長に係る期間が経過した場合にこれを更に延長しようとするに当たり、再度、過半数労働組合等から異議があったときは、当該意見を十分に尊重し、派遣可能期間の延長の中止又は延長する期間の短縮、派遣可能期間の延長に係る派遣労働者の数の削減等の対応を採ることについて検討した上で、その結論をより一層丁寧に当該過半数労働組合等に説明しなければならないこと。
(4) 誠実な実施
派遣先は、労働者派遣法第40条の2第6項の規定に基づき、(1)から(3)までの内容を含め、派遣可能期間を延長しようとする場合における過半数労働組合等からの意見の聴取及び過半数労働組合等が異議を述べた場合における当該過半数労働組合等に対する派遣可能期間の延長の理由等の説明を行うに当たっては、誠実にこれらを行うよう努めなければならないものとすること。

16 雇用調整により解雇した労働者が就いていたポストへの派遣労働者の受け入れ
派遣先は、雇用調整により解雇した労働者が就いていたポストに、当該解雇後3箇月以内に派遣労働者を受け入れる場合には、必要最小限度の労働者派遣の期間を定めるとともに、当該派遣先に雇用される労働者に対し労働者派遣の役務の提供を受ける理由を説明する等、適切な措置を講じ、派遣先の労働者の理解が得られる

よう努めること。
17　安全衛生に係る措置
　　派遣先は、派遣元事業主が派遣労働者に対する雇入れ時及び作業内容変更時の安全衛生教育を適切に行えるよう、当該派遣労働者が従事する業務に係る情報を派遣元事業主に対し積極的に提供するとともに、派遣元事業主から雇入れ時及び作業内容変更時の安全衛生教育の委託の申入れがあった場合には可能な限りこれに応じるよう努めること、派遣元事業主が健康診断等の結果に基づく就業上の措置を講ずるに当たって、当該措置に協力するよう要請があった場合には、これに応じ、必要な協力を行うこと等、派遣労働者の安全衛生に係る措置を実施するために必要な協力や配慮を行うこと。

18　紹介予定派遣
(1)　紹介予定派遣を受け入れる期間
　　派遣先は、紹介予定派遣を受け入れるに当たっては、6箇月を超えて、同一の派遣労働者を受け入れないこと。
(2)　職業紹介を希望しない場合又は派遣労働者を雇用しない場合の理由の明示
　　派遣先は、紹介予定派遣を受け入れた場合において、職業紹介を受けることを希望しなかった場合又は職業紹介を受けた派遣労働者を雇用しなかった場合には、派遣元事業主の求めに応じ、それぞれその理由を派遣元事業主に対して書面、ファクシミリ又は電子メールにより明示すること。
(3)　派遣先が特定等に当たり雇用対策法（昭和41年法律第132号）第10条の趣旨に照らし講ずべき措置
　①　派遣先は、紹介予定派遣に係る派遣労働者を特定することを目的とする行為又は派遣労働者の特定（以下「特定等」という。）を行うに当たっては、次に掲げる措置を講ずること。
　　ア　②に該当するときを除き、派遣労働者の年齢を理由として、特定等の対象から当該派遣労働者を排除しないこと。
　　イ　派遣先が職務に適合する派遣労働者を受け入れ又は雇い入れ、かつ、派遣労働者がその年齢にかかわりなく、その有する能力を有効に発揮することができる職業を選択することを容易にするため、特定等に係る職務の内容、当該職務を遂行するために必要とされる派遣労働者の適性、能力、経験、技能の程度その他の派遣労働者が紹介予定派遣を希望するに当たり求められる事項をできる限り明示すること。
　②　年齢制限が認められるとき（派遣労働者がその有する能力を有効に発揮するために必要であると認められるとき以外のとき）
　　派遣先が行う特定等が次のアからウまでのいずれかに該当するときには、年齢制限をすることが認められるものとする。
　　ア　派遣先が、その雇用する労働者の定年（以下単に「定年」という。）の定めをしている場合において当該定年の年齢を下回ることを条件として派遣労働者の特定等を行うとき（当該派遣労働者について期間の定めのない労働契約を締結することを予定する場合に限る。）。
　　イ　派遣先が、労働基準法その他の法令の規定により特定の年齢の範囲に属する労働者の就業等が禁止又は制限されている業務について当該年齢の範囲に属する派遣労働者以外の派遣労働者の特定等を行うとき。
　　ウ　派遣先の特定等における年齢による制限を必要最小限のものとする観点から見て合理的な制限である場合として次のいずれかに該当するとき。
　　　ⅰ　長期間の継続勤務による職務に必要な能力の開発及び向上を図ることを目的として、青少年その他特定の年齢を下回る派遣労働者の特定等を行うとき（当該派遣労働者について期間の定めのない労働契約を締結することを予定する場合に限り、かつ、当該派遣労働者が職業に従事した経験があることを特定等の条件としない場合であって学校（小学校及び幼稚園を除く。）、専修学校、職業能力開発促進法（昭和44年法律第64号）第15条の7第1項各号に掲げる施設又は同法第27条第1項に規定する職業能力開発総合大学校を新たに卒業しようとする者として又は当該者と同等の処遇で採用する予定で特定等を行うときに限る。）。
　　　ⅱ　当該派遣先が雇用する特定の年齢の範囲に属する特定の職種の労働者（当該派遣先の人事管理制度に照らし必要と認められるときは、当該派遣先がその一部の事業所において雇用する特定の職種に従事する労働者。以下「特定労働者」という。）の数が相当程度少ない場合（特定労働者の年齢について、30歳から49歳までの範囲内において、派遣先が特定等を行おうとする任意の労働者の年齢の範囲（当該範囲内の年齢のうち最も高いもの（以下「範囲内最高年齢」という。）と最も低いもの（以下「範囲内最低年齢」という。）との差（以下「特定数」という。）が4から9までの場合に限る。）に属する労働者数が、範囲内最高年齢に1を加えた年齢から当該年齢に特定数を加えた年齢までの範囲に属する労働者数の2分の1以下であり、かつ、範囲内最低年齢から1に特定数を加えた年齢を減じた年齢から範囲内最低年齢から1を減じた年齢までの範囲に属する労働者数の2分の1以下である場合をいう。）において、当該職種の業務の遂行に必要な技能及びこれに関する知識の継承を図ることを目的として、特定労働者である派遣労働者の特定等を行うとき（当該派遣労働者について期間の定めの

ない労働契約を締結することを予定する場合に限る。)。
      iii　芸術又は芸能の分野における表現の真実性等を確保するために特定の年齢の範囲に属する派遣労働者の特定等を行うとき。
      iv　高年齢者の雇用の促進を目的として、特定の年齢以上の高年齢者（60歳以上の者に限る。）である派遣労働者の特定等を行うとき、又は特定の年齢の範囲に属する労働者の雇用を促進するため、当該特定の年齢の範囲に属する派遣労働者の特定等を行うとき（当該特定の年齢の範囲に属する労働者の雇用の促進に係る国の施策を活用しようとする場合に限る。）。
(4) 派遣先が特定等に当たり雇用の分野における男女の均等な機会及び待遇の確保等に関する法律（昭和47年法律第113号。以下「均等法」という。）第5条及び第7条の趣旨に照らし行ってはならない措置等
① 派遣先は、特定等を行うに当たっては、例えば次に掲げる措置を行わないこと。
　ア　特定等に当たって、その対象から男女のいずれかを排除すること。
　イ　特定等に当たっての条件を男女で異なるものとすること。
　ウ　特定に係る選考において、能力及び資質の有無等を判断する場合に、その方法や基準について男女で異なる取扱いをすること。
　エ　特定等に当たって男女のいずれかを優先すること。
　オ　派遣就業又は雇用の際に予定される求人の内容の説明等特定等に係る情報の提供について、男女で異なる取扱いをすること又は派遣元事業主にその旨要請すること。
② 派遣先は、特定等に関する措置であって派遣労働者の性別以外の事由を要件とするもののうち、次に掲げる措置については、当該措置の対象となる業務の性質に照らして当該措置の実施が当該業務の遂行上特に必要である場合、事業の運営の状況に照らして当該措置の実施が派遣就業又は雇用の際に予定される雇用管理上特に必要である場合その他の合理的な理由がある場合でなければ、これを講じてはならない。
　ア　派遣労働者の特定等に当たって、派遣労働者の身長、体重又は体力を要件とすること。
　イ　将来、コース別雇用管理における総合職の労働者として当該派遣労働者を採用することが予定されている場合に、派遣労働者の特定等に当たって、転居を伴う転勤に応じることができることを要件とすること。
③ 紹介予定派遣に係る特定等に当たっては、将来、当該派遣労働者を採用することが予定されている雇用管理区分において、女性労働者が男性労働者と比較して相当程度少ない場合においては、特定等の基準を満たす者の中から男性より女性を優先して特定することその他男性と比較して女性に有利な取扱いをすることは、均等法第8条に定める雇用の分野における男女の均等な機会及び待遇の確保の支障となっている事情を改善することを目的とする措置（ポジティブ・アクション）として、①にかかわらず、行って差し支えない。
④ 次に掲げる場合において①において掲げる措置を講ずることは、性別にかかわりなく均等な機会を与えていない、又は性別を理由とする差別的取扱いをしているとは解されず、①にかかわらず、行って差し支えない。
　ア　次に掲げる職務に従事する派遣労働者に係る場合
      i 　芸術・芸能の分野における表現の真実性等の要請から男女のいずれかのみに従事させることが必要である職務
      ii　守衛、警備員等防犯上の要請から男性に従事させることが必要である職務（労働者派遣事業を行ってはならない警備業法（昭和47年法律第117号）第2条第1項各号に掲げる業務を内容とするものを除く。）
      iii　i及びiiに掲げるもののほか、宗教上、風紀上、スポーツにおける競技の性質上その他の業務の性質上男女のいずれかのみに従事させることについてこれらと同程度の必要性があると認められる職務
　イ　労働基準法第61条第1項、第64条の2若しくは第64条の3第2項の規定により女性を就業させることができず、又は保健師助産師看護師法（昭和23年法律第203号）第3条の規定により男性を就業させることができないことから、通常の業務を遂行するために、派遣労働者の性別にかかわりなく均等な機会を与え又は均等な取扱いをすることが困難であると認められる場合
　ウ　風俗、風習等の相違により男女のいずれかが能力を発揮し難い海外での勤務が必要な場合その他特別の事情により派遣労働者の性別にかかわりなく均等な機会を与え又は均等な取扱いをすることが困難であると認められる場合

労働者派遣事業の適正な運営の確保及び派遣労働者の保護等に関する法律施行規則第１条の４第１号の規定に基づき厚生労働大臣が定める基準

(平成27年９月29日厚生労働省告示第391号)

　労働者派遣事業の適正な運営の確保及び派遣労働者の保護等に関する法律施行規則第１条の４第１号に規定する厚生労働大臣が定める基準は、次に掲げるものとする。
一　労働者派遣を行うに当たり、対象となる派遣労働者のキャリアの形成を念頭に置いて派遣先の業務を選定する旨を明示的に記載した手引を整備していること。
二　その雇用する全ての派遣労働者が利用できる、派遣労働者の職業生活の設計に関する相談窓口を設けていること。
三　前号の相談窓口に、キャリア・コンサルティング（労働者の職業生活の設計に関する相談その他の援助を行うことをいう。）の知見を有する担当者を配置していること。
四　労働者派遣事業の適正な運営の確保及び派遣労働者の保護等に関する法律（昭和60年法律第88号。以下「法」という。）第30条の２第１項に規定する教育訓練の実施計画（次に掲げる要件を満たすものに限る。）を定めていること。
　イ　実施する教育訓練がその雇用する全ての派遣労働者を対象としたものであること。
　ロ　実施する教育訓練が有給かつ無償で行われるものであること。
　ハ　実施する教育訓練が派遣労働者のキャリアアップに資する内容のものであること。
　ニ　派遣労働者として雇用するに当たり実施する教育訓練が含まれたものであること。
　ホ　法第30条の２第１項に規定する無期雇用派遣労働者に対して実施する教育訓練は、長期的なキャリアの形成を念頭に置いた内容のものであること。

労働者派遣事業の適正な運営の確保及び派遣労働者の保護等に関する法律施行規則第29条の2の規定に基づき厚生労働大臣が定める講習

（平成27年9月29日厚生労働省告示第392号）

1　労働者派遣事業の適正な運営の確保及び派遣労働者の保護等に関する法律施行規則第29条の2に規定する厚生労働大臣が定める講習（以下「派遣元責任者講習」という。）は、次の各号のいずれにも該当するものとして、次項に定めるものとする。
　一　講習を実施する者（以下「講習機関」という。）の施設、設備、講習の実施の方法その他の講習に関する事項が、派遣元責任者講習の適正かつ確実な実施に適合したものであること。
　二　講習機関の経理的及び技術的な基礎が、派遣元責任者講習の適正かつ確実な実施に足るものであること。
2　派遣元責任者講習は、次の表に掲げる講習機関が行う派遣労働者に係る雇用管理の適正な実施のために必要な知識を習得させるための講習とする。

名称	所在地
一般社団法人日本人材派遣協会	東京都千代田区飯田橋3丁目11番14号
一般社団法人全国放送派遣協会	東京都港区赤坂2丁目13番8号
公益社団法人労務管理教育センター	東京都品川区上大崎2丁目25番2号
一般社団法人日本添乗サービス協会	東京都港区芝1丁目10番11号コスモ金杉橋ビル6階
一般社団法人日本機械設計工業会	東京都中央区日本橋小舟町15番地15
株式会社オピニオン	東京都新宿区西新宿4丁目32番12号
人材アットマークステーション協同組合	石川県金沢市割出町647番地2
特定非営利活動法人個別労使紛争処理センター	東京都千代田区神田錦町1丁目12番3号第一アマイビル
株式会社オファーズ	群馬県高崎市上大類町1049番地
株式会社労働新聞社	東京都板橋区仲町29番地9
株式会社ウェルネット	東京都渋谷区代々木3丁目26番2号
一般社団法人関西環境開発センター	大阪府大阪市北区中津1丁目2番19号
一般社団法人労務経営支援協会	静岡県浜松市東区中野町1161番地1
公益社団法人全国シルバー人材センター事業協会	東京都江東区東陽3丁目23番22号
株式会社オープンリソース	東京都新宿区下落合2丁目1番8号
株式会社サポルテ	北海道札幌市中央区北二条西2丁目
株式会社フィールドプランニング	東京都新宿区西新宿1丁目25番1号
株式会社アイ・シー研修センター	東京都荒川区西日暮里2丁目54番9号村田ビル2階

労働契約申込みみなし制度について

(平成27年9月30日職発0930第13号)

　労働者派遣事業の適正な運営の確保及び派遣労働者の就業条件の整備等に関する法律等の一部を改正する法律（平成24年法律第27号）第2条については、平成27年10月1日から施行することとされている。
　同条による改正後の労働者派遣事業の適正な運営の確保及び派遣労働者の保護等に関する法律（昭和60年法律第88号）第40条の6は、労働契約申込みみなし制度について定めるものであり、同制度は、違法派遣の是正に当たって、派遣労働者の希望を踏まえつつ雇用の安定が図られるようにするため、禁止業務に従事させた場合、無許可事業主から派遣労働者を受け入れた場合、派遣可能期間の制限に違反した場合、又はいわゆる偽装請負等の場合については、当該行為を行った時点において、労働者派遣の役務の提供を受ける者が派遣労働者に対して、労働契約の申込みをしたものとみなす制度である。
　同条の規定は、民事的効力を有する規定であり、その効力が争われた場合については個別具体的に司法判断されるべきものであるが、制度の趣旨及び行政解釈は、下記のとおりであるので、それらについて関係方面への周知等その施行に向け万全を期せられたく、通達する。
　なお、本通達の施行に伴い、平成27年7月10日付け職発第0710第4号「労働契約申込みみなし制度について」は、廃止する。

記

第1　制度の趣旨

　労働契約申込みみなし制度は、違法派遣の是正に当たって、派遣労働者の希望を踏まえつつ雇用の安定が図られるようにするため、禁止業務に従事させた場合、無許可事業主から派遣労働者を受け入れた場合、労働者派遣の役務の提供を受ける期間の制限に違反した場合、又はいわゆる偽装請負等の場合については、当該行為を行った時点において、善意無過失の場合を除き、労働者派遣の役務の提供を受ける者が派遣労働者に対して、労働契約の申込みをしたものとみなす制度であること。
　善意無過失の場合を除き、違法派遣を受け入れた者にも責任があり、そのような者に民事的な制裁を科すことにより、労働者派遣事業の適正な運営の確保及び派遣労働者の保護等に関する法律（昭和60年法律第88号。以下「労働者派遣法」という。）の規制の実効性を確保することを制度の趣旨とするものであること。

第2　行政解釈

1　総論

(1)　申込みを行ったとみなされる時点

　労働者派遣の役務の提供を受ける者（以下「派遣先等」という。）が、改正後の労働者派遣法第40条の6第1項各号に該当する行為（以下「違法行為」という。）を行った時点において、労働契約の申込みをしたとみなされるものであること。
　2暦日にわたって継続就業するような日単位の役務提供とならない場合を除き、違法行為が行われた日ごとに労働契約の申込みをしたとみなされるものであること。

(2)　善意無過失

　違法行為への該当について善意無過失である旨の派遣先等による抗弁が認められた場合には、労働契約の申込みをしたものとみなされないものであること。
　各就業日に行われた違法行為について、当該日の役務の提供の受入れの開始時点において、違法行為への該当について善意無過失であった場合は、2暦日にわたって継続就業するような日単位の役務提供とならない場合を除き、当該日に行われた違法行為については、善意無過失の抗弁が認められるものであること。なお、当該日の役務の提供の受入れの開始時点より後に善意無過失でなくなった場合については、2暦日にわたって継続就業するような日単位の役務提供とならない場合を除き、当該日の翌就業日以降に、行われた違法行為について善意無過失の抗弁が認められないものであること。
　他方、当該日の役務の提供の受入れの開始時点において違法行為への該当について善意無過失でなかった場合は、当該日に行われた違法行為についても善意無過失の抗弁が認められないものであること。

(3)　施行日時点で違法行為が行われている場合

労働契約申込みみなし制度（以下「みなし制度」という。）の施行に関しては特段の経過措置を設けていないため、みなし制度が施行された時点においてみなし制度が適用される違法行為を行っている場合には、派遣先等は、その時点において労働契約の申込みをしたものとみなされるものであること。
(4) 違法行為の類型
　ア　違法行為の類型は以下の通りであること。
　　・派遣労働者を禁止業務に従事させること
　　・無許可事業主から労働者派遣の役務の提供を受けること
　　・事業所単位の期間制限に違反して労働者派遣の役務の提供を受けること
　　（改正後の労働者派遣法第40条の2第4項に規定する意見の聴取の手続のうち、意見聴取にあたり過半数組合に対して行う通知、過半数労働組合等から意見を聴いた日及び当該意見の内容等の書面の記載及びその保存並びに過半数労働組合等から意見を聴いた日及び当該意見の内容等の周知が行われないことにより、派遣可能期間を超える期間継続して労働者派遣の役務の提供を受ける場合を除く）
　　・個人単位の期間制限に違反して労働者派遣の役務の提供を受けること
　　・労働者派遣法又は労働者派遣法の規定により適用される労働基準法（昭和22年法律第49号）等（以下「労働者派遣法等」という。）の規定の適用を免れる目的で、請負その他労働者派遣以外の名目で契約を締結し、必要とされる事項を定めずに労働者派遣の役務の提供を受けること（以下「いわゆる偽装請負等」という。）
　イ　違法行為の類型のうち、いわゆる偽装請負等については、派遣労働者を禁止業務に従事させること、無許可事業主から労働者派遣の役務の提供を受けること、事業所単位の期間制限に違反して労働者派遣の役務の提供を受けること及び個人単位の期間制限に違反して労働者派遣の役務の提供を受けることという他の4つの類型と異なり、派遣先等の主体的な意思が介在するため、善意無過失に係る論点に加え、固有の論点が存在するものであること。
　　　労働者派遣法等の規定の適用を免れる目的（以下「偽装請負等の目的」という。）で、請負契約等を締結し、当該請負事業主が雇用する労働者に労働者派遣と同様に指揮命令を行うこと等によって、いわゆる偽装請負等の状態（以下「偽装請負等の状態」という。）となった時点で労働契約の申し込みをしたものとみなされるものであること。
　　　偽装請負等の目的の有無については個別具体的に判断されることとなるが、「免れる目的」を要件として明記した立法趣旨に鑑み、指揮命令等を行い偽装請負等の状態となったことのみをもって「偽装請負等の目的」を推定するものではないこと。
　　　また、請負契約等を締結した時点では派遣先等に「偽装請負等の目的」がなく、その後、派遣先等が受けている役務の提供がいわゆる偽装請負等に該当するとの認識が派遣先等に生じた場合は、日単位の役務の提供とならない場合を除き、いわゆる偽装請負等に該当すると認識した時点が1日の就業の開始時点であれば当該日以降、認識した時点が開始時点より後であればその日の翌就業日以降初めて指揮命令を行う等により改めて「偽装請負等の状態となった」と認められる時点において、「偽装請負等の目的」で契約を締結し役務の提供を受けたのと同視しうる状態だと考えられ、この時点で労働契約の申込みをしたものとみなされるものであること。

2　申込みの内容となる労働条件
(1) 総論
　違法行為の時点における労働者派遣をする事業主（以下「派遣元事業主等」という。）と当該派遣元事業主等に雇用される派遣労働者との間の労働契約上の労働条件と同一の労働条件（当事者間の合意により労働契約の内容となった労働条件の他、就業規則等に定める労働条件も含まれる。）であり、労働契約上の労働条件でない事項については維持されるものではないこと。
(2) 労働条件が派遣元事業主等に固有の内容である場合等
　(1)に関わらず、立法趣旨に鑑み、申し込みをしたものとみなされる労働条件の内容は、使用者が変わった場合にも承継されることが社会通念上相当であるものとなるものであること。
(3) 労働契約期間
　労働契約の期間に関する事項（始期、終期、期間）は、みなし制度により申し込んだとみなされる労働契約に含まれる内容がそのまま適用されるものであること（始期と終期が定められている場合はその始期と終期となり、単に「1年間」としているなど始期と終期が定められていない場合には労働契約の始期等に係る黙示の合意等を踏まえて判断される。）。
(4) 労働契約法第18条との関係
　労働契約法（平成19年法律第128号）第18条に規定する通算契約期間は、同一の使用者について算定するものであるため、派遣先等で就業していた派遣労働者が違法行為に該当する派遣によりみなし制度の対象になった場合、原則として、承諾時点までの派遣元事業主等と派遣労働者との労働契約期間と、当該派

遣労働者が承諾して派遣先等で直接雇用となった場合の派遣先等と当該者との労働契約期間は通算されないものであること。
(5) 労働契約法第19条との関係
みなし制度の適用により成立した労働契約の雇止めに関し、その効力が争われた場合、当該効力の有無については、労働契約法第19条に基づき個別具体的に司法判断されるべきものであること。

3 労働契約の成立の時点等
(1) 総論
労働契約が成立するのは、みなし制度に基づく申込みについて、派遣労働者が承諾の意思表示をした時点（意思表示の効力発生時期については民法（明治29年法律第89号）の規定に従う。）となるものであること。
(2) 派遣労働者が承諾できる申込み
派遣労働者が承諾できる申込みは、最新の申込みに限られないものであること。
(3) 承諾をしないことの意思表示
みなし制度は派遣先等に対する制裁であることから、違法行為の前にあらかじめ派遣労働者が「承諾をしない」ことを意思表示した場合であっても、当該意思表示に係る合意については公序良俗に反し、無効と解されるものであること。
なお、労働契約の申込みをしたものとみなされた後について、承諾をするか否かは派遣労働者が選択することが出来るが、「承諾をしない」との意思表示を行った後に、再度違法行為が行われた場合には、新たに労働契約の申込みをしたものとみなされるものであること。

4 複数の事業主が関与する等の複雑な事案
(1) 対象となる派遣先等が複数ある場合
対象となる派遣先等が複数ある場合は、それらすべてから当該派遣労働者に対して労働契約の申込みをしたとみなすものであること。そのため、派遣労働者は承諾する相手を選ぶことができるものであること。
(2) 複数の違法行為の類型に該当する行為を行った場合
複数の違法行為の類型に該当する行為を行った場合については、各違法行為がそれぞれみなし制度の適用の根拠であることから、いずれの違法行為に基づいてみなし制度の適用を主張するかは派遣労働者が選択することができる。
(3) 複数の派遣労働者が同時に違法状態で就業している場合
違法行為は個々の派遣労働者に対してそれぞれ行われていると解されることから、複数の派遣労働者が同時に違法状態で就業している場合は、それら全ての派遣労働者に対してそれぞれ労働契約の申込みをしたものとみなされるものであること。また、派遣労働者の交代があった場合も、派遣労働者は自己に対する違法行為が行われた最後の時点から1年を経過しない限りは、みなし制度の適用を主張できるものであること。
(4) 多重請負の形態でいわゆる偽装請負等の状態となっている場合等
多重請負の形態でいわゆる偽装請負等の状態となっている場合について、申込みの主体は改正後の労働者派遣法第40条の6において「労働者派遣の役務の提供を受ける者」としているため、原則として、労働者を雇用する者（下請負人）と直接請負契約を締結している者（元請負人）が労働契約の申込みをしたものとみなされると解されるものであること。このため、注文主は下請負人とは直接請負契約を締結していないため、注文主が下請負人が雇用する労働者に対して指揮命令等を行った場合は、原則として、元請負人から労働者供給（職業安定法（昭和22年法律第141号）第4条第6号）を受けているものと解され、この場合に本条の適用はないと解されるものであること。
多重請負の形態でいわゆる偽装請負等の状態となっている場合に、みなし制度に基づき元請負人が請負契約を締結している下請負人の労働者に対して労働契約の申込みをしたものとみなされ、当該労働者が承諾の意思表示をした後、当該元請負人と契約している注文主が偽装請負等の目的をもって偽装請負等の状態で役務の提供を受けた場合には、みなし制度が適用され、注文主が当該労働者に対して労働契約の申込みをしたものとみなされると解されるものであること。（別紙参照）
いわゆる二重派遣の場合については個別具体的に判断することとなるが、一般に、派遣先が派遣元事業主から受け入れた派遣労働者を、第三者（供給先）の指揮命令を受けて労働に従事させた場合には、当該派遣先及び供給先は労働者供給事業を禁止する職業安定法第44条に違反するものと解されるものであること。

(別紙)多重請負の形態でいわゆる偽装請負等の状態となっている場合(例)

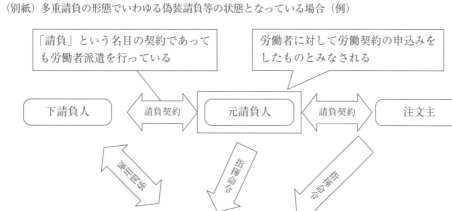

労働者派遣制度の改正について（報告書）
(平成26年1月29日　労働政策審議会建議)

Ⅰ　基本的考え方

1　労働者派遣制度については、平成24年改正労働者派遣法の国会審議の際の附帯決議において、その制度の在り方について検討するとともに、派遣労働者や派遣元・派遣先企業に分かりやすい制度とすることが求められている。

2　また、労働者派遣事業が労働力の需給調整において重要な役割を果たしていることを評価した上で、派遣労働者のキャリアアップや直接雇用の推進を図り、雇用の安定と処遇の改善を進めていく必要がある。

3　さらに、業界全体として、労働者派遣事業の健全な育成を図るため、悪質な事業者を退出させる仕組みを整備するとともに、優良な事業者を育成することが必要である。

4　以上のような考え方に基づき労働者派遣法を改正し、以下のような具体的措置を講じることが必要である。

Ⅱ　具体的措置について

1　登録型派遣・製造業務派遣について
　経済活動や雇用に大きな影響が生じるおそれがあることから、禁止しないことが適当である。
　ただし、これらの派遣労働に従事する者については、雇用が不安定になることを防ぐため、後述の雇用安定措置等を講ずるものとすることが適当である。

2　特定労働者派遣事業について
　特定労働者派遣事業と一般労働者派遣事業の区別を撤廃し、すべての労働者派遣事業を許可制とすることが適当である。
　その際、派遣労働者の保護に配慮した上で、小規模派遣元事業主への暫定的な配慮措置を講ずることが適当である。
　また、現在の特定労働者派遣事業の許可制への移行に際しては、経過措置を設けることが適当である。

3　期間制限について
　⑴　新たな期間制限の考え方
　　労働者派遣事業は、労働市場において、労働力の迅速・的確な需給調整という重要な役割を果たしている。その一方で、派遣労働の雇用と使用が分離した形態であることによる弊害を防止することが適当である。すなわち、派遣労働者の雇用の安定やキャリア形成が図られにくい面があることから、派遣労働を臨時的・一時的な働き方と位置付けることを原則とするとともに、派遣先の常用労働者（いわゆる正社員）との代替が生じないよう、派遣労働の利用を臨時的・一時的なものに限ることを原則とすることが適当である。
　　また、派遣労働への固定化及び派遣先の常用労働者との代替の防止のためには、後述する直接雇用や均衡待遇の推進及びキャリアアップ措置を併せて講じることも有効である。
　　26業務という区分及び業務単位での期間制限は、分かりにくい等の様々な課題があることから撤廃し、26業務か否かに関わりなく適用される共通ルールを設けることとした上で、雇用の安定やキャリアアップが図られる等の一定の条件を満たすものを除き、派遣労働者個人単位と派遣先単位の2つの期間制限を軸とする制度に見直すことが適当である。その際、期間制限が派遣労働者の雇用の機会やキャリア形成に悪影響を与えないよう、必要な措置を講ずることが適当である。
　　また、制度見直しの時点で現に行われている26業務への派遣については、新制度への移行に際して経過措置を設けることが適当である。

　　労働者代表委員からは、派遣労働を臨時的・一時的な働き方とする原則の実効性を担保し、派遣先の常

用労働者との代替の防止を図るため、期間制限の在り方について、26業務を今日的な視点から絞り込んだ上で、引き続き業務単位による期間制限を維持すべきとの意見があった。

使用者代表委員からは、有期雇用派遣の問題点を強調し、派遣労働の利用を臨時的・一時的なものに限ることを原則とすることは、派遣という働き方を自ら選択している多くの派遣労働者への配慮を欠いたものであり、労働者の多様な働き方の選択肢を狭めることになるとの意見があった。

(2) 個人単位の期間制限について

派遣先は、(5)で述べる例外を除き、同一の組織単位において3年を超えて継続して同一の派遣労働者を受け入れてはならないものとすることが適当である。

組織単位は、就業先を替わることによる派遣労働者のキャリアアップの契機を確保する観点から、業務のまとまりがあり、かつ、その長が業務の配分及び労務管理上の指揮監督権限を有する単位として派遣契約上明確にしたものとすることが適当である。

派遣先が、同一の組織単位において3年の上限を超えて継続して同一の派遣労働者を受け入れた場合は、労働契約申込みみなし制度の適用の対象とすることが適当である。

(3) 派遣労働者に対する雇用安定措置について

派遣元事業主は、(2)の上限に達する派遣労働者に対し、派遣労働者が引き続き就業することを希望する場合は、以下の措置のいずれかを講ずるものとすることが適当である。

① 派遣先への直接雇用の依頼
② 新たな就業機会（派遣先）の提供
③ 派遣元事業主において無期雇用
④ その他安定した雇用の継続が確実に図られると認められる措置

※ ①から④のいずれを講じることも可とする。①を講じた場合に、直接雇用に至らなかった場合は、その後②から④のいずれかを講ずるものとする。

1年以上継続して派遣先の同一の組織単位に派遣された派遣労働者が、上記(2)の派遣期間の上限に達する前に当該組織単位での派遣就業を終了する場合であって、派遣労働者が引き続き就業することを希望するときには、派遣元事業主は、上記①から④の措置のいずれかを講ずるよう努めるものとすることが適当である。

派遣先は、上記(2)の派遣期間の上限に達する派遣労働者について、派遣元事業主から①の直接雇用の依頼があった場合であって、当該派遣労働者を受け入れていた事業所で従事させるために労働者を募集するときは、当該情報を当該派遣労働者に周知するものとすることが適当である。

また、派遣先は、1年以上継続して同一の組織単位に派遣された派遣労働者について、派遣元事業主から①の直接雇用の依頼があった場合であって、当該派遣労働者が従事していた業務と同一の業務に従事させるため労働者を雇用しようとするときは、当該派遣労働者に対し労働契約の申込みをするよう努めるものとすることが適当である。

(4) 派遣先における期間制限について

ア 過半数組合等からの意見聴取

派遣先は、(5)で述べる例外を除き、同一の事業所において3年を超えて継続して派遣労働者を受け入れてはならないものとすることが適当である。

派遣先が、事業所における派遣労働者の受入開始から3年を経過するときまでに、当該事業所における過半数労働組合（過半数労働組合がない場合には民主的な手続により選出された過半数代表者。以下「過半数組合等」）から意見を聴取した場合には、さらに3年間派遣労働者を受け入れることができるものとすることが適当である。その後さらに3年が経過したとき以降も同様とすることが適当である。

意見聴取にあたり、派遣先は、当該事業所における派遣労働者の受入開始時からの派遣労働者数と無期雇用労働者数の推移に関する資料等、意見聴取の参考となる資料を過半数組合等に提供するものとすることを指針に規定することが適当である。

イ 適正な意見聴取のための手続

過半数代表者は、管理監督者以外の者とし、投票、挙手等の民主的な方法による手続により選出された者とすることが適当である。

過半数組合等が、常用代替の観点から問題があり、現在の状況を是正すべきとの意見を表明した場合は、派遣先は、当該意見への対応を検討し、一定期間内に過半数組合等に対し対応方針等を説明するものとすることが適当である。

派遣先は、意見聴取及び対応方針等の説明の内容についての記録を一定期間保存するとともに、派遣先の事業所において周知するものとすることが適当である。

派遣先が、過半数組合等の意見を聴取せずに同一の事業所において３年を超えて継続して派遣労働者を受け入れた場合は、労働契約申込みみなし制度の適用の対象とすることが適当である。
　　　派遣先による過半数代表者への不利益取扱いを禁止することが適当である。

　　　使用者代表委員からは、過半数組合等への意見聴取の手続き違反として、労働契約申込みみなし制度を適用することは、ペナルティーとして重すぎるとの意見があった。

(5)　期間制限と常用代替防止措置の特例について
　　以下に該当する者及び業務に関する派遣について(2)から(4)の措置の対象から除外することが適当である。
　　①　無期雇用の派遣労働者
　　②　60歳以上の高齢者
　　③　現行制度において期間制限の対象から除外されている日数限定業務、有期プロジェクト業務、育児休業の代替要員等の業務
　　派遣元事業主は、無期雇用の派遣労働者を派遣契約の終了のみをもって解雇してはならないことを指針に規定すること、また、派遣契約の終了のみをもって解雇しないようにすることを許可基準に記載することが適当である。
　　有期プロジェクト業務に係る派遣については、終期が明確である限り派遣期間を制限しないことが適当である。

4　直接雇用の推進について
　　派遣元事業主は、雇用する派遣労働者の希望に応じ、派遣労働者以外の労働者として雇用されることができるように雇用の機会を確保し、これらの機会を提供するよう努めることとすることが適当である。

5　派遣先の責任について
　　国は、派遣先の使用者性に関する代表的な裁判例及び中労委命令について、整理を行った上で周知することが適当である。
　　派遣先が適切かつ迅速な処理を図るべき苦情の内容として、派遣先におけるセクハラ・パワハラ等を指針に例示することが適当である。また、派遣先が苦情処理を行うに際しては、派遣先の使用者性に関する代表的な裁判例や中労委命令に留意することを指針に規定することが適当である。
　　国は、派遣先責任者講習の受講を促進するための施策を講ずるものとすることが適当である。

6　派遣労働者の処遇について
(1)　均衡待遇の推進
　ア　賃金について
　　　派遣先は、派遣元事業主の求めに応じ、派遣元事業主に対し派遣労働者と同種の業務に従事する労働者の賃金に係る情報提供等の適切な措置を講ずるよう配慮するものとすることが適当である。
　　　以下の内容について、指針に規定することが適当である。
　　・派遣先は、派遣料金を決定する際に、就業の実態や労働市場の状況等を勘案し、派遣される労働者の賃金水準が派遣先の同種の業務に従事する労働者の賃金水準と均衡が図られたものとなるよう努めるものとする。
　　・派遣先は、派遣契約を更新する際に、就業の実態や労働市場の状況のほか、派遣労働者が従事する業務内容や当該派遣労働者に要求する技術水準の変化を勘案して派遣料金を決定するよう努めるものとする。
　　・派遣元事業主は、派遣料金が引き上げられたときは、それをできる限り派遣労働者の賃金の引上げに反映するよう努めるものとする。
　　・派遣元事業主は、派遣先との派遣料金の交渉が派遣労働者の待遇改善にとって重要であることを踏まえ、交渉にあたるよう努めるものとする。
　　・派遣元事業主の通常の労働者と有期雇用の派遣労働者との通勤手当の支給に関する労働条件の相違は、労働契約法第20条に基づき、諸般の事情を考慮して不合理と認められるものであってはならない。
　イ　教育訓練について
　　　派遣先は、派遣先の労働者に対し業務の遂行に密接に関連した教育訓練を実施する場合は、一定の場合を除き、派遣元事業主の求めに応じ、同じ業務に従事している派遣労働者にも実施するよう配慮するものとすることが適当である。
　ウ　福利厚生施設について

派遣先は、受け入れている派遣労働者に対しても、派遣先の労働者が利用している一定の福利厚生施設（給食施設、休憩室、更衣室）の利用の機会を与えるよう配慮するものとすることが適当である。
　　エ　その他
　　　派遣元事業主は、派遣労働者の均衡を考慮した待遇の確保の際に配慮した内容について、派遣労働者の求めに応じて説明するものとすることが適当である。

　　　労働者代表委員からは、派遣労働者の処遇の在り方について、諸外国では派遣先の労働者との均等待遇を定める例が多くあること等も踏まえ、我が国においても均等待遇を原則とすべきとの意見があった。

　(2)　労働・社会保険の適用促進
　　　派遣元事業主は、派遣労働者として雇用しようとする者に対し、労働契約の締結の際に、労働・社会保険の加入資格の有無を明示するものとすることが適当である。
　　　労働・社会保険に加入していない派遣労働者に対し、加入していない理由を通知することを定めた派遣元指針の内容を法律等に格上げすることが適当である。また、派遣開始後に労働・社会保険に加入させる場合について、派遣元事業主は、一定期間内に派遣先に対し加入の通知を行うものとすることが適当である。
　　　派遣元事業主は、社会保険に加入させた上で労働者を派遣する場合は派遣の開始までに、派遣の開始後に加入させる場合には加入後速やかに、派遣先に当該派遣労働者の被保険者証等の写しを提示すること等により、派遣先が加入の事実を確認することができるようにすることが適当である。

7　派遣労働者のキャリアアップ措置について
　(1)　派遣元事業主が講ずべき措置
　　　派遣元事業主は、雇用する派遣労働者に対して、計画的な教育訓練を実施するほか、希望する派遣労働者に対してはキャリア・コンサルティングを実施するものとし、特に無期雇用の派遣労働者に対しては、長期的なキャリア形成を視野に入れてこれらを実施するものとすることが適当である。
　　　労働者派遣事業の許可・更新要件に「派遣労働者へのキャリア形成支援制度を有すること」を追加することが適当である。キャリア形成支援の具体的な在り方については指針に規定することが適当である。
　　　派遣元事業主が行うキャリアアップ措置の取組については、労働者派遣事業報告により把握することが適当である。
　　　キャリアアップ措置を適切に実施することを派遣元責任者の責務に追加することが適当である。

　(2)　派遣先が講ずべき措置
　　　派遣先は、派遣元事業主の求めに応じ、受け入れている派遣労働者の職務遂行状況や職務遂行能力の向上度合に関する情報を派遣元事業主に提供するよう努めるものとすることが適当である。

　(3)　紹介予定派遣の推進
　　　紹介予定派遣を推進するため、派遣元事業主が職業紹介事業の許可を申請する際の手続の簡素化等を進めることが適当である。

　(4)　派遣先での正社員化の推進
　　　派遣先は、新たに正社員の募集を行う場合は、募集を行うポストがある事業所に１年以上受け入れている派遣労働者に対して当該募集情報を周知するものとすることが適当である。

　(5)　国及び事業主団体の責務
　　　国及び事業主団体は、派遣労働者のキャリアアップのための必要な環境整備を行う責務を有するものとすることが適当である。

　(6)　派遣先による直接雇用への対応
　　　関係者間でのトラブルの発生を未然に防ぐ観点から、派遣先が派遣契約の終了直後に、受け入れていた派遣労働者を直接雇用しようとする際の取扱いについて、派遣契約に定めるものとすることが適当である。

8　平成24年改正法について
　　　平成24年改正法の規定については、施行状況についての情報の蓄積を図りつつ、見直しについて引き続き

当審議会において検討を行うことが適当である。
　一方、日雇派遣の原則禁止については、以下の観点に留意しつつ、法改正を行わずに実施できる見直しについて、今回の制度全体に係る見直しと併せて実施することを検討することが適当である。
　① 労働者が日雇派遣による収入に生計を頼ることがないようにしつつも、現在の年収要件を見直すことにより雇用の機会を拡大すること
　② 教育訓練を十分に受けていない労働者が日雇派遣に従事することによる労働災害の発生を防ぐこと
　なお、今回の見直しによる業務単位での期間制限の撤廃後も、日雇派遣の原則禁止の例外であるいわゆる17.5業務については引き続き政令に規定することが適当である。

　使用者代表委員からは、今回の見直しにおいて、問題の多い平成24年改正法について十分な検討が行えなかったことから、日雇派遣の原則禁止、グループ企業内派遣の8割規制、労働契約申込みみなし制度、離職後1年以内の派遣労働者としての受入れの禁止などについて、廃止を含めた抜本的な見直しの検討に速やかに着手すべきであるとの意見があった。

9　指導監督の強化等について
（1）無許可事業所に対する指導監督について
　　無許可で労働者派遣事業を行う者に対する行政上の措置を強化することが適当である。

（2）初回の更新時のチェックの強化について
　　労働者派遣事業の許可の取得後最初の許可更新の際に、当該更新を受けようとする派遣元事業主が許可基準を満たしていることを当審議会に報告することが適当である。

（3）優良な派遣元事業主の推奨等について
　　労働力の需給調整という労働者派遣事業の役割が適切に発揮されるためにも、悪質な派遣元事業主に対する指導監督を強化するとともに、優良な派遣元事業主を認定し推奨する事業を推進していくことが適当である。
　　派遣元責任者の要件として、派遣元責任者講習の受講を規定することが適当である。

10　上記以外の事項
（1）関係法制度の必要な整備について
　　この他、関係法制度について、必要な整備がなされることが適当である。

（2）施行期日について
　　施行期日は、平成27年4月1日とすることが適当である。

　労働者代表委員からは、当部会の運営について、直接の利害関係を有する派遣元事業主が非常に多くの発言を行う等、委員以外の構成員と委員の発言機会のバランスに懸念があったことから、今後、許可制度をはじめとする労働者派遣事業の規制の在り方等に関する議論を行う際には、派遣元事業主の参画の在り方について慎重に再検討すべきとの意見があった。

【執筆者紹介】 (本書第2章)

渡邊 岳(わたなべ がく)　弁護士(安西法律事務所)

明治大学法学部法律学科卒業。1994年弁護士登録、現在に至る。主に、解雇、労災など労働関係裁判、労働委員会事件、人事・労務問題に関する相談等を手掛ける。2007年度から一橋大学大学院国際企業戦略研究科経営法務専攻課程非常勤講師(労働紛争処理法担当)。

主な著作として、『労働者派遣をめぐる裁判例50』(労働調査会)、『「雇止めルール」のすべて』(日本法令)、『労使協定・労働協約完全実務ハンドブック』(同)、『社員の不祥事・トラブル対応マニュアル』(共著、労務行政)などがある。

木村 恵子(きむら けいこ)　弁護士(安西法律事務所)

慶応義塾大学法学部卒業。商社、外国銀行での勤務の後、2002年弁護士登録、現在に至る。主に、雇止め、労災など労働関係裁判、派遣・労務問題に関する相談を手掛ける。

主な著作として、「平成24年改正派遣法の疑問点と次回改正に向けて」(季刊労働法244号88頁)、「論考—精神的な不調のために欠勤を続けたと認められる労働者に対する諭旨退職処分が無効とされた例」(経営法曹177号19頁)などがある。

労働者派遣法の改正点と実務対応

平成27年12月5日　初版発行

編　者　労働調査会出版局

発　行　公益社団法人 全国労働基準関係団体連合会
　　　　〒101-0052 東京都千代田区神田小川町3-28-2
　　　　　　　　　立花書房ビル302
　　　　TEL 03-5283-1030
　　　　FAX 03-5283-1032
　　　　http://www.zenkiren.com

発売元　労働調査会
　　　　〒170-0004 東京都豊島区北大塚2-4-5
　　　　TEL　03-3915-6401
　　　　FAX　03-3918-8618
　　　　http://www.chosakai.co.jp/

ISBN978-4-86319-513-4 C2032

落丁・乱丁はお取り替えいたします。
本書の全部または一部を無断で複写複製することは、法律で認められた場合を除き、著作権の侵害となります。